中国周边安全形势评估 2022

CHINA'S REGIONAL SECURITY ENVIRONMENT REVIEW 2022

张洁 / 主编

世界知识出版社

本书资助方

中国社会科学院-上海市人民政府
上海研究院

中国社会科学院亚太与全球战略研究院

本书纳入“上海研究院智库丛书”

内容概要

2021 年，美国对华发起全面战略竞争，导致周边地区主要力量博弈与秩序重组加快步伐。同时，各类传统安全与非传统安全问题相互交织，对地区和平与稳定形成严峻挑战，这些构成本年度周边安全形势的基本特征。

美国对华全面战略博弈是全局性、关键性变量，受其影响，周边主要国家深度调整内外政策，彼此间的竞争、合作、对抗相互叠加，错综复杂。一方面，日本、澳大利亚、韩国、印度等国的对华政策正在与美国“合流”；另一方面，俄罗斯加大对亚太事务的关注，继续加强与中国的战略协调。遏制与反遏制、“脱钩”与反“脱钩”、试图将经济问题“安全化”与坚定不移推进区域合作的斗争你来我往，加大了地区秩序走向的不确定性。

各次区域的安全形势受到内外双重因素影响，外部因素是大国博弈，内部因素则是地区中小国家、地区组织各自的战略选择与政策调整。东北亚、南亚同时出现“阵营化”趋势；东南亚的战略价值提升，但东盟的“中心地位”与“统一性”被削弱；中亚地区的安全形势更为脆弱化，非传统安全威胁上升。四个次区域的共同特征是，面对大国博弈，域内中小国家谋求战略自主的意愿上升，均试图坚持大国战略平衡，不愿在大国间“选边站”。

“双安全”挑战地区和平与稳定，突出表现为：周边各国加强军备竞赛，美英澳三边安全伙伴关系成立引发核扩散隐患；传统安全热点问题的联动性与外溢性加强；非传统安全是当前周边各国面临的最紧迫、最具实质威胁的挑战，既包括新冠肺炎疫情的反复，也包括恐怖主义的外溢。

在世界之变、时代之变、历史之变以前所未有的方式展开的大趋势下，周边地区未来或将面临更为激烈的大国博弈。不过，各方均对“斗而不破”持有共识，这就决定了周边地区短期内不会发生大规模军事冲突。但是，地区各方仍处于战略调整之中，各类热点问题此起彼伏，尤其是非传统安全议题丛生、新旧叠加，这将导致周边地区长期处于“变”“乱”交织中。

中国在周边具有长足的经济优势，多年经营构建的双、多边地区合作机制，是中国稳定周边的重要资源。当前，周边秩序的“中国方案”日益清晰，中国有意愿、也有能力继续在促进周边地区迈向共赢合作，构建均衡、有效、可持续的地区安全架构中发挥引导作用。

目 录
CONTENTS

总 篇

张蕴岭 认识变局下的周边安全 / 003
张 洁 中国周边安全形势：
大国博弈加剧、“双安全”风险上升 / 011

大国篇

曹筱阳 拜登政府“印太战略”加剧中美博弈态势：
主要特征及其地区影响 / 041
李 旻 俄罗斯的内外形势及亚太政策动向 / 058
卢 昊 大国博弈深化及新冠肺炎疫情冲击下的
日本对外战略与中日关系 / 084
吴兆礼 印度对华安全困境泛化的表现、驱动与政策趋势 / 103

次区域篇

李　桐　　东北亚形势与展望　／127

李志斐　　中美战略博弈下的东南亚安全现状与发展趋势　／148

楼春豪　　大变局加剧南亚地区安全脆弱性　／173

李睿思　　中亚地区形势及对中国周边安全的影响　／200

热点篇

刘　琳　　南海安全形势：美国对华全面战略竞争下的新动向和趋势　／219

秦　升　　美英澳三边安全伙伴关系对澳大利亚国防战略的影响与中澳关系展望　／263

附　录

梁　鸿　　2021 年中国周边安全大事记　／281

总　篇

认识变局下的周边安全

张蕴岭*

中国有众多的邻国，形成地缘特殊的周边区域，周边关系、周边环境对于中国有着特殊的和重要的利益。所谓周边，实质上，是中国与邻国共同相处的区域，陆海连接，相互影响，相互依存。从这个意义说，周边安全包括两层含义：我的安全，他者的安全，这样才组成共同安全，才有合作安全之说。

每个国家都有着自我安全定位，首要的是如何维护自身的安全。各国维护自身安全的定位有着巨大的差异，在多数情况下，差异是引发安全矛盾的主要因素。因此，需要考虑相互安全才可以安全，而相互安全的要义是弥合差异，寻求对接点。在一个区域内，相互安全不仅是双边的，而且是多重交叉的综合平衡，涉及各方安全的区域安全关系和秩序是一个复杂的动态变动体系，一旦某一个方面发生失衡，或者矛盾激化，就有可能发生安全危机。

如今，安全构成的总体性提升，包括从国家整体到个人、社会、企业的安全，从军事到政治、经济、社会、文化、技术、网络安全，等

* 张蕴岭，中国社会科学院学部委员，山东大学国际问题研究院院长。

等。安全关注的重点由传统安全领域，拓展到各个领域，在不同情况下，对安全造成威胁的因素也很不同。在此情况下，我们分析周边安全问题也需要多视角与综合性。

中国与诸多国家毗邻而居，形成复杂的双边安全关系和区域安全关系。周邻国家差别大，不仅有域内关系，也有复杂的对外联系。在现实中，域外国家对周邻地区有着很深的介入，与周邻国家构建了方式与深度不一的关系，这使区域安全关系与安全环境变得更为复杂，在有些情况下，域外势力介入对周边安全环境所造成的影响巨大，甚至成为主要的因素。

构建周边安全环境，中国把与周邻国家的关系放在对外关系的首位，力图构建一种和谐的关系与秩序，为此，先后提出了“睦邻友好”，“好邻居、好伙伴、好朋友”，“与邻为善、以邻为伴、睦邻、安邻、富邻”，“和谐周边”，“亲、诚、惠、容”，“命运共同体”等发展与周邻国家关系的基本理念和原则，尽管所用表达词语不同，但它们的含义是基本一致的，即一定要处理好、发展好与周邻国家的关系。周邻国家众多，周边地区关系复杂，推动构建和平、合作与发展的周边关系与秩序并非易事，一则，这不是中国一家的事，需要各方形成共识，相向而行；二则，区外势力的介入有着不同的利益与安全战略设定，与中国并不一定一致，回顾以往，周边地区发生过动荡、冲突和战争，二战后，经历了艰难的调整和重构，后者所起的作用巨大。

中国与周邻国家的关系总体向好的方向发展，主要的体现：一则，中国与所有周邻国家关系正常化，解决了大多数历史遗留的问题，逐步发展起了正常的关系；二则，中国与周邻国家发展起密切的利益关系，在经济领域，中国成为绝大多数周邻国家最重要的经贸伙伴；三则，中国与周邻国家建立了不同形式的伙伴关系，共建或者参与区域合作。

尽管如此，也发生了一些新的变化，出现了新的矛盾，面临新的挑战。在双边关系方面，新的变化是有些国家对中国的政策进行了较大的调整，其中，防备与制约中国的取向增强，推动构建多向平衡与制约机制。以印度为例，其政策导向更突出与中国的竞争与制约中国，为此，对中国的限制增多，并且直接参与美国对华战略竞争圈的构建，积极支持“印太战略”，参加美日印澳“四边机制”（QUAD）等。再如日本，把应对中国崛起作为政策主导方向的趋势明显，一方面，更加紧密地与美国配合，构建基于对华全面战略竞争的多重制约机制，无论是在安全，还是在经济方面，都更加积极和深入地参与；另一方面，积极推动与一些国家的安全合作，助其增强安全能力，有着明显针对中国的考虑。2022 年 3 月，韩国大选结果出炉，反对党候选人尹锡悦当选，其政策取向与文在寅政府有不同，不仅表示要加强与美国的关系、支持“印太战略”，对朝鲜采取强硬政策，而且提出对中国要“不屈服于压力”。

如何看待这些新的变化？我们需要进行全面的分析。比如中印关系，需要从综合利益大局和印度的总体政策取向进行分析。综合观察，印度仍然重视与中国的关系，希望稳定与中国关系的基本面，在一些领域，包括经济领域、国际领域保持与中国的联系与合作。印度加强与美国的关系，但对其许多做法也并非都赞同，在参与“印太战略”中维护自己的立场。中印两国有着政治、历史、文化巨大差异，又有历史遗留的领土争端，然而，两国作为发展中大国，对诸多问题有着相似或者一致的认知，两国对避免对抗、坚持对话与合作的大方向的认知有对接点。比如中日关系，需要从历史、现实与未来的综合角度进行分析。历史为中日关系留下了很深的创伤，现实是既有深刻矛盾又有紧密利益，未来是必须互利共处。日本对中国的综合实力提升充满疑虑和警惕，倚美制华是其利益需要，但日本与中国有着密切的利益关联。基于综合利益的考量，中日双方都尽量避免发生全面对抗，这似为一个可以对接的底线共识。因此，尽管矛盾很多，双方对话、协商与合作的窗口是开着的。如何看待新领导人执政下的韩国与中国关系，尽管还需要进一步观察，但有一点可以肯定，不管谁当政，韩国在对华关系上都需要稳定，这无论是从地缘还是从直接利益上考虑都是如此。朝鲜半岛需要维稳，任何排除中国参与、激进的对抗性办法都可能会引起灾难性后果。尽管韩国是美国的盟友，若倚美反华对韩不利。因此，从以往韩国政党执政转换的情况看，也许会发生一些变故，甚至会引发矛盾，但双方关系发生逆转的概率很低。

在周边关系中，不仅是双边关系，还有区域合作关系。中国以不同形式参与了所有区域合作机制，这是中国周边区域关系的一个重要发展。中国先后参加了亚太经合组织（APEC），推动成立了上海合作组织（SCO），积极参与东盟+中日韩（“10+3”）、东盟—中国对话合作机制、东亚峰会（EAS），推动与东盟构建自贸区、主持东亚自贸区（EAFTA）可行性研究和推动“区域全面经济伙伴关系协定”（RCEP）谈判与生效，参与和推动中日韩对话机制及三国自贸区谈判，还积极参与东盟地区论坛（ARF）、亚欧会议（ASEM）、亚信合作会议（CICA），作为观察员参加了南亚联盟（SAARC）等。中国作为参与者，一则可以与其他国家一起共商、共建；二则可以在实践中深化关系，落实共建的规划和进程。发展比较好的是中国—东盟关系，无论是在推动构建自贸区，还是在稳定南海局势方面，都起到突出的作用。上合组织是中国与俄罗斯、中亚国家合作构建的，通过构建成员国—观察员国—对话伙伴国复合机制，在稳定地区形势，增进成员国交流、理解与合作方面起到积极的作用。

周边地区的多样性决定了区域合作的多层次、多形式特征。尽管不同的合作机制发展有着很大的差别，但有着一个共同的特点：以合作为导向，不搞对抗性的集团。这样，就避免了各方之间的对抗性竞争，甚至对立。就像中国—东盟合作机制、上海合作组织，都明确表明不针对第三国。当然，周边地区情况复杂，区域合作发展很不平衡，区域合作大多是“软约束机制”，在综合治理上，特别是安全治理上往往缺乏有力的执行力。然而，“软约束机制”也有其优势，比如，具有韧性和灵活性，重于协调而非强制等，在复杂情况下，“软”可能比硬效果更好。

在周边安全环境的变化中，影响大的是域外势力介入的导向与方式变化，其中，主要是美国的政策及行动变化。美国在中国周边地区有着很深的介入，最有影响的是构建了军事同盟关系。近年来，同盟关系非但没有减弱，反而加强，且与美国对华关系调整顺行。奥巴马执政时期推出针对中国的“亚太再平衡”战略，特朗普执政时期采取了对华制裁、压制和遏制相结合的对抗性政策，推出了以中国为目标的“印太战略”。拜登执政后，基本上继承了特朗普执政时期的对华政策取向，但在方式上进行了较大的调整，其中最为重要的是提出对华全面战略竞争政策，拉拢盟友和更多国家参与，构建具有实质性内容框架，这主要包括以下内容：制约中国的发展和竞争能力，对中国实行更有针对性的限制、遏制措施，在科技、供应链方面进行有选择的“脱钩”；扩充与加强“印太战略”，坐实美日澳印“四边机制”和美英澳三边安全伙伴关系（AUKUS）机制，制定不包括中国的“印太经济框架”；联合更多国家介入南海问题，组织大规模军事演习，加强与中国有争端国家的关系，提供先进军事装备；挑动台湾问题，拉盟友参与扩大与台湾当局的关系；等等。

美国的新政策与实施措施，对周边关系和安全环境产生重要的影响。美国构建的由盟友、准盟友以及所谓可信赖的友好国家参与针对中国的联合阵线，构建不包括中国的技术和供应链圈子，发起针对中国、削弱中国的项目，美国及其盟友也对周边地区国家增加援助，施加压力，促其支持或者参与美国及盟友的战略、政策与行动。在此情况下，尽管周边地区大多数国家都表示不在中美之间“选边站”，但是，在诸多现实选择中难以摆脱“选边站”的阴影。比如，一向与中国友好的尼泊尔，于2022年3月最终批准了“千年挑战计划”（MCC），美国通过提供援助资金，获取美国在尼的特殊权力。

当然，也有一些重要的变化对周边安全具有积极的影响。比如，作为邻国的阿富汗长期战乱，极端势力活跃，美国陈兵20年后终于撤出。作为邻国，中国最为关注的是塔利班掌权后的稳定与安全转变，由此，主动联合相关国家在促稳和重建方面开展合作，这有助于推动阿富汗走向正常化，并且逐步使阿富汗和相邻地区向好的方向转变。

周边安全的定位基于三个视角：我与周边，即从中国出发，分析周邻国家的政策，对华关系定位，与他们的多层次关系；周邻与我，即周邻国国家如何定位和发展与中国的关系，这方面的利益和政策定位有着很大的离散性与差别；作为一个共处区域，即中国和周邻国家在这个地缘区域中如何共处、共生，构建基于共利和共识的区域关系和秩序。

从中国的角度看待周边安全，如前所述，一直有着清晰的定位，并且为之而努力。在这方面，一个重要的变化是，随着综合实力的提升，中国主动塑造周边关系和安全的能力、影响力提升，中国主动、积极倡导和推进与周邻国家之间的合作与互动。这有助于增进相互间的利益链接和改善相互间的关系。

从周邻国家看对中国的定位，他们并不存在中国观念的“周边”，除了对中国的关系，就是所在次区域的关系，也有域外关系，因此，既存在与中国相向而行的方面，也存在与中国意图与期望不一致的方面。总的看，随着各国与中国的联系紧密和利益增加，他们对发展与中国的关系给予更大的重视，把稳定与增进与中国的关系放在重要的地位，有些尽管与中国存在争端、分歧，基于现实利益和长远关系的考虑，也是尽可能维护与中国关系的大局，特别是维护与中国经贸交往的基本利益。但是，面对中国综合实力的快速提升和自我利益诉求加强，他们对中国的战略警惕增加，并为此采取多方面的现实应对措施，因此，有些未解争端的对抗性增加，有些外部因素的影响力提升。像南海问题，外部越来越多的介入，希冀把争端和总体局势控制在中国与东盟相关国家之内的难度大大增加。

从中国与周邻国家共处区域的角度看，区域整体的利益共同性增加。在全球化、区域化的发展时代，相互间的利益链接比以往任何时候都紧密，各国在创建和维护地区环境上有着内在的共同认知和协商与合作的意愿。对于域外势力的参与也有着基于自身利益和区域共同利益的平衡选择。但是，中国与周邻地区共处的地缘区域，并不像欧洲国家那样有着长期的内在高度区域认同，也不像东南亚那样有着强烈推动区域合作的认同和共识。从这个角度来认识，中国与周邻国家的地缘共处区的安全构建带有很强的“碎片化”特征。各国都有着多样性的对外联系，域外势力的参与和介入也有着不同的背景、利益设定和实施方式。因此，这个地缘区域的关系，特别是安全关系与环境受到复杂因素驱动和影响。

在大变局的复杂环境下，安全受到前所未有的挑战和危险，安全最好的保证就是维护和平。尽管推动构建和平与合作的可持续周边挑战很多，困难不少，但必须为之而努力。这不仅需要中国自身做出巨大的努力，也需要中国与周邻国家一起努力，通过多种方式减少分歧，增进共识，相向而行。

中国自身发展需要外部和平与合作的环境，不希望周边地区生乱、生战，希望和平共处，合作发展的愿望是真诚的。创建和维护良好的周边环境，无论是对于维护和延长战略机遇期，还是对于中国推动构建人类命运共同体都具有重大意义。

作为综合实力快速上升的国家，周邻国家中有些担心中国会拓展自己利益，加强自己的影响力，会与强国抗争或争夺，会使用强力甚至武力解决争端等。同时，以中国崛起为背景，各种势力会加大参与力度，营造对中国不利的舆论环境，把中国说成一个“不遵守规则”“改变现有秩序”的挑战者。特别是与中国存在争端的国家，可能会通过激化争端，营造气氛，拉他者助力，对中国施加压力，等等。现实地说，面对中国的快速崛起，周邻国家有这样的担心也不难理解，一些国家为此采取包括平衡中国在内的应对措施也应在意料之中。在此情况下，最好的应对是，中国与周邻国家之间加强互动，增加交流，增进理解，推进合作，共同推动周边形势发展向好的方向发展。

中国周边安全形势：大国博弈加剧、“双安全”风险上升*

张 洁**

上一年度《中国周边安全形势评估》对2021年周边安全形势做出的主要预判是：第一，中美双方在周边安全事务上的竞争会进一步加剧；第二，周边国家面临多类型安全挑战，或将对次区域地区形成外溢影响。

从实际情况看，拜登政府在2021年1月执政后，基本继承并强化了“印太战略”，加大了对华全面战略竞争，从而导致周边地区主要力量的博弈与地区秩序的重组进一步加快了速度。同时，各类传统与非传统安全问题相互交织，周边地区整体上面临“双安全”（指传统领域与非传统领域的安全）风险的危险度在上升，这些特征构成了2021年中国周边安全形势的“蓝图”。其中，美国对华全面战略博弈是全局性、

* 本文是国家社科基金重点项目“未来5—10年中国周边安全的风险评估与防范研究”的阶段性研究成果，批准号18AGJ010。原文发表在《北方论丛》2022年第4期，标题为《美国对华战略博弈背景下的亚太安全形势：影响因素、主要特征与发展趋势》，内容略有改动。

** 张洁，中国社会科学院亚太与全球战略研究院研究员，中国社会科学院大学国际政治经济学院教授。

关键性变量。而周边大国关系的深度调整，表现为竞争、合作、对抗成分相互叠加，错综复杂。一方面，日本、澳大利亚、韩国、印度等国的对华政策正在与美国“合流”；另一方面，俄罗斯加大了与中国的战略协调。遏制与反遏制、“脱钩”与反“脱钩”、试图将经济问题“安全化”与强调继续区域合作的斗争此起彼伏，加大了未来地区秩序走向的不确定性。

各次区域的安全形势受到内外双重因素的影响，外部因素主要是大国博弈，内部因素则是地区中小国家、地区组织做出的不同战略选择与调整。具体而言，东北亚地区的敌对状态加强；东南亚地区成为美国战略争夺的要地，东盟的“中心地位”与“统一性”被削弱；南亚地区的“阵营化对抗”趋于严峻；中亚地区受多重发展压力叠加，非传统安全威胁上升。四个次区域体现出的共同特征是，面对大国博弈，地区中小国家坚持大国战略平衡，试图避免“选边站”。

在地区热点问题中，一方面，朝核、南海、中印边境冲突等传统安全问题长期存在，海海联动、陆海联动现象是2021年比较突出的一个特征，[①] 这增加了维护地区稳定与管控危机上升的难度。同时，受美国将南海海域“军事化”以及美英澳三方安全伙伴关系（AUKUS）成立引发的核扩散隐患的影响，周边各国的军备竞赛态势明显。另一方面，新冠肺炎疫情对过去10年全球减贫成果造成重大冲击，复苏不平衡加剧全球不平等，南北鸿沟持续扩大。[②] 周边地区亦不能幸免，哈萨克斯坦、巴基斯坦、斯里兰卡等国出现政局动荡；而阿富汗乱局对国际暴恐

① 海海联动主要表现为美国加大在东海、南海与台海地区的军事活动，尤其是从台湾海峡到南海海域的舰机连续行动显著增加；陆海联动表现为中印边境冲突加大了印度在美日印澳“四边机制”框架下与美日澳三国在包括海上军事行动等多领域的协调行动。

② 《习近平在博鳌亚洲论坛2022年年会开幕式上的主旨演讲（全文）》，中国外交部网站，2022年4月21日，https://www.fmprc.gov.cn/web/zyxw/202204/t20220421_10671052.shtml。

势力的“磁吸”与“示范”效应，加剧南亚、中亚地区反恐形势的不确定性和地区安全脆弱性。

在世界之变、时代之变、历史之变以前所未有的方式展开的大趋势下，周边地区将面临美国及其盟友对华战略竞争引发的更多分裂与动荡。乱局之下，区域合作将面临干扰，区域治理不足则会导致“双安全”风险上升。但同时也应看到，中国塑造周边、经营周边的能力仍在稳步上升。未来，中国应及时调整周边外交布局，与地区中小国家构建广泛的“统一战线”，促进周边地区迈向共赢合作，构建均衡、有效、可持续的地区安全架构。

一、美国“印太战略”扰动周边地区的稳定与发展

随着中国实力的显著提升以及对地区事务影响力的加强，美国认为其长期拥有的地区主导权受到了挑战。因此，从奥巴马政府时期开始，美国先后实施了“重返亚太”“亚太再平衡”战略和“印太战略”，试图通过加强自身力量存在、构建同盟与伙伴体系，在安全、经济、意识形态等多领域加大对华遏制，维护其主导下的地区秩序。

2021 年 1 月，拜登政府执政，政府更迭并没有使美国的对华政策发生根本性改变，其府院、军方、智库均认为，中国军事实力的提质增量加强了对美国的“安全威胁”，中国采取“经济胁迫”手段的做法有增无减，中国成为“现有国际规则与国际秩序的最主要挑战者”。[①] 因此，美国需要继续采取全领域手段威慑、遏制中国，在地区层面实施遏华，

---

① Antony J. Blinken, “Fifth Anniversary of the Arbitral Tribunal Ruling on the South China Sea,” U. S. Department of State, July 11, 2021, https://www.state.gov/fifth-anniversary-of-the-arbitral-tribunal-ruling-on-the-south-china-sea/.

则聚焦“印太”，也就是中国的周边地区。按照2022年2月的新版《美国印太战略》所言，“中国‘胁迫’‘侵略’全球，但在‘印太’地区却最为严重”，“‘印太’地区面临历史性的机遇与挑战，而美国在该地区的作用也必须更有效、持久”。[①]

（一）加强军事威慑，维护美国在“印太”地区的军事优势

长期以来，美国在亚太地区保持着绝对的军事优势。截至2019年底，美军在亚太地区的总兵力为37.5万人。根据2020年前将60%海空力量部署于亚太的规划，“里根”号航母（Reagan CVN-76）、濒海战斗舰、“萨德”反导系统以及大批先进战机、核潜艇等先进装备已经在亚太部署到位或列入部署计划，而遍布全球的各兵种快速反应能力是美国“印太司令部”的重要后援。[②] 2021年8月，美国完成从阿富汗撤军任务，多数观点认为，这是美国军事战略上的转移，“有利于”美国集中军事力量应对中国崛起。

军事力量是美国实施“印太战略”的基石，为了“坚定地致力于捍卫自己在‘印太’地区的利益”，美国不断增加投入、更新军事观念、重置力量组合。2020年，美国出台了“太平洋威慑倡议”（Pacific Deterrence Initiative，PDI），旨在通过直接投资国防部能力建设和加强合作伙伴关系，增强美国在“印太”地区威慑的可信度。[③] 为获得资金支持，美“印太司令部”专门制订了在“印太”地区军事部署的具体计划与行动方案，着手在整个地区建立新的反导和防空系统、雷达系统、军队集结

① The White House, *Indo-Pacific Strategy of the United States*, February 2022, https://www.whitehouse.gov/wp-content/uploads/2022/02/U.S.-Indo-Pacific-Strategy.pdf.

② 2018年5月，美国太平洋司令部更名为印度洋—太平洋司令部，简称“印太司令部”。

③ Office of the Under Secretary of Defense(Copptroller), *Department of Defense Budget Fiscal Year 2022: Pacific Deterrence Initiative*, May 2021, https://comptroller.defense.gov/Portals/45/Documents/defbudget/FY2022/fy2022_Pacific_Deterrence_Initiative.pdf.

待命区、情报共享中心、补给仓库和试射场以及加强与盟友间的联演联训。在美军方的努力下，2021 和 2022 年度美国《国防授权法案》均对“太平洋威慑倡议”进行专项拨款。根据规划，这一拨款将至少持续至 2026 年。[①]

同时，美国力推“一体化威慑”概念。拜登政府上台后，新任国防部长奥斯汀（Lloyd J. Austin）指出，威慑是美国国家安全的基石，在新形势下，应采取新的“一体化威慑”，即运用各种军事和非军事手段，利用现有能力和发展新的能力，并与盟友协调一致行动，以网络化方式运用这些能力，慑止包括“灰色地带”在内的跨越冲突频谱的侵略。[②]“一体化威慑”并非仅针对“印太”地区提出，但显然“印太”地区将是该战略付诸实施的重要区域。上述举措表明，未来美国会持续加大对“印太”地区的军事投入，威慑将成为美国对华主要军事举措之一。

（二）加强基于盟友与伙伴关系的地区机制建设，夯实美国的战略依托

拜登政府很大程度上继承了特朗普政府的“印太战略”，同时，秉持多边主义外交政策特性，修复与改善和盟友、伙伴国家的关系，强化美国主导下的地区机制，进一步扩展战略议程，提升政策效果。

2021 年，作为美国“印太战略”的支柱性地区机制——美日印澳“四边机制”实现升级与扩容。升级方面，“四边机制”在 3 月举行了首次线上峰会，9 月举行了首次线下峰会会议，从而实现了从司局级、部级到首脑级别的机制升级。扩容方面，通过两次首脑会议，美日印澳的

---

① 具体参见本书美国篇。

② Secretary of Defense Remarks at the 40th International Institute for Strategic Studies Fullerton Lecture (As Prepared), US department of Defense, July 27, 2021, https://www.defense.gov/News/Speeches/Speech/Article/2708192/secretary-of-defense-remarks-at-the-40th-international-institute-for-strategic/.

合作正在从安全议程扩展到疫苗、气候变化、技术、基础设施建设等多个领域；同时，还将成员扩容的目标锁定了韩国、越南等国家，并表示要加强与东盟的战略对接。

2021 年 9 月，澳大利亚、美国和英国宣布建立三边安全伙伴关系（AUKUS），同时美英将通过提供技术，帮助澳大利亚建造 8 艘核动力潜艇。① 按照美国国家安全顾问沙利文的说法，美英澳三边安全伙伴关系是美国基于共同的民主价值观构建的，一套综合的、具有操作性的、可互操作的新型联盟与伙伴关系，体现了美国对关键性盟友的承诺。② 英澳也强调，作为“志同道合的盟友和伙伴”，要与美国保护共同价值观，促进“自由和开放的‘印太’地区的安全与繁荣”。三国强调，建造核动力潜艇只是合作的第一步，未来将深化有关新兴防卫能力的广泛合作，加强三国联合能力和互操作；同时还将进行更深入的信息共享，加强在网络、人工智能、量子技术和水下区域以及在贸易、工业、供应链等领域的合作。

美国还表示，将会推动美英澳三边对安全伙伴关系与美国在大西洋、太平洋的盟友和伙伴的合作，扩大共同协作能力，尤其要推动与东盟、“四边机制”的对接。③ 由此可见，美英澳三边对安全伙伴关系是美国以联盟力量遏制中国的又一新地区机制，是美国以集团化方式加大对华竞争的新举措。这种以对抗和遏制为出发点的合作，尤其是启动核动力潜艇建造计划，反映了美国以实力、以备战遏制中国的意图，也是

---

① “Remarks, the 2021 ASPI Sydney Dialogue,” Prime Minister of Australia, November 17, 2021, https://www.pm.gov.au/media/remarks-2021-aspi-sydney-dialogue.

② “2021 Lowy Lecture: Jake Sullivan,” November 11, 2021, https://www.lowyinstitute.org/publications/2021-lowy-lecture-jake-sullivan.

③ 《拜登总统、澳大利亚总理莫里森和英国首相约翰逊宣布建立美英澳三边合作关系》，美国驻华使馆网站，2021 年 9 月 17 日，https://china.usembassy-china.org.cn/zh/https-china-cn-mwp-usembassy-gov-remarks-by-president-biden-prime-minister-morrison-of-australia-and-prime-minister-johnson-of-the-united-kingdom-announcing-the-creation-of-auku-cn/。

美国在军事领域推进对华“新冷战”的尝试。

拜登政府执政后，美国国务卿布林肯、副总统哈里斯以及国防部长奥斯汀等其他高级官员频繁访问地区国家，同时，在特朗普从 2018 年开始缺席东亚领导人系列会议之后，拜登终于在 2021 年重返东亚峰会（线上）和美国—东盟峰会（线上）。对此，布林肯评价认为，经过数月极其活跃的外交，美国实现了与全球众多盟友和伙伴的战略重启。与之配合，美国加大与盟友、伙伴的地区性军事合作。2021 年以来，因新冠肺炎疫情暴发而暂停的、美国在亚太地区的军事活动基本恢复，尤其是大量的联演联训。同时，美国与日本、韩国、菲律宾等地区盟友修复或签署新的军事合作协议，举行各类“2+2”对话，等等，本书中各分篇对此均有统计和分析，这里就不再赘述。

（三）计划推出“印太经济框架”，补足美国经济影响力的“短板”

拜登政府上台后，实行“服务于中产阶级的经济政策”，信奉“经济安全就是国家安全”，继续采取对华“脱钩”政策，同时推动其他国家加入美国的对华经济遏制阵营。由于高科技在经济和安全领域起着关键作用，美国将高科技作为对华竞争的又一主战场。拜登政府一方面加强对国内科研的投入；另一方面联合盟友、伙伴关系实施“弹性供应链”战略，确保在芯片、半导体、电动汽车、关键技术和网络安全等领域形成“去中国化”的合作。在“四边机制”框架下，美日印澳达成共识，将打造有弹性的、多样的、安全的供应链作为确保经济繁荣和国家安全，同时继续加强基础设施建设合作。

特朗普政府退出《跨太平洋伙伴关系协定》（TPP）被认为是美国参与亚太经济合作的重大挫折。拜登政府执政后，美国并没有打算加入《全面与进步跨太平洋伙伴关系协定》（CPTPP），而是将寻求与亚洲经济体就贸易和投资问题建立新的“经济框架”，弥补自身在“印太”地区经济影响力的“短板”，消除地区盟友，尤其是地区中小国家对美国引领区域经济合作的意愿与能力的质疑。2021 年 10 月，拜登在东亚峰会上宣称美国将与有关地区伙伴在 2022 年初启动“印太经济框架”。此后，美国多位高官访问日本、韩国、印度、马来西亚和新加坡等国，重点探讨供应链、数字经济和地区基础设施建设项目等方面的合作。2022 年新版《美国印太战略》将“印太经济框架”纳入美方战略规划，明确指出该经济框架是一个新的伙伴关系，旨在加强美国与“印太”地区的经济联系，重点合作领域包括推动高标准贸易，管理数字经济，提高供应链的弹性和安全性，促进透明、高标准基础设施投资，并建立数字连接。

由于“印太战略”将中国视为“‘印太’地区繁荣与发展的最大挑战”，这就决定了“印太经济框架”的“历史使命”，即平衡与替代中国在区域经济合作中的地位与作用，这种排他性的经济机制或将损害周边地区多年来形成的合作共识与推进中的各类合作议程。

二、地区主要力量加快分化组合进程

在美国“印太战略”的搅动下，俄罗斯、日本、印度、韩国等地区主要力量纷纷调整和出台本国战略，一方面应对地区新形势带来的冲击与影响，另一方面争取地区秩序重构朝着有利于自身的方向发展。

（一）俄罗斯关注亚太事务，加强对华战略协调

美国“印太战略”针对中国与俄罗斯实施双遏制。面对美国搞“小圈子”、拼凑军事集团的举措，俄罗斯与中国保持了密切的战略沟通，双

方军事合作机制持续完善，尤其是在联合演训领域实现新突破和新发展。

2021年是《中俄睦邻友好合作条约》签署20周年，6月28日，中俄两国首脑举行视频会晤，正式决定《中俄睦邻友好合作条约》延期。8月，两国首次在中国境内举行“西部·联合-2021”演习，演习旨在拓展中俄两军联合反恐作战领域深度，展示共同维护国际和地区安全稳定的决心与实力；[①] 10月，中俄两军举行“海上联合-2021”演习和首次海上联合巡航；11月，两国空军在日本海、东海有关空域组织实施联合战略巡航。同月23日，中俄防长签署了2021—2025年两国军事领域合作发展路线图，双方将在未来五年继续扩大包括联合巡航与军事演习等方面的深层次合作。此外，中俄大项目合作在2021年取得新突破，双方还积极协调有关中亚、阿富汗、朝鲜半岛等亚太地区安全事务的立场。

同时，值得关注的是，俄罗斯继续稳步推进“转向东方”战略，加强与朝鲜、蒙古、越南、印度等俄罗斯的、传统亚太伙伴的合作，2021年俄罗斯与上述传统伙伴都实现了首脑会晤，这是俄罗斯推行亚太外交的重要支点。俄罗斯在亚太地区多以军事强国的身份出现，军事合作与军火出口是其重要的合作抓手。近年来，俄罗斯也尝试利用经济抓手，加强与亚太国家的经济联系，但由于其经济实力和经济结构的局限性，成效仍然有限。[②]

有观点认为，中俄两国尚不认为有深化军事联盟的必要，但是两国已经在同步全球议程，建立反击未来几年西方压力的机制。[③] 在地区层

---

① 《“西部·联合-2021”演习正式开始》，中国国防部，2021年8月9日，http://www.mod.gov.cn/action/2021-08/09/content_4891392.htm。

② 具体参见本书俄罗斯篇。

③ 《俄媒文章：中美俄大博弈主宰世界地缘政治》，参考消息网，2021年12月28日，http://column.cankaoxiaoxi.com/2021/1228/2464246.shtml。

面，俄罗斯传统伙伴关系以及俄罗斯在地区热点问题上的影响力，或将可以成为未来中俄战略协调的重点议题。

（二）日本、澳大利亚、韩国加强与美国的全方位合作

应对大国博弈及新冠肺炎疫情的冲击，日本加强与美国等西方盟友战略联动，提升对外战略中的经济安全与意识形态因素，强化自主防卫力量与对外防务合作。在此情况下，中日关系总体稳定但关系趋冷，多领域矛盾凸显且短期难以化解，作为双边关系压舱石的中日经济关系保持强韧性，但亦面临更复杂挑战。①

拜登政府执政后，日本日益倾向并主动依托美国及其主导的盟友体系。菅义伟政府和岸田文雄政府均强调美日同盟在日本外交中的核心地位，以推动“印太战略”作为外交首要任务，重点加强日美的全面战略协同。2021 年 3 月，日美外长与防长举行“2+2”会谈；4 月，时任日本首相菅义伟访问美国，并于 9 月再度赴美出席“四边机制”首脑会议。

涉华问题是日美加强战略协同的重要内容之一，日本充分参与美国的对华战略竞争，除了军事合作，还强调经济安全与意识形态因素。一方面，日本加强对国际人权事务干预，对各类“人权问题”发表言论，与美国、澳大利亚等构成联合对华施压态势。菅义伟访美期间，日美发表的《联合声明》提到台湾问题，这是自 1969 年时隔 52 年后日美共同声明中首次写入有关台湾地区的内容。② 另一方面，日本强调经济安全的重要性，紧紧跟随美国，积极拉拢“印太”及欧洲“民主盟国”打造半导体等高科技产业与战略性物资供应链联盟，以防范尖端技术或军

① 具体参见本书日本篇。

② 庞中鹏：《“岸田外交”走向与局限》，《世界知识》2021 年第 21 期。

民两用技术外流为名，强化信息保密与技术垄断措施。

日本对中美战略博弈形势保持了相对独立的关注。日本决策层与战略研究界对于如何具体应对中美存在分歧，不过，确定的共识是，日本处于中美博弈的“最前线”，需要密切地跟踪其形势，做出审慎判断。而日本的主要目的之一是，最大限度对美施加政策影响，使其朝向对日有利方向发展。

澳大利亚积极巩固美澳同盟关系，这是由其长期外交政策特性与军事安全传统所决定。面对中美战略博弈态势，澳大利亚在 2017 年发表的《外交政策白皮书》就明确表示，澳大利亚必须和可信赖的伙伴、朋友共同分担领导权，只有这样才能更强大。2020 年 7 月 1 日，澳大利亚发布《2020 年国防战略更新》和《2020 年部队结构规划》，标志着澳大利亚对本国国防战略做出重大调整，即以“周边”为核心的安全观正式形成。[①] 澳大利亚把从印度洋的东北部，经过东南亚的海洋和大陆区域，到巴布亚新几内亚和西南太平洋的周边地区视为澳大利亚最直接的战略利益区，完全覆盖了中国南部周边国家、中国与东南亚国家存在领土领海争端的地区以及台湾地区。中国的“周边”与澳大利亚的“周边”在高风险地区重合，这意味着双方在安全、经济领域的竞争会进一步加剧，尤其是近年来澳大利亚积极主动配合与支持美国遏制、打压中国，突出澳大利亚对美的战略价值，建立所谓的“确定性”，[②] 已经导致中澳关系的显著恶化。

2021 年，澳大利亚充当反华“急先锋”，在涉疆、涉藏、台湾问题、南海问题、新冠肺炎疫情溯源、“一带一路”倡议等问题上屡屡率先向中国发难。4 月，澳大利亚外长宣布，澳大利亚维多利亚州与中国

---

① 具体参见本书澳大利亚篇。

② 陈弘：《首鼠两端的澳大利亚对华政策》，《世界知识》2020 年第 17 期。

签订的“一带一路”协议已被澳联邦政府取消，因为这一协议不符合澳大利亚的外交政策。5月，澳大利亚国防部长声称，不应低估台海地区发生冲突的可能性，澳内政部秘书长也称，“战鼓已经响起，澳方必须做好参战准备”。[①] 9月，澳大利亚和美英共同宣布成立三边安全伙伴关系。这表明，澳大利亚自愿捆绑在美国的战车上，进一步丧失了军事自主性。

拜登政府上台后，美国与韩国就驻韩军费问题暂时达成共识，双方同盟关系逐步得到改善。[②] 2021年5月21日，美韩首脑峰会发表共同声明，其中首度提及南海、台海以及缅甸局势，显示出韩国正在更为积极地参与美国“印太战略”其中。美国将韩国列为“四边机制”扩容的重点国家，同时加强与韩国在高科技领域的合作，并希望韩国能够加大对美投资。这表明，美韩同盟正在从以安全合作为主，向以安保与经济安全为导向转变。2022年，随着尹锡悦政府的上台，韩国将进一步向美国贴靠。

（三）印度加强对美合作，对华安全竞争泛化

2021年，印度对华安全困境显著泛化，不再局限于特定的传统安全领域尤其是军事层面，而是开始外溢至政治、经济、人文等多个领域，对中印发展伙伴关系构建的基础、经贸投资活动以及人文交流合作的消极影响日益突出，导致中印关系继续处于低位徘徊。[③]

中印政治互信“短板”更为突出，莫迪政府怀疑并消极看待中国的发展，认为中国通过“一带一路”倡议围堵牵制印度，中印构建更加紧

---

① 《国防部：澳方不要在错误的道路上越走越远》，中华人民共和国国防部网站，2021年5月27日，http://www.mod.gov.cn/info/2021-05/27/content_4886674.htm。

② 具体参见本书东北亚篇。

③ 具体参见本书印度篇。

密的发展伙伴关系的基础明显弱化。莫迪政府对华安全困境泛化导致印度试图在经贸领域与中国“脱钩”，2021 年印度继续限制中国对印投资、发起抵制“中国货运动”，禁止中国应用程序（App）在印应用，响应美国提出的在经贸领域的对华“强制脱钩”政策等。同时，莫迪政府强化边境地区军事建设能力，提出并加快推进“印太海洋倡议”，并在此框架下与“志同道合”的伙伴进行多领域合作，牵制中国影响力向印度洋地区扩展。2021 年以来，印度海军还多次袭扰在印度洋通道上正常活动的中国商船和科考船。

随着中美博弈加剧和中印关系曲折，印度开始加速融入“四边机制”议程。印度日益强化与美国、日本和澳大利亚的三边战略磋商，积极参与“四边机制”。印度认为，“四边机制”有能力应对当代全球挑战和共同关切，将该机制作为其应对“印太”地区战略竞争和地缘政治挑战的主要方式之一，[①] 印度连续在 2020 年和 2021 年邀请澳大利亚参加“马拉巴尔”联合海上军事演习，推动“四边机制”安全合作的进一步实质化。[②]

印度对华安全困境是一种长期现象，但其严重影响中印经济合作与人文交流则是特定时期与突发事件驱动的结果，近期或有转圜的可能。印度试图在经贸领域与中国“脱钩”，但是 2021 年中印双边贸易额达到 1257 亿美元，同比增长 43%，首次突破千亿美元大关，[③] 这表明在经贸领域的两国有很强的相互依存。

---

① “Foreign Secretary’s Remarks on ‘Quad and Future of the Indo-Pacific’ at the 5th India-US Forum,” Ministry of External Affairs, Government of India, December 2, 2021, http://www.mea.gov.in/Speeches-Statements.htm?dtl/34571/foreign+secretarys+remarks+on+quad+and+future+of+the+indopacific+at+the+5th+indiaus+forum.

② 具体内容参见吴兆礼：《印度莫迪政府对华政策调整与中印关系展望》，载张洁主编《中国周边安全形势（2021）》，世界知识出版社，2021，第 108—113 页。

③ 《商务部召开例行新闻发布会》，中国商务部网站，2022 年 2 月 17 日，https://video.mofcom.gov.cn/xwfb/2022/2/56f2d4043e774761b95cd8979ed36a38417.html。

三、次区域安全形势错综复杂，坚持大国平衡是地区共识

“周边”是一个地缘政治概念，它是从中国的视角出发，观察和处理与中国相邻区域的外交事务，观察的视角既需要着眼双边，也需要从次区域的角度分析比较。中国的周边涵盖了东北亚、东南亚、南亚和中亚四个次区域，各次区域的地缘政治特征与经济发展水平存在很大差异性，不仅受到本地区主要国家的深刻影响，同时，还和域外国家具有长期的历史、经济与安全联系，各方建立了深度不一的关系，这使区域安全关系与安全环境的变得更为复杂。

近年来，中国以不同形式参与了所有次区域合作机制，如东盟主导下的地区对话机制、上海合作组织等，这是中国周边区域关系的一个重要发展，也是中国经营周边、塑造周边、稳定周边的重要机制。

当前，在大国博弈和新冠肺炎疫情冲击下，各次区域的发展方向与政策调整也进一步多元化，关注这些变化并适时、有针对性加强沟通、对话与合作，对于中国从整体上把握和维护周边安全，具有重要的意义。因此，从本年度开始，本书特别增加了四个次区域的专门研究。

（一）东北亚、南亚地区同时出现“阵营化”趋势

东北亚地区，拜登政府全面加强美韩同盟，同时加强美日韩三边联动，力图将美韩同盟纳入“印太战略”中，将东北亚地区打造为美国遏华的前沿和支点。同时，拜登政府倾向于维持和强化对朝制裁，强调朝鲜人权问题。朝鲜保持对华、对俄传统友好关系，对美韩以施压为主，同时未关闭对话大门，保持斗而不破，东北亚的“阵营化”趋势不断加强。

南亚的“阵营性”对抗也在加剧。美国同样图谋将更多南亚国家纳

入“印太战略”，加大对中国在南亚影响力的阻击和反制。拉拢印度是美国的外交重点，美国罕见地在战略文件中明确提出要支持印度成为“南亚和印度洋的领导者”，将印度拉入“四边机制”，深化与印度的防务安全合作，从而最大化其“拉印制华”“扶印抗华”的策略效应。而印度偏离了不结盟政策传统，在中美之间选边美国的倾向日益明显，也使中印关系的“美国因素”更加突出。印度同样希望遏制中国对南亚地区国家的影响，它公开批评中巴经济走廊“侵犯印度主权”，炒作中斯合作使斯里兰卡陷入“债务陷阱”，对中国与孟加拉国、尼泊尔、马尔代夫等国合作亦不放心。同时，印度加大对南亚邻国政策力度，主动缓和因边界纠纷导致的与尼泊尔的关系僵局，向巴基斯坦释放缓和印巴关系信号，与斯里兰卡和马尔代夫重启科伦坡安全会议（CSC）。

但是，美国与印度的“努力”并没有在南亚形成“一边倒”。一方面，中国积极推进与南亚各国的友好合作，妥善统筹“一带一路”建设与疫情防控合作，为南亚地区和平稳定贡献“正能量”。2021 年，中国为南亚国家提供大量包括新冠疫苗在内的防疫抗疫物资；保障中巴经济走廊等“一带一路”重大项目在疫情期间顺利推进，从而深化了中国与南亚国家的互利共赢。另一方面，印巴问题等固有矛盾存在，也在一定程度上限制了印度的地区影响力。因此，在大国博弈与地区矛盾相互交织的背景下，南亚地区的“阵营化”对抗风险成倍升高。

上述情况对于中国来说，机遇与挑战共存。在东北亚地区，当前是冷战结束以来安全形势极其严峻的阶段，但客观而言，仍比冷战时期要缓和得多。虽然一些消极因素在不断发酵和积累，但东北亚地区总体局势仍可控，各国之间沟通渠道畅通，也建立了各层次的紧急事态管控机制。因此，短期内爆发严重冲突的可能性不大。在南亚方向，多国国家治理困境加剧，经济社会发展挑战重重。这些都需要域外国家给予实实在在的支持与援助，而中国经过多年经营，已经与多数南亚国家建立了紧密的经贸关系。即使是对于中印关系来说，尽管印度目前仍将“一带一路”倡议与中国经贸和投资混为一谈，但中国投资带来的资本和技术不仅对印度形成强大吸引力，同时也具有缓和长期紧张局势的潜力。

（二）作为大国博弈的战略焦点，东南亚力图维护东盟中心地位和团结

基于特殊的地理位置，东南亚长期是大国竞争的重要目标，而东盟也一直高度关注美国对华战略竞争态势，担心其中心地位与统一性受到冲击。[①] 作为应对，2019 年，东盟发布《东盟印太展望》，阐述了东盟对美国牵头的各类“印太”方案的立场，成员国在聚焦地区合作、安全和繁荣方面的共同立场，试图通过概念、规则与合作领域的重构，维护自身地区主导地位。[②]《东盟印太展望》发布后迄今，亚太地区环境发生了巨大的变化，突出表现为 2020 年新冠肺炎疫情的暴发、2021 年 2 月缅甸政局的突变以及拜登政府上台以来继续加大对华战略竞争态势，这使东盟面临更为严峻的考验。

拜登政府执政后，调整了东南亚政策，突出强调对东盟“中心地位”的支持，并且着力深化条约盟友关系，加强伙伴关系建设，为东南亚国家提供经济、军事、公共卫生等多领域的援助。但同时，拜登政府加强美国主导下的地区机制建设，如“四边机制”的升级与扩容，美英澳三边安全伙伴关系的成立等，大有争夺东盟地区话语权之势，冲击东盟的中心地位和整体团结。

---

① Lee Hsien Loong, “Keynote Address By Prime Minister Lee Hsien Loong 18th at The IISS Shangri-La Dialogue,” IISS, May 31, 2019, https://www.iiss.org/-/media/files/shangri-la-dialogue/2019/speeches/keynote-address-lee-hsien-loong-transcript.ashx; Lee Hsien Loong, “The Endangered Asian Century: America, China, and the Perils of Confrontation,” *Foreign Affairs*, July/ August, 2020.

② *ASEAN Outlook on the Indo Pacific*, June 23 2019, https://asean.org/wp-content/uploads/2019/06/ASEAN-Outlook-on-the-Indo-Pacific_FINAL_22062019.pdf.

当前，东盟仍然致力于疫后经济复苏以及努力维护东盟的统一性，采取理性、务实的外交政策，试图在坚持大国平衡的外交政策，避免在中美之间“选边站”。

（三）中亚地区的安全具有脆弱性，深受外部环境的影响

2021年是中亚国家独立30周年。30年来，中亚国家在稳定国内形势和保持经济增长等方面取得可喜成绩。年内，中亚地区安全形势总体保持稳定，但是多国在新冠肺炎疫情和阿富汗变局的冲击下，安全风险出现新变化。首先，在传统安全领域，吉尔吉斯斯坦与塔吉克斯坦两国因边境水资源归属和使用问题爆发严重的边境冲突，所幸双方通过及时采取措施，避免了冲突的进一步升级。其次，2021年前后，中亚多国举行总统和议会选举，虽然所有的选举均顺利进行，但暗藏的政权交接问题与危机不容忽视。最后，中亚地区还面临各类非传统安全问题的挑战，包括疫情防控和生物安全、恐怖主义和跨国犯罪、经济和金融安全、网络空间信息安全等。

大国博弈同样在深刻影响中亚地区的安全形势，特别是美国在2021年从阿富汗的仓促撤军及其“善后”工作的混乱不堪，引起盟友的极大不满，当前土耳其、印度、伊朗、日本等多国开始在中亚寻找合作契合点，新的一轮地缘政治博弈加剧了中亚外交平衡的压力。在新形势下，中亚国家积极通过双边和多边场合，保持与周边大国和美西方的对话与互动。出于对国家军事安全的核心需求考虑，中亚国家普遍仍将对俄罗斯关系视为外交领域优先事项。同时，中亚国家注重发展中亚一体化，特别是在欧亚经济联盟和“一带一路”框架下的合作。

中国周边四个次区域的现状表明，大国博弈已经在深刻地影响各个区域的对外政策、安全态势和经济发展路径的选择。各个次区域并非只是被动地“选边站”，而是试图主动选择和积极做出战略调整。其中，

部分地区是主要大国在发挥主动作用，部分地区主要依靠地区组织。当前这些战略调整仍在进行当中，具有相当的不确定性。但是，各次区域面临被分裂、被“阵营化”的风险在急剧上升，这在整体上对于中国维护周边环境的稳定与发展大局带来相当挑战，如何分区域应对，如何发挥中国经济与外交影响力，是当前中国周边外交面临的重要任务之一。

四、“双安全”挑战周边地区的和平与稳定

周边地区长期存在传统领域与非传统领安全挑战，它们相互交织，彼此影响，共同影响着各国的安全与社会发展。总体来看，虽然周边各国在2021年守住了“斗而不破”的底线，整个地区没有出现重大军事冲突或摩擦，但是地区军备竞赛加剧，南海问题、阿富汗问题的外溢性加强，新冠肺炎疫情、恐怖主义等非传统安全问题还在深刻影响各国的政治稳定与经济发展。

（一）周边各国加强军备竞赛，地区面临被拖入“新冷战”的危险

2021年以来，美国继续借“印太战略”分裂地区、借军事同盟拼凑“亚太版北约”，事实上正在周边地区制造“新冷战”，并引发了周边地区新一轮的军备竞赛。

如前所述，美国加大在“印太”地区的军事投入与“一体化威慑”战略，尤其是推动南海问题“军事化”“国际化”，引发域内外国家的军事力量频繁在周边地区“刷屏”。不仅如此，美国加强提升盟友与伙伴关系的军事能力，客观上推动了地区国家的军备投入，形成了地区性军备竞赛。更为严重的是，美英澳三边安全伙伴关系的成立，美英帮助

澳大利亚建设核动力潜艇，既刺激了日本、韩国等盟友“拥核”的战略躁动，也引发了东南亚多数国家的安全忧虑。2021 年 10 月，美国“康涅狄格”号核潜艇在南海海域撞击海底山导致严重受损，这一事件充分说明了美国使周边地区“军事化”对地区安全带来的现实威胁。

（二）传统安全热点问题的联动性与外溢性加强

南海问题、朝核问题和中印边境问题是近年来影响中国周边安全形势的主要传统热点议题。2021 年，朝鲜半岛形势总体稳定；中印在边境地区军事领域建立信任措施为维护边境和平安宁奠定了基础，但是中印边界问题仍然“悬而未决”。相对而言，南海问题的联动性和外溢效应仍然是最大的，是中美直接形成军事对抗、甚至发生军事摩擦的“引爆点”。

拜登政府上台后，基本继承了特朗普政府时期的南海政策，纠集盟友加大对南海问题的干涉力度，推动南海问题军事化、法理化与国际化，尤其是在炒作南海仲裁案非法“裁决”方面更是不遗余力。[①] 在此过程中，美西方国家的政府、智库、媒体相互呼应，利用国际话语权优势，刻意歪曲、渲染、有选择性地报道南海问题，意在抹黑中国，将中国塑造为“霸凌”国家，使其遏制中国的目标合法化。这不仅损害了中国的国际形象，也助长了南海问题的“高温不下”。此外，域外国家，尤其是欧洲部分国家加大对南海问题的介入力度，是 2021 年的突出特征之一，它们与美国在战略上形成协调，外交上形成呼应，加大了南海形势的不稳定性。

2021 年，中国与东盟当事国在南海问题上对话与斗争并行，各方基本守住了“斗而不破”的底线。一方面，在美国的介入下，部分东盟当

---

① 具体参见本书南海篇。

事国加大了政策摇摆性，加快单边行动，通过岛礁建设、油气开发与渔业捕捞等行动固化非法“主权”主张；另一方面，维护南海局势稳定的积极因素仍然存在，中国与东盟国家持续推进“南海行为准则”（简称“准则”）磋商，中国与越南、菲律宾、印尼等国家有效利用多层级的双边对话交流机制妥处双边争议与摩擦。

南海问题是美国介入亚太安全事务的重要“抓手”，美国打着维护“航行与飞越自由”的旗号，黏合地区盟友与伙伴在海洋安全事务的共识和行动。基于此，美国加强与地区盟友的互操作性，在部分国家加速建立联合后勤、保障和维修设施，推高了地区各国的军备竞赛。这虽不致短期内发生大规模军事冲突，但是无疑会提升意外摩擦和局部冲突爆发的概率。

2021 年，南海问题的联动性更为突出，以南海为核心，地区多个热点问题出现海海联动、陆海联动、河海联动趋势，反映出美国全面遏华的战略态势。海海联动突出表现在东海问题、台海问题与南海问题的联动，以美国为首的一些国家连续穿越台海和南海的军事活动成为“常态化”。① 陆海联动反映在中印边境冲突与印度对南海问题的介入、美日印澳加强海上军事合作的正向相关性显著加强。河海联动表现美国南海问题与湄公河流域的安全治理问题联系在一起，试图利用南海问题破坏中国与海上东南亚国家的关系，利用湄公河流域的非传统安全问题破坏中国与陆上东南亚国家的合作。

（三）非传统安全是周边地区面临的最紧迫、最具实质性的挑战

恐怖主义、网络犯罪、人口走私、海上自然灾害、毒品走私等是亚

① 具体参见本书南海篇和大事记篇的数据统计。

太地区长期存在的非传统安全问题，这些“顽疾”并未因新冠肺炎疫情的暴发按下“暂停键”，反而更为“活跃”。这是因为疫情恶化了各国经济形势，发酵、催生了各国的社会问题与社会矛盾。

例如，东南亚地区长期存在大量跨境非法劳工，疫情暴发后这些非法劳工的经济与生存条件迅速恶化，成为各国防疫抗疫的“重灾区”。同时，各国采取“封国”“封城”的防疫措施，又使大量劳工无法正常回到“母国”，故而非法跨境人口激增，给各国维护社会稳定与边境安全带来很大挑战。更为严重的是，新冠肺炎疫情与固有社会问题叠加，导致了部分国家出现政局动荡，2022 年 1 月，哈萨克斯坦国内发生严重的政治骚乱就是典型范例。同期，外媒广泛渲染斯里兰卡陷入“债务危机”，虽然这一说法具有浓厚的“抹黑”中国的意图，但是诸如斯里兰卡这些发展中国家，政府本身长期过度举债，加上恐怖袭击，尤其是新冠肺炎疫情暴发后导致的贸易逆差上升以及旅游业收入下滑，确实恶化了外汇储备情况和债务偿还能力。[①] 如果新冠肺炎疫情持续反复，将会有更多周边国家陷入政治与经济困局，从而影响周边地区的整体稳定。

恐怖主义仍然是周边地区面临的主要挑战之一，在疫情压力下，一些南亚、东南亚国家的治理能力进一步被削弱，国内极端组织利用疫情煽动排外情绪和民族主义情绪，引发暴力冲突事件。尤其值得高度关注的是，阿富汗政局变化很有可能导致恐怖主义在南亚和中亚地区的扩散，使现有反恐形势更为严峻。这是一个“双安全”问题相互交织的典型案例。阿富汗变局“牵一发而动全身”，给阿富汗本国及南亚地区的安全局势带来巨大的不确定性。

恐怖主义的泛滥直接冲击中国海外公共安全。2021 年，在巴基斯坦

---

① 傅小强：《炒作斯里兰卡“债务危机”站不住脚》，中国日报网，2022 年 1 月 18 日，https://china.chinadaily.com.cn/a/202201/18/WS61e6283ea3107be497a02ab2.html。

开伯尔—普什图省内，巴基斯坦塔利班形成新的武装联盟，驻扎在该地区的安全部队遭到恐袭的数量明显增加。7月，由中方企业承建的该省达苏水电站项目出勤班车遭遇爆炸，造成包括10名中方人员和3名巴基斯坦人员共13人死亡，这是近年来中国海外员工遭受最严重的一次恐怖主义袭击事件。① 8月，中国海外人员再次在巴基斯坦俾路支省遭遇自杀式炸弹袭击，造成1名中方人员受轻伤、2名当地儿童死亡、多人受伤。② 未来，巴基斯坦境内的恐怖组织活动仍有进一步活跃的趋势。

五、中国塑造周边安全环境的能力显著增强

周边地区是以中国为立足点的地缘定位，分析与判断周边形势要把中国作为一个主动因素来思考与认定，要考虑中国的能力与定位。当前，中国处于从非弱势向强势的转变，具备了推动的能力与构建的意图与投入。③ 对于周边环境的塑造、改善能力呈快速增长态势。面对美国挑起的全面战略竞争，中国正在逐步采取应对措施。

（一）中国在周边地区具有长足的经济优势

近年来，中国与周边国家的经贸关系发展迅猛，几乎是所有周边国家的第一大贸易伙伴。例如，自2009年起，中国连续13年保持东盟第一大贸易伙伴地位。2020年，东盟首次成为中国最大的贸易伙伴，双方

---

① 《中企班车在巴基斯坦爆炸，公安部派专家赴巴调查》，光明网，2021年7月17日，https://m.gmw.cn/2021-07/17/content_1302411651.htm。

② 《中使馆：巴基斯坦载中国人员车队遭炸弹袭击，1名中方人员受伤》，光明网，2021年8月21日，https://m.gmw.cn/baijia/2021-08/21/1302501270.html。

③ 张蕴岭：《风物长宜放眼量》，载张洁主编《中国周边安全形势评估（2021）》，世界知识出版社，2021，第7页。

历史性地互为最大贸易伙伴。2021 年，中国与东盟货物贸易额达 8782 亿美元，同比增长 28.1%。其中，中国对东盟出口 4836.9 亿美元，同比增长 26.1%；自东盟进口 3945.1 亿美元，同比增长 30.8%。东盟连续第二年成为中国第一大贸易伙伴。[①] 甚至在印度对华安全竞争不断泛化的情况下，2021 年 1—11 月，中印双边贸易额达 1142.63 亿美元，历史性地突破千亿美元大关。在区域合作方面，2022 年 1 月 1 日，《区域全面经济伙伴关系协定》（RCEP）正式生效。

基础设施建设方面，2021 年新冠肺炎疫情的影响逐渐消减，中国与印尼的雅万高铁项目顺利推进；2021 年 12 月，中老铁路正式通车；中国与巴基斯坦、孟加拉国、斯里兰卡高速公路、机场、水电站、港口等项目运营良好。

最为关键的是，在新冠肺炎疫情反复的压力下，经济发展仍然是地区各国政府任务的重中之重。因此，中国推动区域合作，符合地区国家的共识。而且，中国表示，全球基础设施领域合作空间广阔，各类相关倡议不存在相互抗衡或彼此取代的问题。世界需要的是搭桥而不是拆桥，是互联互通而不是相互“脱钩”，是互利共赢而不是封闭排他。这与美国提出的排他性、竞争性的“印太经济框架”形成鲜明对比，也更符合周边各国的经济发展与安全需求，按照新加坡资深外交官马凯硕的说法，贸易带来的安全会持续更长时间。[②]

（二）利用双、多边机制，是中国稳定周边的重要资源

2013 年，为适应新形势的变化，首次周边外交工作座谈会召开。习

---

① 《2021 年中国—东盟经贸合作简况》，澎湃网，2022 年 1 月 26 日，https://m.thepaper.cn/baijiahao_16465824。

② 马凯硕：《在亚洲，中国的长期博弈胜过美国的短期博弈》，《参考资料》2022 年 2 月 8 日，第 40 页。

近平总书记在会议上强调，无论从地理方位、自然环境还是相互关系看，周边对我国具有极为重要的战略意义……全面发展同周边国家的关系，巩固睦邻友好，深化互利合作，维护和用好我国发展的重要战略机遇期。[①] 这表明，中国周边外交已经被提升到前所未有的战略高度。

此后，中国外交从“韬光养晦”转为“积极作为”，在区域合作机制方面发挥了重要的参与、引导和塑造作用，包括成立澜湄合作机制，推动签署生效《区域全面经济伙伴关系协定》，与东盟国家进行“南海行为准则”磋商，支持东盟主导下的一系列地区对话机制，等等。同时，在双边、小多边层面，多层次的对话与合作机制也在加强与周边国家的政治与安全互信、维护地区稳定方面发挥了积极作用。

2021 年，中俄举行军事演习，海上、空中联合巡航；中国与印尼、新加坡海军举行联合演习，中越海警在北部湾举行联合巡航；11 月，中国—东盟对话关系 30 周年之际，双方宣布建立中国东盟全面战略伙伴关系，中国强调坚定不移支持东盟在区域架构中的中心地位；12 月，中国国务委员兼国防部长魏凤和应约与日本防卫大臣岸信夫视频通话。魏凤和阐述了中国在东海、钓鱼岛、历史、亚太地区安全形势、台湾和南海等问题上的原则立场，同时双方就拓展中日海空联络机制内容、推动海空联络机制直通电话建设等工作进行了交流。

（三）周边地区秩序的“中国方案”在逐步完善之中

近年来，周边地区秩序的“中国方案”逐步形成，包括以构建周边命运共同体为总体目标，推动高质量共建“一带一路”发展，建立新型国际关系，坚持新安全观等。2021 年底，在中国—东盟建立对话关系

---

① 《习近平在周边外交工作座谈会上发表重要讲话强调：为我国发展争取良好周边环境》，中国共产党新闻网，2013 年 10 月 26 日，http://cpc.people.com.cn/n/2013/1026/c64094-23333683.html。

30 周年纪念峰会上，习近平主席表示，中方将坚定不移以东盟为周边外交优先方向，坚定不移支持东盟团结和东盟共同体建设，坚定不移支持东盟在区域架构中的中心地位，坚定不移支持东盟在地区和国际事务中发挥更大作用。[①] 这既是对中国东盟合作关系的肯定，也是对中国关于构建怎样的地区秩序的阐述。

2021 年 9 月 21 日，在第 76 届联合国大会上习近平主席首次提出"全球发展倡议"，这对于中国进一步充实周边地区秩序方案具有重要指导意义。倡议指出，坚持发展优先；坚持以人民为中心；坚持普惠包容；坚持创新驱动；坚持人与自然和谐共生；坚持行动导向，[②] 并就减贫、粮食安全、抗疫与疫苗、发展筹资、气候变化和绿色发展、工业化、数字经济、互联互通等领域提出合作设想和方案。这对于中国实现与周边国家的互利共赢具有重要指导意义，也回应了周边地区面临的最急迫挑战，如斯里兰卡、巴基斯坦等国面临的因疫返贫、因疫生乱的现实困境。

六、周边安全形势的发展趋势：在"变""乱"交织中前行

美国对华全面战略竞争具有长期性，中国作为应对，也逐步提出自己的地区方案，双方的博弈将推动地区格局的重组与地区秩序的重构。

① 《习近平在中国—东盟建立对话关系 30 周年纪念峰会上的讲话（全文）》，中国外交部网站，2021 年 11 月 22 日，https: //www. fmprc. gov. cn/web/ziliao_674904/zyjh_674906/202111/t20211122_10451226. shtml。

② 《坚定信心　共克时艰　共建更加美好的世界——在第七十六届联合国大会一般性辩论上的讲话》，中国外交部网站，2021 年 9 月 21 日，https: //www. fmprc. gov. cn/web/zyxw/202109/t20210922_9584017. shtml。

在这一过程中，周边各种力量的分化组合进程将会加速。不过，各方均对“斗而不破”持有共识，这就决定了周边地区仍处于整体稳定的态势，不会发生大规模军事冲突。但是，地区各类热点问题此起彼伏，尤其是非传统安全议题丛生，也决定了周边地区仍将处于“小乱不止”之中。

（一）周边地区秩序加速重构

美国是否会将中美关系以及整个亚太地区带入“新冷战”是当前各方最为关切、争论最多的议题。2021 年 9 月，美国总统拜登在联合国大会上称，美国不寻求对中国发动“新冷战”，不寻求冲突。美国寻求的是“有效竞争”和减少风险的措施，以确保事态不会转向冲突。同时，美国不排除与中国的合作，包括气候变化、核扩散以及宏观经济问题等。[①] 按照沙利文进一步的解读，中美在“印太”地区的激烈竞争不一定会演变为“新冷战”，但是美国会选择包括经济和技术在内的多领域与中国展开激烈竞争。[②] 然而现实表明，美国正在不遗余力地构建一个对立与排他的政治与军事集团，试图打造“新冷战”。

对此，中国明确表示反对，习近平主席在博鳌论坛上指出，国家无论大小强弱，无论域内域外，都应该为亚洲添彩而不添乱，都要共走和平发展大道，共谋合作共赢大计，共创团结进步的亚洲大家庭。[③]

下一阶段，地区秩序重组进程将会继续，其发展方向取决于中美各

① 《拜登总统在第 76 届联合国大会上的讲话》，美国驻华大使馆网站，2021 年 9 月 22 日，https://china.usembassy-china.org.cn/zh/remarks-by-president-biden-before-the-76th-session-of-the-united-nations-general-assembly/。

② “2021 Lowy Lecture: Jake Sullivan,” Lowy Institute, November 11, 2021, https://www.lowyinstitute.org/publications/2021-lowy-lecture-jake-sullivan.

③ 《习近平在博鳌亚洲论坛 2022 年年会开幕式上的主旨演讲（全文）》，中华人民共和国外交部，2022 年 4 月 21 日，https://www.fmprc.gov.cn/web/zyxw/202204/t20220421_10671052.shtml。

自如何统筹和运用自己的外交资源，很大程度上也会受到地区中小国家战略调整的影响。当前，地区国家的战略选择仍具有不确定性。东南亚国家不愿意加入任何潜在的反华联盟。但是，日本、澳大利亚等国跟随美国的步伐日益紧密，而更多国家处于观望之中。

（二）“双安全”对周边形势的挑战更为严峻，区域合作治理的紧迫性在加强

2022 年，周边地区仍将面临传统领域与非传统领域的安全风险，加强区域安全治理合作具有重要意义，但举步维艰。

2022 年，南海形势继续沿着不同方向发展。一方面，《南海各方行为宣言》签署 20 周年或将提振、加快中国与东盟国家磋商“南海行为准则”的信心，推动各方致力于维护南海和平稳定的意愿；另一方面，美国等域外国家的军事介入使南海海上一线发生意外摩擦的概率增加，加强中美海上危机管控具有现实性与急迫性。此外，受菲律宾国内大选的影响，2022 年南海问题的国际舆情或将更为复杂化，中菲之间或将出现更多海上摩擦。

在非传统安全领域，新冠肺炎疫情仍然是影响周边经济与安全形势的最关键因素。2021 年底，奥密克戎变异新冠病毒的出现再次恶化包括周边地区在内的全球抗疫形势，疫情拖得越久，经济就越困难，地区就越不安全。

阿富汗安全形势仍存在不确定性。倘若 2022 年阿富汗再度生乱生战，其国内部族教派矛盾必将重新激化，人道主义危机更趋严峻，而南亚、中亚地区的恐怖主义威胁也会显著上升。

此外，周边地区将面临更多新型非传统安全问题，尤其是气候变化的影响。气候政策不仅是现代经济政策，同时也是现代安全政策，尤其是对粮食安全的冲击。中国已经将气候变化问题纳入多个地区合作议

程，致力于气候变化的地区治理，如 2021 年 9 月宣布停止在海外新建燃煤电厂。同时，“四边机制”框架下也专门成立了气候变化小组。对于人类面临的共同威胁，中美均认为应该展开合作。当然，这种合作中仍然会有各种斗争与博弈。此外，一些分析认为，中国可以考虑和更多气候中性经济体合作。[①] 例如，德国已经表示，作为欧洲民主国家和跨大西洋民主联盟的一部分，德国处在与中国的系统性竞争中，但是在诸如气候变化这些问题上，德国与中国是合作伙伴。

面对多样化的安全威胁，加强区域合作治理仍应是大势所趋，各国应该团结合作而非单打独斗，不仅团结域内国家，而且有区别地对待域外国家的作用，在此过程中，不断扩大可以合作的广泛联盟，共同防范化解安全困境，维护周边地区稳定。

① 《贝尔伯克谈绿党人事争议和新政府未来对华政策等问题》，《参考资料》2021 年 12 月 14 日，第 6 页。

大国篇

拜登政府“印太战略”加剧中美博弈态势：主要特征及其地区影响

曹筱阳*

【内容摘要】2021年全球新冠肺炎疫情跌宕蔓延，大国竞争博弈不断升级，国际力量分化组合，继续推动国际格局和地区秩序的演化与变迁。拜登政府把对华全面战略竞争作为“印太战略”的核心，对内力图重塑美国实力和竞争力，对外联合盟友与伙伴围堵、遏制中国。中美高层会谈恢复，就加强危机管控、避免双边关系失控达成共识，但同时，美国不遗余力地对中国开展零和博弈，使中美关系继续走在危险的边缘，也对中国周边安全环境构成严重威胁和挑战。

2021年，拜登政府上台后，继承特朗普时期的“印太战略”，仍然把中国视为“主要战略竞争对手”，采取多种手段试图遏制中国。军事上，美国充实和升级同盟体系，强化同盟的威慑力、互操作性和现代

* 曹筱阳，中国社会科学院亚太与全球战略研究院助理研究员。

化，提出“一体化威慑”；经济上，通过“弹性供应链计划”“重建美好世界”等政策规锁中国经济影响力的扩展；政治上，召集“世界民主峰会”，塑造“自由世界与威权体制”的对立；同时，还在新冠肺炎疫情溯源、人权等问题上联合盟友施压中国。美国不遗余力地对中国开展零和博弈，不仅使中美关系进一步紧张，而且使地区中小国家面临“选边站”的困境，破坏了周边地区的整体稳定与发展。

一、拜登政府继续完善和实施“印太战略”

“印太战略”是美国在地区层面展开对华全面战略竞争的整体规划。拜登政府执政后，进一步清晰对中国的战略定位，把中国定义为“长期战略竞争对手”，从政治、经济、科技、军事、人权等方面开展对华战略竞争，试图联合盟友和伙伴，形成对华遏制态势。

（一）充实和升级美国“印太”同盟体系，联合盟友和伙伴共同围堵中国

拜登政府在《过渡时期国家安全战略指南》中指出，联盟和伙伴是美国最大的战略资产。美国将振兴民主国家联盟和伙伴关系并使之现代化。除了加强与日本、韩国和澳大利亚等盟友的关系，拜登政府还重点深化与印度的伙伴关系，修复与菲律宾的关系，加强与太平洋岛国的伙伴关系，推进与新西兰、新加坡、越南和东盟其他成员国达成新的合作目标。① 此外，2022 年初公布的《美国印太战略》中还提到了印度尼西

① The White House, *Interim National Security Strategic Guidance*, March 2021, accessed March 5, 2022, https://www.whitehouse.gov/wp-content/uploads/2021/03/NSC-1v2.pdf.

亚、蒙古、马来西亚等伙伴国家，强调要推动欧盟国家和“北约”介入“印太”事务，共同遏制中国。[①]

拜登政府执政后加快了对现有地区机制的升级以及建立新型地区机制的步伐。2021 年，美日印澳“四边机制”升级为首脑峰会。3 月 12 日，“四边机制”举行首次线上首脑峰会发表联合声明，四国重申推动“自由、开放的基于规则的秩序”、为实现“自由、开放、包容、健康、锚定民主价值观，免受胁迫”的地区而奋斗。四国决定在新冠疫苗的生产与研发、关键和新兴技术、海上安全、气候变化和人道主义援助等领域加强合作。为推动后续落实，四方同意成立疫苗、气候、关键和新兴技术三个工作组，定期召开专家和高级官员的交流会议，至少每年举行一次部长级会议。[②] 四国还宣布将通过合作在 2022 年底向亚洲和太平洋岛国提供 10 亿剂疫苗，以缓解和满足“印太”地区的疫苗供应缺口。9 月，“四边机制”在华盛顿举行首次线下峰会，四方逐一审查了 3 月会议既定项目的进展，细化了在各个领域的合作，承诺继续加强合作并在相关领域确立规则。[③]

2021 年 2 月，美国总统国家安全顾问沙利文（Jack Sullivan）表示，“四边机制”是美国“印太”政策的基础，美国正使“四边机制”成为制约中国“进攻性”行为的一个安全架构。[④] 随着“四边机制”的合作

---

① The White House, *Indo-Pacific Strategy of the United States*, February 2022, accessed March 5, 2022, https://www.whitehouse.gov/wp-content/uploads/2022/02/U.S.-Indo-Pacific-Strategy.pdf.

② The White House, "*Quad Leaders' Joint Statement: 'The Spirit of the Quad'*," March 21, 2021, accessed March 5, 2022, https://www.whitehouse.gov/briefing-room/statements-releases/2021/03/12/quad-leaders-joint-statement-the-spirit-of-the-quad/.

③ The White House, *Fact Sheet: QUAD Leaders' Summit*, September 24, 2022, accessed March 5, 2022, https://www.whitehouse.gov/briefing-room/statements-releases/2021/09/24/fact-sheet-quad-leaders-summit/.

④ *Biden Administration Sees QUAD as Fundamental Foundation to Build US Policy on Indo-Pacific*, *India Times*, February 1, 2021, accessed March 5, 2022, https://economictimes.indiatimes.com/news/defence/biden-administration-sees-quad-as-fundamental-foundation-to-build-us-policy-on-indo-pacific/articleshow/80599039.cms.

内容逐渐从人道主义救援、海上安全拓展到基础设施建设、网络安全、新兴和关键技术、供应链安全、新冠疫苗合作等多个方面，未来美国可能以“四边机制”为综合性平台，加强与欧盟、北约、东盟的对话与合作，以韩国、越南等地区国家为主要的“扩容”目标，也可能按照不同议题、通过“四边机制+”的形式灵活展开合作。

拜登政府的另一个举措是组建美英澳三边安全伙伴关系（AUKUS）。2021 年 9 月 15 日，美、英、澳三国领导人宣布成立美英澳三边安全伙伴关系，美、英将提供帮助，为澳大利亚建造 8 艘核动力潜艇。该机制旨在深化三国外交、安全和防务方面的合作，促进三国与国防相关的科学、技术、国防工业基地和供应链的整合，尤其是网络、人工智能、量子技术和新的海底能力。这将为三国提高信息情报分享和互操作性铺平道路。未来，美国将更侧重于将美英澳三边安全伙伴关系打造为“印太战略”主要的军事合作机制。

双边军事同盟仍然是美国亚太同盟体系的基石。拜登政府上台后，美日、美韩和美澳等同盟关系得到修复和强化。2021 年 4 月，日美举行首脑会谈并发表《美日新时代全球伙伴关系》的声明，双方就美日“竞争力和韧性伙伴关系”达成共识，在气候问题、碳中和与清洁能源领域建立伙伴关系。双方强调网络安全和信息安全的重要性，承诺加强日美同盟的威慑和应对能力，深化包括网络与太空领域在内的所有领域的防务合作。日本还表示，将通过强化自身防卫能力，以强化日美同盟并对维护地区安全做出贡献。[①] 美国也把韩国纳入制衡中国的轨道。在 2021 年 5 月美韩峰会发表的联合声明中，双方宣称同盟关系翻开新的一页，双边合作范围将从朝鲜半岛扩展到“印太”地区；首次公开强调“维护

① The White House, *U. S. -Japan Joint Leaders' Statement: "U. S. -Japan Global Partnership for a New Era"*, April 16, 2021.

台湾海峡和平与稳定的重要性”，并在南海、供应链弹性、新兴技术、价值观等涉及中美战略博弈的关键领域达成一系列合作共识；双方强调要发展全面伙伴关系，推动美国“印太战略”与韩国“新南方政策”对接。[①]

（二）推进“一体化威慑”，维持美国在“印太”的军事优势

美国国防部对威慑理念进行了更新，提出“一体化威慑”。2021年3月，美国国防部长奥斯汀（Lloyd J. Austin）对此进行了阐释，“一体化威慑”主要包括四个方面：一是加强与盟友和伙伴的合作；二是多领域合作；三是使用最先进的武器和技术，如人工智能和量子计算；四是运用新的作战理念，消除各军种及能力的隔阂，在陆海空、太空和网络空间多领域协同作战。[②] 这意味着美国将与盟友和伙伴以前所未有的方式开展合作。此外，“太平洋威慑”项目在2021年获得22亿美元的拨款，2022年获得71亿美元的拨款，用于加强对中国的威慑和与盟友的协调作战能力。

2022年2月新版《美国印太战略》强调，“一体化威慑”是美国“印太”安全政策的基石。美国将与盟友和伙伴加强多领域作战和应对“全频谱冲突”的能力，加强威慑和反胁迫能力建设，重点聚焦军事创新，确保美军在瞬息万变的环境中顺利行动。美军将发展新的作战理念，构建更有韧性的指挥和控制系统，提高和扩大多边军事演练的复杂性和范围，构建更具多样性的军力部署态势。拜登政府强调将增强与盟

① The White House, *U. S. -ROK joint Statement*, May 21, 2021, accessed March 5, 2022, https://www.whitehouse.gov/briefing-room/statements-releases/2021/05/21/u-s-rok-leaders-joint-statement/.

② U.S Department of Defense, Todd Lopez, *Defense Secretary Says 'Integrated Deterrence' Is Cornerstone of U.S. Defense*, April 30, 2021, accessed March 5, 2022, https://www.defense.gov/News/News-Stories/Article/Article/2592149/defense-secretary-says-integrated-deterrence-is-cornerstone-of-us-defense/.

友和伙伴军队的互操作性，开发先进的作战能力。美国不仅要提升同盟的现代化水平，还要深化与主要防务伙伴印度的关系，帮助南亚、东南亚和太平洋岛国伙伴加强防御能力。拜登政府还提出要将盟友和伙伴的国防工业基础相联结，整合防务供应链，在关键的国防技术领域里协作，以“支撑我们的集体军事优势”。美国将支持“印太”与欧洲盟友以创新性的机制，如美英澳三边安全伙伴关系这样的平台加强合作。[①]拜登政府还将扩大美国海岸警备队在“印太”地区的活动，包括训练相关国家的海警力量，提升他们的海域感知能力。

（三）提出“印太经济框架”，构建美国主导的经济秩序

美国“印太战略”过于强调军事因素，在经济方面的区域政策尚未形成。为弥补这一短板，拜登总统在 2021 年 10 月参加东盟峰会时提出“印太经济框架”构想。美国商务部长雷蒙多也表示，美国不会加入《全面与进步跨太平洋伙伴关系协定》（CPTPP），但计划 2022 年初与“印太”国家就“印太经济框架”进行谈判。从白宫发布的声明来看，这一框架将涵盖贸易便利化、数字经济和技术标准、供应链弹性、脱碳和清洁能源、基础设施、劳工标准等广泛内容。[②]“印太经济框架”是基于所谓“价值观同盟”的、以遏制中国为目标的经济议程。该框架将涵盖的内容同美国与主要盟友发表的联合声明高度重合。近年来，中国在数字经济、人工智能方面快速发展，颇令美国焦虑，因此，美国试图联合盟友和伙伴制定新标准、新规则，把握对“印太”地区新兴技术发

① The White House, *Indo-Pacific Strategy of the United States*, February 2022, accessed March 5, 2022, https://www.whitehouse.gov/wp-content/uploads/2022/02/U.S.-Indo-Pacific-Strategy.pdf.

② The White House, *Readout of President Biden's Participation in the East Asia's Summit*, October 27, 2021, accessed March 5, 2022, https://www.whitehouse.gov/briefing-room/statements-releases/2021/10/27/readout-of-president-bidens-participation-in-the-east-asia-summit/.

展的控制权。这一框架将在很大程度上呈现“四边机制”、美英澳三边安全伙伴关系等地区机制所彰显的封闭、对抗和排他属性，构建以美国为主导的全球供应链将是“印太经济框架”的主要意图。[①] 这与“印太”地区多数国家坚持的开放、多元的多边主义背道而驰，将对地区经济一体化产生负面影响。

拜登政府2021年3月发布的《国家安全战略临时指南》把经济安全上升到中美制度竞争的高度。同时，美国加强与盟友的保障经济安全的合作。[②] 2022年1月，美日举行视频峰会，宣布启动部长级日美经济政策委员会，即经济版美日“2+2”会谈。美日希望构建网络安全等的技术和经济供应链保护机制，强化“美日经济竞争力和韧性”，并希望这种合作扩大到“印太”其他地区。[③]

（四）加大意识形态领域的对立，试图从价值观上孤立中国

拜登政府继续在新冠肺炎疫情溯源问题上“抹黑”中国。2021年5月底，拜登总统下令美国情报机构调查新冠病毒起源，90天内向白宫报告调查结果，目标直指中国。[④] 国务卿布林肯和总统国家安全事务助理沙利文在病毒溯源问题上也多次对中国喊话，以“孤立”相威胁。[⑤] 美

① 张茉楠：《拜登的“印太经济框架”并非自由贸易协定》，中美聚焦网，2022年2月26日，http://cn.chinausfocus.com/finance-economy/20220216/42522.html，访问日期：2022年3月5日。

② 如，2021年美国与日本、韩国、澳大利亚举行“2+2”会谈后发布的联合声明均强调供应链安全、新兴技术等内容。

③ 《地区安全环境趋向严峻，美日首脑要加强同盟威慑与应对能力》，联合早报网，2022年1月23日，https://www.kzaobao.com/world/20220123/109158.html，访问日期：2022年3月5日。

④ “Biden Asks Intelligence Agencies to ‘Redouble’ Efforts to Determine Coronavirus Origins,” *NBC News*, May 27, 2021, accessed March 5, 2022, https://www.nbcnews.com/politics/white-house/biden-asks-intelligence-community-redouble-efforts-determine-origins-covid-19-n1268657.

⑤ “China ‘Risks International Isolation’ over Investigation into Coronavirus Origin,” *South China Morning Post*, June 21, 2021, accessed March 5, 2022, https://www.scmp.com/news/world/united-states-canada/article/3138108/china-risks-international-isolation-over.

国大搞疫情政治化、病毒污名化，意图诋毁中国的国际形象，削弱中国的国际影响力，遏制中国的发展进程。

2021 年 1 月，以所谓新疆人权问题为借口，美国海关和边境管理局表示，美国将禁止进口来自中国新疆地区的所有棉花和番茄产品，该禁令适用于新疆种植的棉花制成的棉纱、服装和纺织品。4 月，美国提高了反华调门，污蔑新疆存在“种族灭绝”。12 月 6 日，美国以“人权”为借口宣布不派官员出席北京冬奥会和冬残奥会，英国、加拿大、澳大利亚等国随之效仿。12 月 9—10 日，美国召集全球 110 个国家的政府、公民社会以及私营部门领导人举行为期两天的线上“民主峰会”，主要针对中国和俄罗斯。美国试图利用“民主峰会”树立自己的道义权威，为实现重新领导世界奠定基础。

二、拜登政府全面竞争性对华政策使维护中美关系更为艰难

在对华认知上，美国国务卿布林肯把中国称为“21 世纪最大的地缘政治考验”，认为在美国所有的对手中，只有中国具有挑战美国的综合实力。2021 年 3 月拜登政府发布的《国家安全战略临时指南》指出，中国是唯一有能力将经济、外交、军事和技术力量结合起来，对稳定和开放的国际体系构成持久挑战的潜在竞争对手。[①] 2022 年 2 月新版《美国印太战略》指出，“中国正综合其经济、外交、军事、技术力量，在‘印太’地区谋求构建势力范围，并寻求成为具有全球影响力的大国”。

① The White House, *Interim National Security Strategic Guidance*, March 3, 2021, accessed March 5, 2022, https://www.whitehouse.gov/wp-content/uploads/2021/03/NSC-1v2.pdf.

为维持美国霸权，美国正联合盟友和伙伴从军事、经济、科技和民主价值观等方面遏制中国影响力的扩展，维护“基于规则的国际秩序”。美国进一步提升“印太战略”的重要意义，认为该地区的走向将“界定国际秩序的基本性质”。[①] 在特朗普政府和拜登政府的对华舆论攻势下，中美两国国内对彼此的负面看法也达到新高。2021 年，76%的美国人对中国持负面看法，至少 62%的中国人对美国有同样的看法。[②]

拜登政府与特朗普政府的对华意识形态偏见和遏制战略基本一致。不同之处是，拜登政府更加重视国际机制的作用，强调与盟友合作，构建反华统一战线。拜登政府推行实力外交，对内扩大美国在军事、科技、经济等领域的综合优势，对外联合盟友和伙伴对中国进行全面围堵和遏制，使中美关系继续处于危险的边缘。其对华政策的主要特点包括以下四点。

（一）强调美中价值观的对立，意识形态之争成为对华博弈的焦点

2021 年 1 月，美国发生“占领国会山”事件，对美国和世界造成巨大冲击。拜登执政后，强调自由和民主价值观的重要性，希望修复民主并在西方世界重新树立美国的权威。但是，美国将这种权威重塑与对华问题联系在一起，拜登在就任后的首次记者招待会上说，中美博弈是“民主与专制的较量”，“我们必须证明民主是可行的”。分析认为，拜登的意图是重新证明，美国民主及其民主资本主义模式仍然有效，而且

① The White House, *Indo-Pacific Strategy of the United States*, February 2022, accessed March 5, 2022, https: //www. whitehouse. gov/wp-content/uploads/2022/02/U. S. -Indo-Pacific-Strategy. pdf.

② Robert Daly, “China and the United States: It’s a Cold War, but don’t panic,” *The Bulletin of the Atomic Scientists*, March 10, 2022, accessed March 5, 2022, https: //thebulletin. org/premium/2022-03/china-and-the-united-states-its-a-cold-war-but-dont-panic/.

优于中国的制度。[①]

2021 年 4 月，美国国家情报总监办公室发布《2021 年度威胁评估》报告，妄称中国将继续用“全政府”方式“扩大中国的影响力，削弱美国的影响力，在华盛顿及其盟友和伙伴之间制造分裂，并培育有利于中国威权体制的新国际规范”。[②] 美国通过给中国贴上“威权”“专制”的标签，联合西方盟友进行对华打压，2021 年 12 月“全球民主峰会”的召开是美国对华进行意识形态竞争的高潮。同期，作为反制，中国发布《中国的民主》白皮书和《美国民主情况》报告。意识形态上的竞争可能加剧了中美安全困境，也使中国的外交环境复杂化。未来，拜登政府还将“持之以恒”地在这一问题上对华发起攻势。

（二）拜登政府试图削弱中国的科技和经济竞争力

高科技在经济和安全领域都起着关键作用，正成为美国对华竞争的主战场。特朗普政府实施的贸易战并没有收到预期的效果，高科技被拜登政府视为对华竞争的关键性领域。为赢得科技战的优势，拜登政府一方面增加科研投入，确保美国在高科技领域的绝对优势；另一方面在人工智能、量子计算、芯片、半导体、生物技术等重要领域展开对华竞争，加强与盟友、伙伴在确保“供应链弹性”方面的合作，对华进行技术出口管制，遏制中国高科技发展速度。2021 年 6 月 8 日，美国参议院通过了长达 2376 页的《2021 美国创新和竞争法案》（*U. S. Innovation and Competition Act*，USICA），矛头直指中国，打压中国的力度明显增

① 戴维·辛格（David Sanger）：《拜登评估美中竞争：21 世纪民主与专制的较量》，纽约时报中文网，2021 年 3 月 29 日，https://cn. nytimes. com/usa/20210329/biden-china-democracy/，访问日期：2022 年 3 月 5 日。

② Office of the Director of National Intelligence, *Annual Threat Assessment of the US Intelligence Community*, April 9, 2021, pp. 6-8, accessed March 10, 2022, https://www. dni. gov/files/ODNI/documents/assessments/ATA-2021-Unclassified-Report. pdf.

强。该法案授权1900亿美元用于加强美国的技术能力，另外拨款520亿美元用于增加半导体、微芯片和电信设备的生产。[①] 2022年2月4日，美国众议院通过《美国竞争法案》，内容包括为国内半导体芯片制造提供资金、大幅增加科研经费、重新聚焦与中国的竞争。该法案有多项条款，包括520亿美元用于芯片制造，以及450亿美元用于改善关键物品的供应链、1600亿美元用于科学研究和创新。[②]美国参、众议院将就法案进行协商确定最终版本，并由美国总统签字生效。这两个法案虽然在细节上有所不同，但两党在增加高科技投入、加强与中国的战略竞争、遏制中国方面的立场空前一致。

美国联合盟友实施"弹性供应链"战略，制定相关领域的行业标准，遏制中国高科技发展。2021年4月，美国、日本与韩国举行国家安全顾问会议，明确保障半导体供应链安全的重要性，就半导体领域的三方合作达成意向。随后美日韩分别签署了半导体产业链合作协议。5月，包括美国、欧洲、日本、韩国、中国台湾地区等地的64家企业成立美国半导体联盟，这些企业几乎覆盖整个半导体产业链。11月，美日宣布建立美日商业和工业伙伴关系（U. S. -Japan Commercial and Industrial Partnership，UJCIP），旨在促进双方在半导体、5G和其他重要行业领域的供应链弹性，在保护关键技术和基础设施发展方面加强合作，并应对不公平贸易行为。[③] 美国还加强与欧盟国家在科技领域的合作，如美欧

---

① 《美国力推全面制华法案：〈2021年美国创新与竞争法案〉》，走出去智库，2021年5月31日，https://user. guancha. cn/main/content?id=523279，访问日期：2022年3月5日。

② "House Passed a Bill Aimed at Boosting U. S. Competitiveness with China," NPR, February 4, 2022, accessed March 5, 2022, https://www. npr. org/2022/02/04/1078226282/u-s-house-passes-china-competition-bill.

③ U. S. Department of Commerce, *Joint Statement between Department of Commerce Secretary Gina Raimondo and Ministry of Economy, Trade, and Industry Minister Hagiuda Koichi*, November 15, 2021, accessed March 5, 2022, https://www. commerce. gov/news/press-releases/2021/11/joint-statement-between-department-commerce-secretary-gina-raimondo-and.

在2021年6月启动的欧盟—美国贸易和技术委员会，推进人工智能和出口管制的合作等。

从双边联盟到“四边机制”等多边层面，确保芯片、半导体、电动汽车、关键技术和网络安全等都成为美国与盟友、伙伴合作的重点，而“去中国化”则是其中的重要内容。拜登政府还将人工智能、量子科学领域的中国高科技企业列入实体清单进行制裁，出台《外国公司问责法案》，针对在美上市了中概股的风险披露和审计数据披露，提出更高的要求。

（三）拜登政府加大力度介入南海、台海问题，试图压缩中国的战略空间

拜登政府继续推动南海问题的军事化、法理化与国际化，以此作为美国保持在“印太”地区军事优势的“抓手”。同时，拜登政府不断在台湾问题上“探底”，为“台独”撑腰打气。拜登政府放宽美国官员访台限制，[①] 加强美台防务合作，提升美台关系，实施以台制华。国务卿布林肯和国防部长奥斯汀多次表示，美国对台承诺“坚如磐石”，美国不仅要确保台湾地区有自我防御能力，还要协助台湾地区提升所谓“国际地位”。[②] 在所谓协防台湾问题上，美国战略界的主流观点逐步从“战略模糊”转向“战略清晰”。

在军事行动方面，拜登政府实施军舰常态化穿越台湾海峡。2021年

---

① “U. S. Unveils New Rules for Government Contacts with Taiwan,” U. S. News & World Report, April 9, 2021, accessed March 5, 2022, https://www.usnews.com/news/politics/articles/2021-04-09/us-unveils-new-rules-for-government-contacts-with-taiwan.

② “Biden Administration Sends Important Signals for the Future of U. S. -Taiwan Ties,” Council on Foreign Relations, January 28, 2021, accessed March 5, 2022, https://www.cfr.org/blog/biden-administration-sends-important-signals-future-us-taiwan-ties.

8月4日，拜登政府公布价值约7.5亿美元的对台军售。[①] 美国还拉拢盟友，利用联盟体系干预台海问题。2021年，美日、美韩、七国集团、北约和澳日“2+2”会谈后发表的联合声明，都把台湾地区的和平与稳定列为共同关切。[②]美国还积极与台湾地区加强半导体领域的合作，成为维护美国科技供应链安全、配合对华科技“脱钩”的重要伙伴。

（四）美国并未完全放弃对华合作，在博弈中寻求相对平衡

经过多轮高层会谈，美国认识到需要管控中美关系，避免危机失控。中国对美提出三条底线和两份清单，[③] 作为回应，拜登政府表示不寻求改变中国体制，希望对中美关系进行危机管理。2021年11月16日，中美首脑举行视频峰会，双方就事关中美关系全局、根本和战略性的问题及共同关心的问题进行了沟通和交流。习近平主席强调，总结中美关系发展的经验和教训，新时期中美相处应该遵循三点原则：相互尊

---

① “Biden Administration approves first arms sale to Taiwan,” The Hill, August 4, 2021, accessed March 5, 2022, https://thehill.com/policy/defense/566406-biden-administration-approves-first-arms-sale-to-taiwan.

② Melissy Conley Tyler, “The Road Ahead for Taiwan-US Relations,” *The Diplomat*, July 17, 2021, accessed March 5, 2022, https://thediplomat.com/2021/07/the-road-ahead-for-taiwan-us-relations/.

③ 2021年7月26日，中国国务委员兼外长王毅在会见和美国常务副国务卿舍曼时提出三条底线和两份清单，王毅就如何有效管控分歧，防止中美关系失控提出三条底线：第一，美国不得挑战、诋毁甚至试图颠覆中国特色社会主义道路和制度；第二，美国不得试图阻挠甚至打断中国的发展进程；第三，美国不得侵犯中国国家主权，更不能破坏中国领土完整。参见《王毅会见美国常务副国务卿舍曼》，来源：新华社，中国政府网，2021年7月27日，http://www.gov.cn/guowuyuan/2021-07/27/content_5627593.htm，访问日期：2022年3月5日。两份清单是指：一份是要求美方纠正其错误对华政策和言行的清单，其中包括中方敦促美方无条件撤销对中共党员及其家属的签证限制，撤销对中方领导人、官员、政府部门的制裁，取消对中国留学生的签证限制，停止打压中国企业，停止滋扰中国留学生，停止打压，撤销将中国媒体登记为“外国代理人”或“外国使团”，撤销对孟晚舟的引渡，等等；另一份是中方关切的重点个案清单，包含美国国内仇亚、反华情绪滋长，部分中国留学生签证遭拒，中国公民在美遭受不公正待遇，美不法分子滋扰和中国公民遭暴力袭击等个案。参见于萧清：《中美天津会谈：一种判断、两份清单、三条底线》，澎湃新闻，2021年7月27日，https://www.thepaper.cn/newsDetail_forward_13761563，访问日期：2022年3月5日。

重、和平共处、合作共赢。中美应该着力推动四个方面的优先事项：一是展现大国的担当，引领国际社会合作应对突出挑战；二是本着平等互利精神，推进各层级各领域交往，为中美关系注入更多正能量；三是以建设性方式管控分歧和敏感问题，防止中美关系脱轨失控；四是加强在重大国际和地区热点问题上的协调和合作，为世界提供更多公共产品。[①]虽然中美首脑会谈没有达成具体的合作成果，但是表明双方都在避免中美关系螺旋式向下发展。美国大西洋理事会斯考克罗夫特战略与安全中心资深研究员罗伯特·曼宁（Robert Manning）认为，在可预见的将来，中美之间持续性竞争与共存主要体现在以下几个层面：第一，双方国内的民族主义情绪，使双方为建立一个管理竞争共存的框架而做出的政策努力复杂化；第二，地缘经济竞争依然是双方的主要竞争领域之一；第三，缓和对抗的努力虽不多，但并非毫无意义，双方可以在清洁能源方面展开合作；第四，由于台海局势紧张，中美在相关海域和空域的行动应该受到管控，防止可能升级的偶然冲突；第五，双方应该解决技术带来的核风险，如进攻性网络和空间武器，以及高超音速导弹军备竞赛等，这些都可能威胁到危机管控的稳定性。[②]

随着中美博弈的不断升级，国际社会普遍关注美国是否会将中国拖入“新冷战？”一些学者认为中美已经步入“新冷战”，另一部分学者认为中美濒临“新冷战”的边缘。

本文认为，虽然中美博弈的领域不断拓展，竞争的烈度有增无减，但中美关系尚未进入“新冷战”。如果中美不能有效地管理竞争，将可

---

① 参见《习近平同美国总统拜登举行视频会晤》，来源：人民日报，央广网，2021 年 11 月 16 日，http://news.cnr.cn/dj/20211116/t20211116_525661891.shtml，访问日期：2022 年 3 月 5 日。

② Robert A. Manning, “The U. S. -China Relationship Has Entered a New Phase,” *Foreign Policy*, December 6, 2021, accessed March 5, 2022, https://foreignpolicy.com/2021/12/06/us-china-relationship-diplomacy-after-biden-xi-summit/.

能滑入“新冷战”的深渊。虽然美国官方一直避免用“新冷战”定义目前的中美关系，但是美国仍以冷战思维来看待中美关系，塑造中美在价值观上的对立，联合盟友和伙伴在高科技、供应链、涉疆、涉藏、涉港等领域对中国进行遏制和围堵，美国不断进行负面对华舆论和政策动员，正推动中美两国国内民众敌意的加深，使中美关系不断承受考验。未来，拜登政府将继续奉行竞争性对华政策，继续发动对华舆论攻势和塑造阵营对立，中美关系将处于持续的紧张和高压状态中。原本脆弱的中美关系也容易受到突发事件的影响，为避免双边关系的失控，不仅需要领导层的共识，更需要双方职能部门就危机管控进行磋商和落实。

三、美国“印太战略”展望与中国的应对

鉴于美国两党均把中国视为长期战略竞争对手，并就对华开展战略竞争达成共识，可以预见，拜登政府将继续推进以对华全面竞争为核心的“印太战略”的实施，中美博弈将决定地区格局的走向。军事一直是美国“印太战略”的核心，而特朗普主政时期退出《跨太平洋伙伴关系协定》（TPP）以来，美国在本地区缺乏统一的区域经济框架。从 2021 年底开始，拜登政府就“印太经济框架”与相关国家紧密磋商，力求建立美国主导下的地区经济秩序。据称，美国计划 2022 年春启动该倡议，随后与相关国家开始谈判，并在 18 个月内达成协议，并在 2023 年美国主持亚太经合组织领导人峰会时推动该协议生效。[①] 未来该框架能否达成并具有持续性有待观察，但是这一框架具有鲜明的政治色彩和抗衡中

① Matthew P. Goodman, Aidan Arasaingham, “Regional Perspective on Indo-Pacific Economic Framework,” Center for Strategic & International Studies, April 11, 2022, accessed March 5, 2022, https://www.csis.org/analysis/regional-perspectives-indo-pacific-economic-framework.

国的意图，可能给中国的地区经济政策和地区经济一体化带来负面影响。

拜登政府塑造阵营对立，联合盟友和伙伴打压中国的“印太战略”有可能造成地区的分裂，并影响地区格局的走向。在新的复杂的国际形势下，中国应该这么做。

首先，继续保持中美战略对话，维持中美关系的稳定，避免两国关系滑向“新冷战”。2021 年中美多位高官举行多次沟通、协调甚至正面交锋，中国阐明了底线，坚持了立场，顶住了美国的压力和胁迫。未来，中国对美关系仍应通过斗争寻求战略稳定。中美关系是世界上最重要的双边关系之一，双方应最大限度地降低发生破坏性冲突的可能，加强沟通与协调，维持两国关系正常与稳定。

其次，加强与欧洲的协调和对话，加强在经贸往来与科技领域的合作。据中国海关总署统计，2021 年中国与欧盟贸易额同比增长 27.2%，达 8285.9 亿美元，创历史新高。中国与德国、荷兰、意大利等多个欧盟国家的双边贸易额达到历史高位，同比增长均超 20%。[①] 美国和欧洲同属西方世界，它们在制衡中国上有共同的利益，但是，美国和欧盟并非铁板一块。中欧在应对全球气候变化、抗击疫情、助力全球经济复苏、数字经济合作等领域有着广阔的合作前景，中欧应加强产业链、供应链和科技领域的合作，推动相关合作协议尽早签署，推动中欧合作上新的台阶。

最后，加强周边外交，深化与东盟的睦邻友好合作，塑造理想的中国周边环境。东南亚地区是美国“印太战略”的重点，也是美国军事上遏制中国的关键区域。为了化解美国盟友体系步步紧逼的威慑，中国应

---

① 《经贸协定促务实合作，中欧贸易再创新高》，《国际商报》，中国商务新闻网，2022 年 2 月 11 日，https://epaper.comnews.cn/xpaper/news/759/7899/37403-1.shtml，访问日期：2022 年 3 月 10 日。

继续坚持与邻为善、以邻为伴以及亲、诚、惠、容的周边外交政策，深化中国东盟全面战略伙伴关系。2021 年，中国—东盟贸易额再创新高，达 8782 亿美元，同比增长 28. 1%，占中国对外贸易额的 14. 5%。[①] 针对美国推出“印太经济框架”的新动向，中国应继续推动《区域全面经济伙伴关系协定》（RCEP）的落地与升级，深化区域经贸合作，推动数字经济合作，加强区域经济融合。同时，积极推动中国与周边国家的战略互信和人文交流，对地区安全提供公共产品，与周边国家一道建设命运共同体。

---

① 中国驻东盟使团：《2021 年中国—东盟贸易合作简况》，中国商务部网站，2022 年 1 月 29 日，http://bn.mofcom.gov.cn/article/ztdy/202201/20220103265625.shtml，访问日期：2022 年 3 月 15 日。

俄罗斯的内外形势及亚太政策动向

李　旻*

【内容摘要】2021 年，俄罗斯克服西方的持续打压和疫情反复等负面因素，实现了政局稳定和经济复苏。通过制定新版《俄罗斯联邦国家安全战略》，俄罗斯确立了着眼国内的安全思路，并进一步打破了对西方的“幻想”。俄罗斯与西方的关系呈现出紧张与缓和交替出现的螺旋下行局面。通过灵活的外交手腕，俄罗斯在原苏联地区巩固了自身地位，并继续稳步推进“转向东方”战略。在亚太地区，俄罗斯一方面拉住传统伙伴，另一方面也重视与日本、韩国等美国的盟友发展建设性互动。中俄关系的持续提升使两国获得了战略利益和实际利益，也成为全球和地区安全的稳定剂。未来两国仍需排除美国因素的干扰，提升两国关系的广度和深度。

自 2014 年乌克兰危机以来，西方对俄罗斯的经济制裁和军事、外交打压不断加码，再加上自身的一些结构性问题，使俄罗斯的国内不稳定因素增加，经济增长乏力且发展潜力受损，综合国力持续下滑，战略

* 李旻，中国国际问题研究院亚太研究所助理研究员。

空间受到不断蚕食。作为经验丰富的大国，俄罗斯在困难的内外环境下依然追求有所作为，维护自己在地区和全球事务中的传统影响力，并通过“转向东方”战略拓展其在亚太地区的生存空间。2021 年，俄罗斯在保持国内形势基本稳定的基础上发挥成熟老到的外交手腕，在各个方向取得一定成果。中俄关系的不断提升既改善了两国的外部环境，也为亚太地区的安全和繁荣提供了有力支撑。以持续发展的中俄关系为依托，俄罗斯的“转向东方”战略亦稳步向前推进。

一、俄罗斯的总体内外形势

2021 年，俄罗斯国内局势相对平稳，但外部挑战依然严峻。杜马选举是 2021 年俄罗斯政坛最重要的议程，结局基本符合预期。新冠肺炎疫情持续肆虐，俄罗斯在 2021 年经历多轮病毒传播浪潮，截至 2021 年底，累计感染人数超过 1000 万人，累计死亡人数超过 30 万人。[①] 在疫情反复的情况下，俄罗斯经济依然进入复苏轨道。俄罗斯与西方的关系进入相互试探底线的“深水区”，互不信任和敌意进一步加深。

（一）政局稳定，经济企稳复苏

2021 年 9 月举行的国家杜马选举检验了俄国家政权牢固程度和社会的平稳程度。此次选举的最终投票率为 51.72%，这表明俄民众对选举的政治热情并不高。尽管如此，此次选举仍是比较成功的，达到了普京总统以及俄罗斯政权党的最初政治预期。新一届国家杜马的 450 个席位

① 《新型冠状病毒肺炎疫情实时动态追踪》，新浪新闻，2022 年 1 月 1 日，https://news.sina.cn/zt_d/yiqing0121。

中，统一俄罗斯党作为执政党占 324 席，是名副其实的国家杜马第一大党，确保了政权党的“宪法多数”地位，也就保证了普京总统未来在立法方面不会出现政治阻力。[①]

较之 2020 年，俄罗斯经济形势在 2021 年明显好转，国内生产总值（GDP）增长率达到 4. 5%，[②] 各项经济指标普遍得到改善。其中，对外贸易总额达到 7850 亿美元，较 2020 年增长 38. 25%。[③] 俄央行发布的 2021 年末国际收支平衡表显示：俄经常项目顺差创纪录达 1203 亿美元，同比增长 2. 3 倍，其中外贸顺差 1859 亿美元，同比翻番；资本项目逆差达 554 亿美元，同比基本持平，其中俄对外非金融类直接投资 536 亿美元，同比增长 8. 4 倍，外国对俄非金融类直接投资 307 亿美元，同比增长 2. 8 倍，资本净流出 720 亿美元，同比增长 40%；俄外汇储备增加 635 亿美元。[④]

能源产业为俄罗斯的经济复苏提供了重要支撑。石油价格和产量的下降是造成 2020 年俄罗斯经济困难的重要因素。由于新冠肺炎疫情对供求关系的影响，俄罗斯的石油产量从 2019 年的 5. 68 亿吨下降到 2020 年的 5. 12 亿吨，是 10 年来的最低点，而出口量则下降 12. 7%至 2. 32 亿吨。根据俄海关数据，2020 年俄罗斯石油出口收入下降 40. 8%至 723. 6 亿美元。这种情况在 2021 年发生扭转，据俄罗斯燃料动力综合体中央

① 邢广程：《俄罗斯：国内趋于平稳，外交趋向灵活——世界知识论坛 2021 之七》，《世界知识》2021 年第 24 期，第 24—26 页。

② Рост ВВП в 2021 году составил примерно 4. 5%, заявил Путин, РИА Новости, 26 января 2021, https://ria. ru/20220126/vvp-1769603737. html.

③ Внешняя торговля России в 2021 году, Внешней торговля России, 12 февраля 2022, https://russian-trade. com/reports-and-reviews/2022-02/vneshnyaya-torgovlya-rossii-v-2021-godu/.

④ 《2021 年俄国际收支经常项目顺差创纪录达 1203 亿美元》，中华人民共和国驻俄罗斯联邦大使馆经济商务处，2022 年 2 月 8 日，http://ru. mofcom. gov. cn/article/jmxw/202202/20220203278496. shtml。

调度局数据，俄罗斯 2021 年的石油产量同比增长 2.2%，达 5.24 亿吨。[①] 再加上全球石油和天然气价格大幅上涨，使俄罗斯获得可观收入，“矿物燃料、石油及其提取物、沥青”品类的出口额高达 2670.4 亿美元，较 2020 年增长 1000.8 亿美元，占俄罗斯总出口额的 54.32%。[②]

（二）修订“安全战略”，厘清思路目标

2021 年 7 月 2 日，普京总统批准新版《俄罗斯联邦国家安全战略》[③]（以下简称《战略》），该战略从多个角度重新评估了俄罗斯面临的外部环境，提出了应对之策。

首先，在世界秩序层面，西方模式面临危机，世界正经历重大转型，多个经济和政治发展中心正在形成，将出现新的世界格局和国际规则。俄罗斯认为，世界秩序正从美国主导加速走向失序，既有国际机制内部矛盾重重、行为能力减弱、发展前途未卜，为俄实现自身战略目标提供了巨大可能。对俄罗斯来说，一个更加“碎片化”的世界可凸显其大国地位，有利于其在国际上纵横捭阖。

其次，俄罗斯国家安全面临的首要威胁是西方国家对霸权地位的追求。新版《战略》指责西方国家奉行双重标准，企图在国际社会孤立俄罗斯、对俄施加政治经济压力、挑动俄国内矛盾、分化俄与传统盟友的关系，表示这将导致俄地缘政治环境进一步恶化，加剧爆发局部冲突和地区战争的风险。新版《战略》删除了此前版本中有关与美国建立合作

---

① 《俄罗斯石油产量将继续增加》，《中国石油报》2022 年 1 月 11 日。

② Внешняя торговля России в 2021 году, Внешней торговля России, 12 февраля 2022, https://russian-trade.com/reports-and-reviews/2022-02/vneshnyaya-torgovlya-rossii-v-2021-godu/，访问日期：2022 年 2 月 14 日。

③ УКАЗ ПРЕЗИДЕНТА РОССИЙСКОЙ ФЕДЕРАЦИИ О Стратегии национальной безопасности Российской Федерации. http://pravo.gov.ru/proxy/ips/?docbody=&firstDoc=1&lastDoc=1&nd=602263723，访问日期：2021 年 12 月 20 日。

关系、与欧洲开展互利合作等内容，意味着俄罗斯放弃了之前 30 年融入西方或与西方建立伙伴关系的幻想。相较于 2009 年和 2015 年的《战略》，俄罗斯对西方的认知越来越负面，以官方文件的形式承认俄罗斯与西方关系出现“深刻分裂”。

再次，新版《战略》把关注重点放在俄罗斯本身，强调主权独立、人口结构、政治稳定、族际和睦、环境保护、道德风尚以及基于新技术的经济发展对于俄罗斯的突出意义，认为只有这样才能确保俄罗斯的国防能力和国际威望。“经济”在新版《战略》中成为高频词，体现出俄罗斯明确把发展国内经济、提升人民福祉作为国家发展的优先方向，并以此为基础开展对外合作。简言之，外交政策将首先为俄罗斯经济发展服务，为俄罗斯的民生福祉服务。

最后，新版《战略》将亚太地区置于重要地位，主张发展与中国的全面战略协作伙伴关系，发展与印度的特殊与特惠战略伙伴关系，包括在不结盟的基础上，在亚太地区建立保障地区安全稳定的可靠机制。可见俄罗斯“转向东方”的意志更加坚定明确。[①]

（三）加强对西方的博弈，稳重灵活经营“后院”

2021 年，俄罗斯与西方国家的关系呈现出紧张与缓和交替出现、整体螺旋下行的态势。打压和反制仍是双方关系的主旋律，从上半年互相驱逐外交官到下半年白俄罗斯与波兰边境的难民危机，再到步步升级的乌克兰事态，俄美关系和俄欧关系中的“爆点”依然层出不穷，但缓和迹象亦时有显现。俄美两国于 2 月就《新削减战略武器条约》延长 5 年

① 关于《俄罗斯联邦国家安全》，参见冯玉军：《借乱谋势：大变局下的俄罗斯外交》，载《变局与谋局：复旦国际战略报告 2021》，第 25—32 页，https://iis.fudan.edu.cn/90/e6/c6840a430310/page.htm，访问日期：2022 年 1 月 18 日；强晓云：《俄罗斯构建亚太地区安全稳定机制的前景分析》，《人民论坛》2022 年第 1 期，第 104—108 页。

达成协议。俄罗斯总统普京与美国总统拜登分别于6月和12月实现线下和视频会晤，围绕战略稳定、核军控以及地区热点问题确认了合作意愿。俄、德、美等相关方就“北溪-2”天然气管道达成“妥协”，几经波折的“北溪-2”项目终于在2021年9月竣工。

俄罗斯在其西部边界长期处于守势，战略空间不断被北约蚕食。但在2021年，俄罗斯表现出“以攻代守”之势，在俄乌边界施加强大军事压力。12月15日，俄罗斯向美方提交了《俄美安全保障条约》和《俄罗斯与北约成员国安全保障措施协议》两份草案，两天后即对外公开发布了文本全文。主要内容如下：俄方要求北约停止进一步东扩、承认俄罗斯在原苏联地区的特殊利益区，北约承诺不吸纳乌克兰为成员国，北约从中东欧地区撤军并停止部署进攻性武器，等等。[①] 面对俄罗斯的军事压力和外交攻势，美国和北约明确表示不会接受俄罗斯划定的“红线”，但会考虑在美欧内部协调后与俄进行外交谈判，全面讨论欧洲安全问题。尽管综合国力落于下风，但俄罗斯还是希望在全球战略稳定、军控和地区安全等方面争取与西方平等的谈判地位，从而最大限度地保障自身国家安全和战略利益。

除了乌克兰，被俄罗斯视为“后院”的原苏联地区基本保持稳定，俄罗斯通过稳扎稳打的方式扩大了对部分国家的影响力。2021年11月，俄罗斯总统普京与白俄罗斯总统卢卡申科在俄白联盟国家最高国务委员会视频会议上签署了联盟国家一体化法令。这项法令涵盖28个领域的一体化计划，涉及货币、税收、反恐、移民、军事安全等相关内容，有望使俄白两国在构建联盟国家的道路上取得突破性进展。美国从阿富汗撤军使俄获得了更多影响阿富汗局势的可能，俄借机扩大了在中亚地区

---

① 万青松：《2021年俄罗斯外交：再平衡中的新调试》，《俄罗斯研究》2022年第1期，第164—192页。

的前沿军事部署，提升了其主导的集体安全条约组织的安全辐射力，增强了对中亚安全事务的影响。[①] 2022 年 1 月，面对突发的哈萨克斯坦骚乱局势，以俄罗斯为首的集体安全条约组织派出维和部队，平乱后又迅速撤出。俄罗斯不仅没有留下“干预他国”的话柄，还扩大了对哈萨克斯坦的影响力。

二、俄罗斯在亚太地区的政策动向

如果说俄罗斯在西线是总体守势、伺机反击的态势，那么在东线则是积极进取、稳步向前的局面。随着对西方的不信任感加重，俄罗斯“转向东方”的步伐不断加快，在亚太地区的动作日益活跃。俄不仅试图加强与传统伙伴的关系，也力求与日、韩等在域内的美国盟友保持建设性互动，提升经济元素在其亚太政策中的分量。

（一）提升与传统伙伴的关系

俄罗斯在亚洲各次区域拥有传统伙伴，包括东亚地区的朝鲜和蒙古，东南亚地区的越南和南亚地区的印度等，这些传统伙伴成为俄罗斯推行亚太外交的重要支点。2021 年，俄罗斯与大多数传统伙伴都实现了首脑会晤，全面推动各领域的合作。

2021 年 12 月 16 日，俄罗斯总统普京与蒙古总统呼日勒苏赫在莫斯科举行会谈。两国签署《俄蒙建交 100 周年联合宣言》，成为继 2019 年

① 冯玉军：《借乱谋势：大变局下的俄罗斯外交》，《变局与谋局：复旦国际战略报告 2021》，第 25—32 页，https://iis.fudan.edu.cn/90/e6/c6840a430310/page.htm，访问日期：2022 年 1 月 18 日。

《俄蒙友好和全面战略伙伴关系条约》之后的又一重要双边政治文件。① 双方还强调将军事和军事技术合作视为两国全面战略伙伴关系的重要组成部分，希望深化两国在国防和安全领域的合作。途经蒙古向中国供气的“西伯利亚力量 2 号”天然气管道可行性研究工作基本结束。

由于朝鲜在疫情条件下实施严格的封锁国境政策，俄罗斯很难与其进行实质性的交流，但两国还是通过间接渠道彼此支持。2021 年 10 月，俄罗斯与中国一道向联合国安理会提出决议草案，主张改善朝人道主义状况和调整经济、民生领域的部分对朝制裁，朝鲜也通过其官方媒体《劳动新闻》多次报道俄罗斯的国防建设和俄与北约对峙等内容，表达了对俄罗斯的支持。②

俄罗斯与越南继续深化合作。2021 年 11 月 29 日至 12 月 2 日，越南国家主席阮春福访俄。双方发表《2030 年前俄越全面战略伙伴关系联合声明》，重申两国将继续开展包括高级和最高级别在内的各级政治对话；在国际法基础上加强国防、安全、军事和军事技术合作；增强防务战略对话，协调联动提升越俄政府间军事技术合作委员会的合作质效。③ 双方还强调要深化国际信息安全领域合作，同意在国际法基础上确保航行和飞越自由，继续扩大两国油气企业在对方境内的开采运营活动。④

---

① Путин и глава Монголии подписали политическую декларацию, Радио Sputnik, 16 декабря 2021, https://radiosputnik.ria.ru/20211216/putin-1764107183.html，访问日期：2022 年 1 月 9 日。

② 参见「로씨야대통령 서방의 군사적위협책동에 경고」,『로동신문』2021 년 11 월 22 일;「나토는 반로씨야쁠럭이라고 주장」,『로동신문』2021 년 10 월 28 일。

③《越南与俄罗斯就 2030 年前越俄全面战略伙伴关系发表联合声明》，越南通讯社（中文版），2021 年 12 月 1 日，https://zh.vietnamplus.vn/%E8%B6%8A%E5%8D%97%E4%B8%8E%E4%BF%84%E7%BD%97%E6%96%AF%E5%B0%B12030%E5%B9%B4%E5%89%8D%E8%B6%8A%E4%BF%84%E5%85%A8%E9%9D%A2%E6%88%98%E7%95%A5%E4%BC%99%E4%BC%B4%E5%85%B3%E7%B3%BB%E5%8F%91%E8%A1%A8%E8%81%94%E5%90%88%E5%A3%B0%E6%98%8E/153658.vnp，访问日期：2022 年 2 月 19 日。

④ Президенты России и Вьетнама приняли заявление по итогам переговоров, РИА Новости, 30 ноября 2021, https://ria.ru/20211130/zayavlenie-1761542964.html，访问日期：2022 年 2 月 19 日。

12 月 1 日，俄罗斯国防部长谢尔盖·绍伊古与越南国防部长潘文江在莫斯科举行会谈，双方签署了越俄政府间军事技术合作协议。

以俄越关系为支点和突破口，俄罗斯在东南亚地区的存在感明显提升。10 月 28 日，第四届俄罗斯—东盟峰会在线上举行，通过了一系列旨在进一步发展俄罗斯与东盟战略伙伴关系的重要文件。12 月初，俄罗斯与东盟首次海上联合军演在印度尼西亚北苏门答腊海岸附近展开，东盟 10 个成员国全部参加。俄罗斯驻东盟大使伊万诺夫称，“此次演习对于俄罗斯与东盟的战略合作而言是历史性事件”；① 俄罗斯与老挝继 2019 年 12 月在老挝境内举行第一次联合军演后，又在 2021 年 8 月在俄罗斯滨海边疆区举行第二次联合军演，这也是两国在俄罗斯境内举行的第一次军演；② 12 月 13 日和 15 日，俄罗斯安全会议秘书尼古拉·帕特鲁舍夫相继访问印度尼西亚和柬埔寨，与两国首脑探讨了地区安全问题和政治、经贸、科技、人文等领域的双边合作问题。③

印度历来是俄罗斯在亚洲最重要的伙伴，在新版《俄罗斯联邦国家安全战略》中，俄印关系被赋予和中俄关系同等的重要性。但由于近年来印度对美国“印太战略”态度积极，俄印分歧逐渐增多并公开化，两国关系呈现渐行渐远的态势。2021 年，俄罗斯为重启两国关系动力做出相应努力。12 月 6 日，普京对印度进行“旋风访问”，也是其疫情暴发

① В Индонезии завершились первые военно-морские учения Россия-АСЕАН, ТАСС, 3 декабря 2021, https://tass.ru/politika/13107219?utm_source=yandex.ru&utm_medium=organic&utm_campaign=yandex.ru&utm_referrer=yandex.ru，访问日期：2022 年 1 月 23 日。

② В Приморье завершились российско-лаосские военные учения “Ларос-2021”, ТАСС, 20 августа 2021, https://tass.ru/armiya-i-opk/12175497?utm_source=yandex.ru&utm_medium=organic&utm_campaign=yandex.ru&utm_referrer=yandex.ru，访问日期：2022 年 4 月 13 日。

③ Патрушев обсудил вопросы двустороннего сотрудничества с президентом Индонезии, RT, 13 декабря 2021, https://russian.rt.com/world/news/938356-rossiya-indoneziya-sotrudnichestvo，访问日期：2022 年 2 月 21 日；Патрушев обсудил с премьер-министром Камбоджи возможности двустороннего сотрудничества, RT, 15 декабря 2021, https://russian.rt.com/world/news/938940-patrushev-kambodzha-sotrudnichestvo，访问日期：2022 年 2 月 22 日。

后的首次国事外访。访问期间密集举办了俄印首届外长防长“2+2”对话和第21届俄印峰会等系列活动，并签署了28项协议。防务和能源合作仍是重中之重。俄印签署了《2021—2030年军事技术合作计划协议》，商讨签署后勤支援协议事宜，计划允许两国军队使用对方基地进行维修和补给。[①] 此外，印方顶住美国压力购买的俄S-400导弹防御系统进入交付阶段，双方还签署在印度生产约60万支AK-203突击步枪的合同。两国石油公司签署了2022年向印供应200万吨石油的合同。[②]

（二）与日本、韩国发展建设性互动关系

日本和韩国是美国在亚太地区的重要盟友，美日同盟和美韩同盟分别被日韩视为外交基石。因此，美国因素给俄日、俄韩关系设置了“天花板”。尽管日韩在价值观层面不像美欧般敌视俄罗斯，在发展对俄关系方面也享有一定的自主性，但还是无法背离美国试图防止俄罗斯重新崛起的战略目标。俄罗斯对此有清醒认识，对日韩两国以求稳为主，试图实现妥善管理分歧基础上的建设性互动。

领土争端是俄日关系的一个死结，双方围绕“北方四岛”（俄称南千岛群岛）问题摩擦不断。2021年2月1日，俄罗斯安全会议副主席梅德韦杰夫表示，俄日就和平条约问题的谈判对象实际上已经消失，因为日方不愿在不明确其对南千岛群岛所有权的情况下进行谈判，而俄罗斯通过宪法修正案之后无权割让领土。[③] 7月和10月，俄罗斯总理米舒斯

---

① 《俄美峰会前夕，普京为何先晤莫迪》，《解放日报》2021年12月7日，访问日期：2022年2月21日。

② Путин провел переговоры с Моди, РИА НОВОСТИ, 6 декабря 2021, https://ria.ru/20211206/peregovory-1762416339.html，访问日期：2022年2月21日。

③ 《梅德韦杰夫谈俄日领土对话：俄通过宪法修正案后无权割让领土》，俄罗斯卫星通讯社中文网，2021年2月1日，https://sputniknews.cn/politics/202102011032999955/，访问日期：2021年7月2日。

京和两位副总理分别以促进当地发展的名义访问争议岛屿，引发日方抗议。尽管双方均未放松对争议岛屿宣示主权，但也未放弃签署和平条约、促进务实合作的努力。普京于 2021 年 9 月在第六届东方经济论坛上发表演说时表示，“无论是俄罗斯还是日本都有意实现完全的关系正常化”。① 2021 年 10 月 7 日，新任日本首相岸田文雄与普京通话，表达了以互惠方式全面发展日俄关系的愿望，普京也表示愿意与日方就双边问题和国际事务展开建设性合作。②

2021 年，俄罗斯与韩国的关系呈现积极态势，两国外长实现互访。3 月 24 日至 25 日，俄韩两国外长在韩国首尔举行 2019 年 6 月以来的首次会晤。双方就实务领域合作、半岛局势、地区和国际事务等议题进行了磋商，同时商讨了建立金额达 10 亿美元的俄韩投资基金等事宜。俄外长拉夫罗夫称“韩国是俄罗斯在亚太地区重要且有前景的合作伙伴”，强调维护朝鲜半岛及东北亚和平稳定的重要性，主张各当事国放弃军备竞赛，停止加剧军事活动的任何行为。③ 韩外长郑义溶表示，韩国和俄罗斯将加快服务和投资领域的自由贸易协定谈判。④ 10 月 27 日，韩外长郑义溶对俄进行回访，俄方表示支持韩总统文在寅关于签署朝鲜半岛

---

① Россия и Япония заинтересованы в нормализации отношений, заявил Путин, РИА Новости, 3 сентября 2021, https://ria.ru/20210903/putin-1748494648.html，访问日期：2022 年 1 月 20 日。

② 外務省「日露首脳電話会談」，令和 3 年（2021）10 月 7 日，https://www.mofa.go.jp/mofaj/erp/rss/hoppo/page6_000610.html，访问日期：2021 年 10 月 12 日。

③「정의용 “북，평화노력 함께해야”…라브로프 “군비경쟁 포기해야”（종합 2 보）」，연합뉴스，2021 넌 3 월 25 일，https://www.yna.co.kr/view/AKR20210325099752504?section=search，访问日期：2021 年 4 月 30 日。

④《俄韩将加快推进投资领域自贸协定谈判》，俄罗斯卫星通讯社中文网，2021 年 3 月 25 日，https://sputniknews.cn/economics/202103251033339689/，访问日期：2022 年 2 月 10 日。

“终战宣言”的倡议，将促成普京总统早日访韩。[①] 此外，两国以“俄韩交流年”为契机，在 2020 年和 2021 年举办 200 多场线上线下活动以增进相互了解。2021 年 11 月 3—5 日，韩国蔚山举办第三届韩俄地方合作论坛，来自韩国 17 个市、道和俄罗斯远东及北极地区 18 个联邦主体的 800 多名代表出席，为历届最大规模。[②]

（三）尝试提升亚太外交中的经济元素

俄罗斯在亚太地区多以军事强国的身份出现，军事合作与军火出口是其重要的合作抓手。近年来，俄罗斯也尝试利用经济抓手，加强与亚太国家的经济联系，但由于其经济实力和经济结构的局限性，成效有限。

2021 年 9 月 2—4 日，作为俄罗斯远东开发和国际合作的名片，东方经济论坛被疫情中断一年后重新启动。俄总统普京出席，哈萨克斯坦总统托卡耶夫和蒙古总统呼日勒苏赫以视频方式参会，中国国家主席习近平、印度总理莫迪和泰国总理巴育·占奥差以视频形式致辞。论坛举行上百场活动，25 个国家派官方代表参加（其中一半以上为亚太国家），签署 380 个协议，金额达到 3.6 万亿卢布。[③] 俄罗斯再次彰显了以远东地区为突破口融入亚太经济合作的决心。

2021 年，在俄罗斯对外贸易规模整体扩大的背景下，亚太国家与俄

---

① 「한-러 외교장관 모스크바서 회담… “북핵협상 조속재개 협력키로” （종합）」，연합뉴스，2021 년 10 월 28 일，https://www.yna.co.kr/view/AKR20211028001651080?section=search，访问日期：2021 年 11 月 12 日。

② 「울산시 ‘제 3 차 한-러 지방협력포럼’ 성공 개최…양국 35 개 최다 지방정부 참가，‘에너지산업 분야 협력’ 울산선언문 발표」，『한국경제신문』 2021 년 11 월 4 일，https://www.hankyung.com/society/article/202111046911h，访问日期：2022 年 2 月 14 日。

③ ИТОГИ ВОСТОЧНОГО ЭКОНОМИЧЕСКОГО ФОРУМА-2021, Восточный экономический форум，https://forumvostok.ru/archive/2021/outcomes-of-the-eef-2021/，访问日期：2022 年 1 月 10 日。

罗斯的贸易额也出现大幅增长。其中，俄韩贸易额达到 298.82 亿美元，增长 52.43%，韩国成为俄罗斯的第 8 大贸易伙伴，较 2020 年的第 9 位略有上升。[①] 俄罗斯与印度的贸易额达到 135.56 亿美元，增长 46.45%，印度在俄罗斯贸易伙伴中的名次从 2020 年的第 16 位上升到 2021 年的第 14 位。[②] 越南与俄罗斯的贸易额达到 71.35 亿美元，增长 25.91%，成为俄罗斯的第 21 大贸易伙伴。[③] 印度尼西亚与俄罗斯的贸易额为 33.07 亿美元，增长 40.65%，成为俄罗斯的第 40 大贸易伙伴。[④] 俄日贸易额约为 198.74 亿美元，增长 22.92%，俄日贸易虽然增长，但不及俄罗斯对外贸易的整体增幅，使日本在俄罗斯贸易伙伴中的名次从第 11 位降至第 13 位（详见表 1）。[⑤] 需要指出的是，俄罗斯与亚太主要国家的贸易额虽然实现两位数增长，但更多是依靠能源市场的行情，而不是贸易结构和质量的提升。

---

① Торговля между Россией и Республикой Корея (Южной Кореей) в 2021 г., Внешней торговля России, 12 февраля 2022, https://russian-trade.com/reports-and-reviews/2022-02/torgovlya-mezhdu-rossiey-i-respublikoy-koreya-yuzhnoy-koreey-v-2021-g/，访问日期：2022 年 2 月 15 日。

② Торговля между Россией и Индией в 2021 г., Внешней торговля России, 12 февраля 2022, https://russian-trade.com/reports-and-reviews/2022-02/torgovlya-mezhdu-rossiey-i-indiey-v-2021-g/，访问日期：2022 年 2 月 15 日。

③ Торговля между Россией и Вьетнамом в 2021 г., Внешней торговля России, 12 февраля 2022, https://russian-trade.com/reports-and-reviews/2022-02/torgovlya-mezhdu-rossiey-i-vetnamom-v-2021-g/，访问日期：2022 年 2 月 15 日。

④ Торговля между Россией и Индонезией в 2021 г., Внешней торговля России, 12 февраля 2022, https://russian-trade.com/reports-and-reviews/2022-02/torgovlya-mezhdu-rossiey-i-indoneziey-v-2021-g/，访问日期：2022 年 2 月 15 日。

⑤ Торговля между Россией и Японией в 2021 г., Внешней торговля России, 12 февраля 2022, https://russian-trade.com/reports-and-reviews/2022-02/torgovlya-mezhdu-rossiey-i-yaponiey-v-2021-g/，访问日期：2022 年 2 月 15 日。

表 1　2021 年部分亚太国家与俄罗斯货物贸易情况

	自俄进口额（亿美元）	对俄出口额（亿美元）	贸易额（亿美元）	占俄贸易总额比例（%）	涨幅（%）	在俄贸易伙伴中的排名	
						2020 年	2021 年
中国	680.29	726.76	1 407.04	17.92	35.33	1	1
韩国	168.97	129.85	298.82	3.81	52.43	9	8
日本	107.48	91.27	198.74	2.53	22.92	11	13
印度	91.29	44.27	135.56	1.73	46.45	16	14
越南	22.42	48.93	71.35	0.91	25.91	20	21
印度尼西亚	6.82	26.25	33.07	0.42	40.65	43	40
马来西亚	14.30	18.22	32.52	0.29	23.78	39	42
泰国	4.94	17.94	22.88	0.29	28.91	51	52
新加坡	16.70	6.01	22.71	0.29	35.16	53	53
蒙古	18.16	0.43	18.59	0.24	30.78	57	58
菲律宾	5.33	5.12	10.44	0.13	12.14	66	69
澳大利亚	2.36	7.39	9.75	0.12	23.88	71	70

资料来源：Внешней торговля России，https://russian-trade.com/。

为了加速融入全球产业链和区域合作，俄罗斯加快建立自由贸易区的步伐。近年来，俄罗斯试图采用欧亚经济联盟与第三国签署自由贸易协定的方式逐渐向域外扩展，提升其在国际体系中的“外交权重”。在 2021 年 5 月 21 日的欧亚经济委员会最高理事会上，普京呼吁欧亚经济联盟应尽快扩大自贸伙伴的数量。[①] 至 2021 年 11 月，俄罗斯通报世贸组织已生效的自贸协定共 12 个，其中独联体范围内的双边和多边自贸

① Путин призвал расширить сотрудничество ЕАЭС по соглашениям о свободной торговле, ТАСС, 21 мая 2021，https://tass.ru/ekonomika/11437281。

协定 9 个，以欧亚经济联盟为基础的跨区域双边自贸协定 3 个，共包含 12 个国家。在近 5 年内，俄罗斯以欧亚经济联盟为依托，加强了其在每个重点区域的市场存在——东南亚的越南和新加坡、南亚的印度、中东的伊朗和以色列、非洲大陆的埃及以及欧洲的塞尔维亚，以点带面地在地理空间上形成了自由贸易网络的基本形态。[①] 亚太地区无疑成为俄罗斯向外拓展自由贸易网络的重点区域。

但应该看到，出于对自身经济实力的顾虑，俄罗斯在自贸区建设方面依然谨小慎微。俄罗斯正在执行的 12 个自贸协定中，只有欧亚经济联盟自身以及欧亚经济联盟同越南的自贸协定在货物贸易之外包含了服务贸易，其余的都是货物贸易协定，而且在货物贸易协定中还设置了 3—10 年不等的关税过渡期。为了避免对国内产业带来冲击，俄罗斯和欧亚经济联盟也暂时排除与大型经济体签署自贸协定。

三、中俄关系稳步提升

对于俄罗斯而言，中俄关系是亚太地区最重要的双边关系。随着西方对俄罗斯的持续打压和美国对华全面战略竞争态势的显著增强，中俄关系的重要性超出了双边层面和地区层面，越发具有全球意义。2021 年是《中俄睦邻友好合作条约》签署 20 周年，双方于 6 月 28 日正式宣布条约延期 5 年。中俄关系延续近年来的良好发展势头，在政治、经济、科技、军事和人文领域取得全方位发展。普京高度评价中俄关系，称两

① 曲文轶、杨雯晶：《俄罗斯自贸伙伴的选择逻辑》，《俄罗斯研究》2021 年第 6 期，第 115—139 页。

国关系是“21世纪国家间协作的典范”。[①]

（一）高层互动频繁，在国际舞台共同发声

中俄“两国已建立元首年度交往、总理定期会晤、立法机构合作等高层交往机制，5个副总理级政府间合作委员会高效运行，两办主任磋商、战略安全磋商、执法安全合作机制等合作内涵持续丰富，几十个合作分委会工作不断取得新成果”。[②] 2021年，中俄两国举行两次通话和两次视频会晤，从2013年到2021年，两国元首的会晤多达37次。[③] 2022年2月，普京来华出席北京冬奥会开幕式，双方领导人实现新冠肺炎疫情以来的首次“面对面”会晤，并发布《中华人民共和国和俄罗斯联邦关于新时代国际关系和全球可持续发展的联合声明》，呼吁“各国从全人类共同福祉出发，加强对话，增进互信，凝聚共识，捍卫和平、发展、公平、正义、民主、自由的全人类共同价值，尊重各国人民自主选择发展道路的权利及各国主权安全发展利益，捍卫以联合国为核心的国际体系和以国际法为基础的国际秩序，践行联合国和联合国安理会发挥核心协调作用的真正的多边主义，推进国际关系民主化，实现世界和平、稳定与可持续发展”。[④]

两国在国际舞台上相互配合，共同发声，取得良好效果。2021年3月，中俄外长在桂林签署《中华人民共和国和俄罗斯联邦外交部长关于

---

① Расширенное заседание коллегии МИД, Президент России, http://kremlin.ru/events/president/news/67123，访问日期：2022年1月18日。

② 《中俄“背靠背”，为世界注入稳定性》，《人民日报》2022年1月27日。

③ 参见《共同开启中俄关系崭新篇章——专家学者高度评价中俄元首视频会晤》，《人民日报》2021年12月17日。

④ 《中华人民共和国和俄罗斯联邦关于新时代国际关系和全球可持续发展的联合声明》，中华人民共和国外交部，2022年2月4日，https://www.fmprc.gov.cn/zyxw/202202/t20220204_10638953.shtml，访问日期：2022年2月5日。

当前全球治理若干问题的联合声明》,[①] 两国共同维护全人类共同价值，阐述民主和人权的正确内涵，引导国际社会树立正确的民主观，捍卫各国正当民主权利。[②] 10月7日，两国外长再次携手，发布关于加强《禁止生物武器公约》的联合声明，呼吁“缔约国共同努力，在安全和有法律约束力基础上加强《公约》”。[③]

（二）经贸合作达到历史最高水平

据中国海关总署统计，2021年中俄贸易额近1470亿美元，创历史新高。其中，中国对俄出口675亿美元，同比增长34%；自俄进口793亿美元，同比增长37.5%，贸易逆差118亿美元。在疫情背景下，2021年双边贸易额扭转2020年下滑3%的局面，超过新冠肺炎疫情前水平（2019年两国双边贸易额1110亿美元）。[④] 贸易结构方面，中俄机电产品贸易额达434亿美元。其中，中国对俄出口汽车、家电、工程机械等保持快速增长。哈弗、奇瑞、吉利等中国品牌汽车在俄销量再创历史新高，华为、小米等中国品牌电子产品受到俄民众青睐。中国自俄进口能源产品3342.9亿元人民币，同比增长47.4%，占当年中国自俄进口总额的65.3%。俄稳居中国第一大能源进口来源国，保持第二大原油进口

---

① 《中华人民共和国和俄罗斯联邦外交部长关于当前全球治理若干问题的联合声明》，中华人民共和国外交部，2021年3月23日，https://www.fmprc.gov.cn/wjbzhd/202103/t20210323_9137040.shtml，访问日期：2021年6月23日。

② 《共同开启中俄关系崭新篇章——专家学者高度评价中俄元首视频会晤》，《人民日报》2021年12月17日。

③ 《中俄两国外长关于加强〈禁止生物武器公约〉的联合声明》，中华人民共和国外交部，2021年10月7日，https://www.fmprc.gov.cn/wjbzhd/202110/t20211007_9584106.shtml，访问日期：2022年1月28日。

④ 《2021年中俄贸易额创历史新高》，中华人民共和国驻俄罗斯联邦大使馆经济商务处，2022年1月19日，http://ru.mofcom.gov.cn/article/jmxw/202201/20220103237965.shtml，访问日期：2022年2月15日。

来源国、第一大电力进口来源国地位。在电商领域，中俄跨境电商保持高速发展。据中国商务部统计，去年（2021 年）前 11 个月，中俄跨境电商贸易额增长 187%。据俄央行和海关署统计，目前人民币在中俄双边贸易结算中的占比超过 17%，在俄罗斯国际储备中的占比超过 12%，本币作为支付手段的作用逐步增强。①

中俄大项目合作取得新突破。在中俄边境，黑河—布拉戈维申斯克公路桥于 2022 年 6 月正式通车，同江—下列宁斯阔耶铁路大桥已铺轨贯通，成为“造福两国人民的友谊之桥、发展之桥”。莫斯科地铁大环线 10 座新建成的地铁站投入使用，由中企承建的第三换乘环线西南段项目正式通车，成为中俄合作互惠民生的又一生动案例。同时，中俄两国也重视培育新的合作增长点。2021 年 11 月，中俄两国有关部门签署数字经济领域投资合作备忘录，鼓励和支持两国业界对接合作，推动合作数字赋能、绿色赋能、创新赋能。双方商定进一步加强科技创新合作，打造 5G、生物医药、绿色低碳、智慧城市等新的增长点，加强政策、产业和项目对接，进一步深化能源矿产、农林开发、工业制造、信息通信等领域上下游合作，推动互设机电等类型产业园区，提升基础设施软硬件联通水平，促进产业链供应链深度融合。②

（三）加强军事合作

2021 年，中俄两军举行了机制化的联合演训，包括“西部·联合-2021”演习、“和平使命-2021”联合反恐军演、“海上联合-2021”演习和首次海上联合巡航等，充分体现了两国军事合作高水平发展态势。其中，中俄首次海上联合巡航尤其引人关注。在 10 月 17 日中俄“海上

① 《中国连续 12 年稳居俄罗斯第一大贸易伙伴国——中俄经贸合作成果丰硕》，《人民日报》2022 年 2 月 9 日。

② 同上。

联合-2021”联合演习结束后，中国海军南昌舰、昆明舰、滨州舰、柳州舰、东平湖舰与俄海军“克雷洛夫元帅”号指挥舰、“潘捷列耶夫海军上将”号和“特里布茨海军上将”号大型反潜舰、“响亮”号和“阿尔达尔·齐坚扎波夫”号护卫舰共10艘舰艇及6架舰载直升机组成联合编队，实施了首次海上联合巡航。中俄联合编队从彼得大帝湾出发，横渡日本海，穿越津轻海峡，经西太平洋南下，穿越大隅海峡进入东海。巡航期间，联合编队组织了联合航渡、联合机动、实际使用武器等科目演练。[①] 美国及其盟友不断加强在西太平洋地区的协同作战能力，在此背景下，中俄联合巡航做出了有力回应。

（四）科技合作成果丰硕

近年来，中俄在科技合作方面进展迅速。2020—2021年，两国成功举办“中俄科技创新年”，拓展了科技合作的深度和广度，双方还专门制定了合作路线图，联合举办了1000多项活动。2021年3月，两国政府又签署了《中华人民共和国政府和俄罗斯联邦政府关于合作建设国际月球科研站的谅解备忘录》，决定秉持“共商、共建、共享”原则，面向所有感兴趣的国家和国际伙伴，共同推进全人类和平探索利用太空。[②] 具体项目方面，中俄迄今最大的核能合作项目田湾核电站7号、8号机组和徐大堡核电站3号、4号机组于2021年5月正式开工。田湾核电站是中俄两国共同推动核能合作的标志性工程，也被俄方视为向全球市场推广VVER核能技术的“样板工程”。[③]

---

① 《中俄海军首次海上联合巡航圆满结束》，光明网，2021年10月24日，https://m.gmw.cn/2021-10/24/content_1302650156.htm，访问日期：2022年1月13日。

② 李自国、李琰：《中俄科技外交与实践》，《俄罗斯学刊》2021年第4期，第53—74页。

③ 《田湾核电7、8号和徐大堡核电3、4号机组开工》，中国工信产业网，2021年5月21日，http://www.cnii.com.cn/cyjj/202105/t20210521_279639.html，访问日期：2022年1月28日。

但是，中俄科技合作仍存在一些短板，比如企业主体作用发挥不够、合作的市场化程度不高、科技成果转化不畅、对产业发展的支撑作用不强等。此外，中俄科技合作基本停留在单纯的技术转让层次，共同研制、高端制造等创新链和产业链一体化衔接的合作项目并不多。最后，中俄科技创新合作的信息渠道仍有待整合，基础研究领域的合作有待进一步加强。①

（五）多数俄罗斯民众对华持正面态度

中俄之间不断深化的战略合作和相互依赖也体现在民意之中。俄罗斯民调机构列瓦达中心在2021年所做的一项民调显示，70%的俄罗斯民众对中国持积极态度，持负面态度的比例为18%。56%的俄罗斯民众认为过去10年中国在国际社会获得了更多的尊重，比例远超俄罗斯自身（42%）和美国（9%）。谈及中俄关系对俄罗斯的影响，55%的受访者认为中俄关系使俄罗斯的国际地位得到加强。② 俄罗斯民众对中国文化的了解程度持续提升。据俄罗斯民调机构“全俄社会舆论研究中心”的调查，72%的俄罗斯民众知道2022年按照中国农历为“虎年”。③ 中国元素在俄罗斯文化市场中的地位显著提升，俄罗斯图书商会的数据显示，2012年从中文翻译成俄文并在俄出版销售的书籍为31种，而2020年这一数字增加到128种，目前俄出版市场共有从中文翻译成俄文的书籍600余种（不含中文教辅类书籍）。④

---

① 参见高际香：《中俄科技创新合作：模式重塑与路径选择》，《俄罗斯东欧中亚研究》2021年第3期，第97—115页。

② Российско-Китайские Отношения, Левада-Центр, https://www.levada.ru/2021/03/30/rossijsko-kitajskie-otnosheniya/，访问日期：2022年2月8日。

③ Новый год по восточному календарю, ВЦИОМ, 1 февраля 2022, https://wciom.ru/analytical-reviews/analiticheskii-obzor/novyi-god-po-vostochnomu-kalendarju，访问日期：2022年2月8日。

④ 《中俄人文交流合作持续深化》，《人民日报》2022年2月8日。

四、展望：国力下降背景下的俄罗斯亚太外交

综合国内外形势，俄罗斯的发展前景不容乐观。基于国力下降的事实，制定灵活务实的外交战略，在美国对俄压力较小的亚太地区取得突破，既是俄罗斯对外政策的合理方向，也是当务之急。同时，美国分化中俄的意图日益明显，如何在美国的干扰下持续发展互信与合作，是中俄两国共同面临的课题。

（一）国力下降与俄罗斯的外交选择

不可否认，俄罗斯近年来在国际舞台上亮眼表现不断，在部分热点地区的影响力有所恢复。但这些表现更多是依靠其战略魄力、外交手腕和军事力量的“老家底”。从中长期来说，一个国家的国际地位依托的还是综合国力，而这一点恰恰是俄罗斯的短板。经济实力是综合国力的核心要素，俄罗斯在经济领域的弱势尤为明显。过去10年里，俄罗斯的经济增长率远低于全球平均水平，在全球经济中的比重下降到2%以下。未来几年，俄罗斯经济前景不乐观。根据国际货币基金组织的数据，全球经济2021年的增速达到5.9%，2022年和2023年预计分别为4.4%和3.8%。俄罗斯经济的增速在2021年为4.5%，2022年将放缓至2.8%，2023年则为2.1%。[①] 在新一轮科技革命、能源革命中，俄罗斯也明显落伍，短期内恐难扭转全球经济地位进一步下降的困局。

俄罗斯经济的疲软固然有西方持续打压的因素，但国内原因不可忽

① IMF, *World Economic Outlook Update: Rising Caseloads, a Disrupted Recovery, and Higher Inflation*, January 2022, accessed January 31, 2021, https://www.imf.org/en/Publications/WEO/Issues/2022/01/25/world-economic-outlook-update-january-2022.

视。进入21世纪以来，俄罗斯国内经济改革的总体方向是权力向中央集中。重新国有化、垂直权力体系的强化并未带来经济效益的提高，反而导致产权制度边界模糊、决策反馈机制受到侵蚀、利益集团之间争斗激烈、政治精英对经济发展缺乏战略视野、畸形经济结构得不到扭转、人力资源质量日趋恶化、社会冷漠大面积蔓延等一系列负面后果并进而对经济增长形成了严重掣肘。重新国有化导致国内外投资者对俄罗斯政府是否有意愿、有能力保护可靠的私有产权丧失信心，进而引发资金长期大规模外流并始终难以得到有效遏制。①

经济恶化与人口下降、人力资源萎缩形成相互推动的恶性关系。经济落后加剧人口减少和人才流失，而人才流失使经济发展进一步受限。对于俄罗斯的综合国力而言，人口下降无疑是最大的负面因素之一。据“今日俄罗斯”通讯社2021年发布的统计数据，俄罗斯总人口（以2021年1月1日为准）约为1.462亿，在2018—2020年的3年时间里减少了0.5%。据俄罗斯联邦统计局预测，俄人口将在2036年降至约1.342亿。②

人才流失和人力资源的萎缩同样触目惊心。按照俄罗斯知名经济学家谢尔盖·古里耶夫的观点：“俄罗斯曾经拥有的重要竞争优势——教育体系、对人力资源的尊重——正在不断被破坏。受过教育的人正在流失，大学和学校落后于竞争对手。10年或15年内，俄罗斯将没有明显的经济增长来源，也不会缩小与发达国家的差距。”③ 人力资源恶化的一个重要表现是知识与财富精英的加速外流。俄罗斯研究机构2021年8

① 冯玉军：《俄罗斯经济的政治社会根源及国家发展前景》，《欧亚经济》2022年第1期。

② 李旻：《过去30年和过去三年俄罗斯的人口变化》，《世界知识》2021年第19期，第62—63页。

③ Андрей Колесников, Денис Волков, Мадам де Помпадур в Москве. Опыт систематизации рисков для российской политики, Московский Центр Карнеги, https://carnegie.ru/2021/09/30/ru-pub-85439，访问日期：2022年1月20日。

月发布的一项研究成果显示，当前有超过1000万俄罗斯人居住在母国之外。仅2000—2020年，就有400万至550万俄罗斯公民移居海外。①

国力下降对于俄罗斯来说不仅是眼前的现实，也有可能成为未来一定时期内难以扭转的趋势。大国雄心和综合国力之间产生越来越多的不协调，将对俄罗斯的对外政策产生诸多影响，使其产生两种截然不同的倾向。第一种倾向是“低成本”外交。国力下降将导致对外政策中的“容错率”下降，迫使俄罗斯更加“精打细算”，采取务实策略。实际上，近年来俄罗斯的周边外交确实出现一定的思路变化，既呈现出“有限收缩”的态势，也有该出手时必出手的果断。俄罗斯智库报告指出，俄罗斯外交政策应当追求低成本，不被各国国内政治制度和各国彼此间的关系所制约，而要“与各国建立平衡的伙伴关系”。② 另据俄罗斯专家观点，俄罗斯不强求以自己非常有限的国力，去盲目应对周边发生的每一处事变，包括对一向被视为俄罗斯亲密伙伴的国家也不再简单地重复以往的干预政策。这一有限收缩并不意味着俄罗斯在周边地区将不再以活跃主动的面貌出现。③ 在亚太地区的具体问题方面，俄罗斯专家瓦西里·卡申和安德烈·兰科夫提出，俄罗斯可以在朝鲜半岛问题乃至亚洲政策上支持甚至“跟随”中国的路线，以牺牲部分政策独立性为代价

---

① За 20 лет из России имигрировали не менее 5 миллионов человек, 8 октября 2021, https://zen.yandex.ru/media/aurora_media/za-20-let-iz-rossii-imigrirovali-ne-menee-5-millionov-chelovek-61600ea021504518fa2bd915，访问日期：2022年2月15日。

② 参见 Защита мира, земли, свободы выбора для всех стран: новые идеи для внешней политики России// Доклад НИУ ВШЭ. Москва，2020 及谢尔盖·卡拉加诺夫等：《俄罗斯外交政策新思想》，《俄罗斯研究》2020年第4期，第89—117页。

③ 季莫费·博尔达切夫：《最后的帝国及其邻居——俄罗斯周边安全与地区秩序》，班婕译，《俄罗斯研究》2021年第3期，第106—120页。

换取“低成本”。①

但另一方面，国力下降也会加重俄罗斯的“冒险”倾向。出于被其他大国拉开实力差距的战略焦虑，俄罗斯可能会在部分地区和部分问题上更趋强硬和激进，以便在自身相对实力进一步削弱之前达成一些重要的战略目标。另外，经济实力的不足和新兴科技领域的短板限制了俄罗斯的外交“工具库”，使其不得不更多地依赖战略核力量和军事科技的突破来维持大国地位，而这种方式极易被周边国家视为威胁，也更容易引发西方的进一步打压。

需要指出的是，上述两种倾向并不是相互补充的关系，而是并行存在甚至相互矛盾的关系。在不同的地区和具体的问题上，两种倾向以不同的方式纠缠和消长，增加了俄罗斯对外政策的不确定性和突发性。

（二）美国干扰下中俄关系的发展趋势

美国的干扰对于中俄关系而言并非新鲜事。21 世纪以来，每一位美国总统上台，都会不同程度地“重启”美俄关系以求联俄遏华。然而，事与愿违，中、美、俄三边关系并未因之出现逆转。中俄关系不仅经受了一次又一次美俄关系“重启”的考验，抵制了一波又一波的挑拨离间，而且在当前的巨大压力之下，中俄关系正在从“和而不同”进一步迈向“异中求同”的新境界。②

在此情况下，美国对中俄关系的焦虑达到空前水平，政学两界有关

---

① 参见 Василий Кашин, Россия на Корейском полуострове: с Китаем или сама по себе? Московский центр Карнеги, 30 октября 2020, https://carnegie.ru/2020/10/30/ru-pub-83069 以及 Андрей Ланьков, Ким без Трампа. Что ждет США и Россию на Корейском полуострове, Московский центр Карнеги, 8 декабря 2020, https://carnegie.ru/commentary/83400，访问日期：2022 年 1 月 13 日。

② 冯绍雷：《大国俄罗斯的世界构想》，《文化纵横》2021 年第 6 期，第 104—116 页。

调整政策、联俄制华的呼声越来越高。[①] 美国国家情报总监丹·科茨（Dan Coats）在情报评估中说："中国和俄罗斯比20世纪50年代中期以来的任何时候都更加一致。"[②] 2021年1月，具有影响力的美国智库新美国安全中心（CNAS）发布报告指出："美国必须与它的盟友和伙伴一起应对中俄关系对美国的利益和价值观构成的威胁，中俄之间的互动与协作不断加强，美国政策制定者必须迅速采取行动，以克服新兴国家合作对美国利益构成的挑战。"[③]

对于美国试图分化中俄的意图，俄罗斯已经有清醒的认识。普京在2021年11月的俄罗斯外交部会议中指出，"一些西方伙伴公然企图在莫斯科和北京之间制造隔阂"。[④] 俄罗斯卫星通讯社也引用专家观点指出，"美国试图使中俄之间产生不和"。[⑤]

在美国因素的影响下，俄罗斯面临的安全问题和中国面临的安全问题正在产生越来越多的联动性。美国对俄罗斯舆论的渗透早已有之，但煽动反华情绪近期可能成为其影响俄罗斯舆论的重要目标。俄新社著名评论员及中国问题专家德米特里·科瑟列夫认为，美正在俄境内培育

---

① 杨雷：《美国分化中俄关系效果分析：博弈论的视角》，《俄罗斯东欧中亚研究》2021年第3期，第39—57页。

② James Dobbins, Howard J. Shatz, Ali Wyne, "A Warming Trend in China-Russia Relations," The RAND Corporation, April 18, 2019, accessed January 8, 2021, https://www.rand.org/blog/2019/04/a-warming-trend-in-china-russia-relations.html.

③ Andrea Kendall-Taylor, David Shullman, "Navigating the Deepening Russia-China Partnership, Transatlantic Security," Center for a New American Security (en-US), January 2021, accessed January 8, 2021, https://www.cnas.org/publications/reports/navigating-the-deepening-russia-china-partnership.

④ Расширенное заседание коллегии МИД, Президент России, http://kremlin.ru/events/president/news/67123，访问日期：2022年1月18日。

⑤ Политолог: США пытаются рассорить Россию и Китай, Радио Sputnik, 15 декабря 2021, https://radiosputnik.ria.ru/20211215/ssha-1763911469.html，访问日期：2022年2月23日。

“第五纵队”，从而影响俄精英和民众的对华态度。[①] 比如，关于立陶宛在台海问题上挑衅中国，俄罗斯专家指出立陶宛的真正目的在于吸引美国的注意力，从而保证在对其真正重要的对俄关系问题上得到美国的青睐。[②] 随着国际局势的发展变化，美国一方面会继续伺机制造中俄隔阂；另一方面会积极向中国的周边国家灌输“阵营对抗”的逻辑，从总体上恶化中国的周边安全环境。

---

① США растят в России антикитайскую пятую колонну, РИА Новости, 7 мая 2021, https://ria.ru/20210507/kolonna-1731318399.html，访问日期：2022 年 1 月 18 日。

② Пекин пишем, Москва в уме. Зачем Литва активно ссорится с Китаем, Московский Центр Карнеги, 24 ноября 2021, https://carnegie.ru/commentary/85842，访问日期：2022 年 2 月 9 日。

大国博弈深化及新冠肺炎疫情冲击下的日本对外战略与中日关系

卢　昊*

【内容摘要】 大国博弈深化及新冠肺炎疫情冲击下，日本面临更加复杂的内外战略形势。日本国内疫情持续严峻、经济复苏进程缓慢，经济社会困局推动政权变动，政治格局亦发生重大变化。在中美博弈驱动下，日本更加“战略聚焦”于在中美间的站位调整与对策响应，由此牵引对外战略调整。当前日本主动与美国等西方盟友战略联动，进一步强化“印太”地缘战略，提升对外战略中的经济安全与意识形态因素，强化自主防卫力量与对外防务合作。在此情况下，中日关系总体上基本稳定但关系气氛趋冷，多领域矛盾凸显且短期内难以化解，作为双边关系“压舱石”的中日经济关系保持强韧性，但亦面临更复杂的挑战。在邦交正常化50周年纪念的历史节点，中日关系不确定性正持续增强。

* 卢昊，中国社会科学院日本研究所综合战略研究室副主任、副研究员，中国社会科学院东海问题研究中心研究员。

当前国际变局持续演化，中美博弈趋向深化，推动大国关系演变发展。新冠肺炎疫情在全球范围内继续蔓延，体现出常态化特点。2021年，在内外战略形势特别是各种压力因素下，日本国内政局发生重大变化，对外战略及对华政策也在保持一定延续性的基础上因应形势而有所变化。在大国博弈深化及新冠肺炎疫情冲击的综合影响下，日本的对外战略，以及作为影响亚太国际形势主导变量之一的中日关系亦因此呈现出一些新特点、新态势。

一、日本所面临的内外战略形势

当前国际战略环境下，中美博弈作为“主要矛盾”，持续引导着国际格局及秩序重构趋势。2021年初拜登政府上台后，推动大国博弈强度上升，复杂性增强。日本作为中美之间重要的“第三方因素”，势必直面中美博弈带来的各种影响，其战略选择也将直接影响中美关系及国际战略形势。同时，全球新冠肺炎疫情持续发展，日本不仅难以独善其身，且新变异毒株引发的疫情渐趋高峰，对经济社会活动造成显著冲击。在此背景下，日本所面临的内外战略形势呈现出以下基本特点。

（一）国内疫情持续严峻，经济复苏进程缓慢

2021年至今，日本国内多次遭受疫情冲击。为限制疫情蔓延，日本政府在2021年1月初至3月下旬、4月下旬至9月底两次发布“紧急事态宣言”，严格控制人群移动、聚集以及各项生产活动，虽取得一定效果，但难以实质性地控制疫情。2021年底至2022年初，具有高传染性的奥密克戎毒株在日本引发“第六波”疫情，对日本社会造成严重冲击。2022年1月下旬至2月上旬，日本单日新增新冠患者数连创历史新

高，一度达到创纪录的 10 万多人。截至 2022 年 3 月中旬，日本国内累计确诊患者 615 万人，死亡 2.7 万人。确诊者大量增加导致医疗资源紧张。2022 年 2 月中旬，日本大阪、福冈等府县的新冠病床使用率达到 80%左右，逼近极限。居家疗养的感染者达到 57 万人，创历史新高。[①] 2022 年 1 月 9 日，冲绳等 3 县开始适用日本《新冠特措法》“防止蔓延等重点措施”，此后最多时共有 34 个都道府县适用该措施，实施疫情管控政策。[②] 尽管当前日本国内疫情较“第六波”高峰时有所缓和，但单日新增确诊病例数仍处于相对高位，形势仍不容乐观。

国内疫情形势持续严峻，日本制造业、服务业的生产经营活动均受到很大影响，居民消费陷入低迷。尽管日本政府为中小企业及居民家庭发放补贴，期望能刺激投资与消费，但基于对疫情下未来风险的担忧，企业及居民均倾向于存储资金而非投资消费。加上全球疫情下半导体等产业原材料和零部件供应链震荡，导致日本制造业支柱如汽车产业大幅减产。外国游客大幅减少，延期一年的东京奥运会基本以空场方式召开，相关服务业遭受严重打击。日本内阁府 2 月中旬公布的数据显示，2021 年日本实际国内生产总值（GDP）小幅增长 1.7%，在连续两年萎缩后转为缓慢扩张。但相比中、美及欧盟，日本经济复苏势头疲弱，个人消费增长停滞，设备投资下滑，经济增长更加严重依赖外部经贸环境。由于老龄化导致社保费用激增，以及新冠肺炎疫情下不断追加预算刺激经济，2021 年度日本财政支出预算达到 106.6 万亿日元。其中社会保障费用为 35.8 万亿日元，两项数据均创历史新高。除了结构性增长难题，疫情再起可能性下社会经济活动与供应链混乱、国际冲突导致原

① 『9 府県、病床「警戒水域」使用率 70%以上、限界近く』、共同通信社、2022 年 2 月 9 日、https://www.47news.jp/national/novel_coronavirus/7435082.html。

② 「重点措置全解除、抑止効果の検証が必要だ」、共同通信社、2022 年 3 月 21 日、https://www.47news.jp/national/novel_coronavirus/7551938.html。

油等资源价格上涨等风险因素将持续威胁日本经济。

（二）经济社会困局驱动政权变动及政治格局变化

在新冠肺炎疫情持续冲击下，日本国内政治形势再次发生重大变化。2020 年 9 月执政的菅义伟政府内政、外交政策实效乏善可陈，在最关键的疫情防控问题上多次失误，致使疫情失控，政权支持率从执政时的超过 70%跌至不足 30%。在 2021 年 4 月举行的三次国会议员补选、7 月的东京都议会选举中，自民党均遭遇挫折。8 月下旬，菅义伟自己选区所在的横滨市市长选举中自民党候选人落败，让菅义伟的个人政治声望跌至谷底。在自民党内“少壮派”议员策动下，“倒菅”势力兴起并形成风潮。9 月初，菅义伟宣布退出自民党总裁选举，意味着其首相生涯仅一年即终止。在众望所归的领袖“缺位”情况下，各派力量纷纷行动，公开竞逐最高权力。9 月底举行的自民党总裁选举中，曾在安倍政府担任 4 年多外相、在 2020 年党总裁选举中输给菅义伟的岸田文雄卷土重来，成功当选新任自民党总裁，并于 10 月初正式成为新首相。围绕党总裁选举，自民党内新老势力激烈碰撞，中青年议员凭借“革新政治”口号，力争推动政界“世代交替”，并带来政局变化。但岸田的当选仍是迎合主流派阀和“元老派”议员并得到其支持的结果，传统派阀政治因素及规律仍在很大程度上发挥着重要作用。

岸田就任后，首要任务是率领自民党参加第 49 届众议院选举。2021 年 10 月下旬，岸田宣布解散国会，启动众议院选举日程，10 月 31 日投开票。结果，自民党议员席位虽有所减少，但仍单独达到“绝对稳定多数”（465 席中的 261 席），加上议席稳步增加的公明党（两党共获得 293 席），自民—公明执政联盟得以继续执政，岸田政权初步“稳住阵脚”。此后，岸田运用各种手段，试图兼顾各方利益，稳固执政基础，避免重蹈前任上台“高开低走”迅速崩盘的覆辙，并力争尽快创出实际政绩，扭转外界对其执政手腕的质疑，现实目标是确保自民党及执政联盟在2022年夏的参议院选举中继续确保多数席位。总体上，岸田政权依托自民党温和保守的政治路线，沿用“安倍—菅”时期的一些基本政策，但岸田亦积极寻求在政策理念、具体措施上有所变化，以体现出独立于前任的自主性特色。如以“日本式新资本主义”为名义提出一揽子经济增长及分配政策，在疫情防控政策上强调“快速反应”与“果断决策”，更主动地推动脱碳化与绿色能源政策，强化首相官邸角色，积极开展“现场调研”并彰显亲民姿态等。

（三）中美博弈深化驱动大国关系变化，促使日本“战略聚焦”

拜登政府上台后，对华战略实质上延续了特朗普政府的基本方针，继续将中国定位为“最大竞争对手”，在高度重视中国的同时，更倾向于利用多边制衡，调动盟友力量开展对华竞争，“逐步但确实地”挤压中国战略空间。总体上，拜登时期的中美关系相较特朗普时期更为平稳，高层对话逐渐恢复，2021年9月与12月，习近平主席与拜登总统两度通话。中美部长级官员亦举行多次会谈。基于管控风险、避免冲突考虑，拜登政府主张对华保持沟通并“有限合作”，乃至提出“再挂钩”“持久共存”等概念。① 但与此同时，拜登政府将维护美国主导国际秩序与对华竞争手段结合，积极渲染中美政治体制与意识形态差异，大肆炒作所谓涉华“人权问题”，并将其与贸易、技术问题挂钩，联合盟友在经贸、科技及产业供应链方面构建“排华同盟”。2022年3月，拜登政府发布新版《美国印太战略》，月底又发布《国防战略报告》，其中均将对华竞争置于战略实质核心。在意识形态、经济技术、地缘政

① “A Conversation with Ambassador Katherine Tai, U. S. Trade Representatives,” Centre for Strategic and International Studies, October 4, 2021, http:///www. csis. org/analysis/ conversation-with-ambassador-katherine-tai-us-trade-representatives.

治等领域，中美战略博弈态势不仅未有减弱，反而呈现纵深发展趋势与长期化、复杂化特征。

中美博弈背景下，美国为强化对华战略施压效果，不仅力图重建与欧洲的跨大西洋同盟关系，而且更加借重亚太盟友特别是日本在制衡中国方面的作用，并进一步加强对日战略“牵引”。拜登上台后，时任日本首相菅义伟成为首位与拜登进行通话的外国首脑。其继任者岸田文雄组阁后次日即与拜登通话。拜登上台一年时间内，日美罕见地举行了两次外交与防务“2+2”部长级磋商，[①] 2021年下半年，此前陷入僵局的日美防卫费分摊谈判重启，并于2022年基本达成协议。2021年12月中旬，美参议院批准曾任白宫办公厅主任、与拜登关系密切的拉姆·伊曼纽尔为新任美国驻日大使，填补了2019年7月以来该职位的空缺。日本对美国的战略拉拢做出积极响应，但同时亦对中美战略博弈形势保持相对独立的关注。日本决策层与战略研究界对于如何具体应对中美存在分歧，但确定的共识是，日本处于中美博弈的“最前线”，需要密切地跟踪其形势，做出审慎判断。日方战略评估认为，中美对立趋向长期化，但具体前景仍存在诸多变数。在此情况下，日本既面临着来自中美双方的“战略机遇”，同时也需最大限度地规避不确定性与风险因素。

二、当前内外形势下的日本对外战略

当前形势下，日本在妥善应对内外矛盾、推动国力发展及确保国际地位方面面临更复杂的挑战。日本国内政局更迭，如何确保执政基本面

---

① 「日本、2プラス2 過去最多　バイデン政権1年で対中国変化」、『日本経済新聞』2022年1月21日。

稳定、维持战略延续性也成为课题。但总体上，从安倍、菅义伟至目前的岸田政府延续了相对稳定的对外战略思路，力图通过现实、灵活而多元化的外交手段应对日益增长的外部不确定性，而将维护提升日本的战略自主性作为根本目标加以实现。现任首相岸田文雄曾长期担任安倍政府外相，在对外战略方面具备一定的经验与自信，既继承了安倍时期的政策经验，又表现出期望有所作为及“创新”的姿态。但同时，与前任菅义伟类似，岸田政府的政治根基与权力掌控均较安倍有明显差距，其施政过程不可避免地受到各方因素特别是党内、政界及社会上日益强势的保守政治力量干扰。在此情况下，日本当前对外战略呈现出以下新特点。

（一）更加主动地与美国等西方盟友战略联动

在中美博弈背景下，日本继续将确保战略自主性作为对外战略的首要目标。但在实际操作中，日本日益倾向并主动依托美国及其主导的盟友体系。这既有美国加大对日战略“牵引”影响，亦是日本主动利用美国战略需求所致。日方主流战略派指出，日本当前战略重心应回归日美同盟，与美方建立更紧密的利益关系与“价值观纽带”。① 考虑到拜登政府重视同盟、重返盟友合作及价值观外交，日本依靠并强化同盟既具有可行性与低成本性，也是“最安全的选择”。日本可利用这一机会窗口，进一步锁定美方“安全保护”与战略支持，强化日美同盟的威慑力与应对力。②

---

① 田中明彦「専制・中国との競争　民主主義国、連帯で優位に」、『毎日新聞』2021 年 5 月 13 日；高原明生「中国とバイデン米政権　競争と協力、並行の時代へ」、『毎日新聞』2020 年 12 月 10 日。

② 日本国際問題研究所「戦略年次報告 2021：価値、技術、海洋を巡るせめぎ合い：激化する米中競争と国際社会の対応」、https://www.jiia.or.jp/strategic_comment/pdf/StrategicAnnualReport2021jp.pdf。

拜登政府上台至今，日美战略互动显著加强。菅与岸田政府均强调日美同盟是日本外交和安保战略的基础，通过高层对话及实务磋商，重点推动以下议程：第一，基于“日益严峻的地区安全形势”而全面强化双边军事安全合作，切实提升日美同盟的威慑力，美国支持日本进一步强化防卫力并推动国家安全保障战略改革；第二，明确以日美为主导，着力构建“自由开放的印太地区”，加强与“印太”地区乃至域外“志同道合国家”的联系，使日美关系“成为‘印太’地区乃至国际社会和平与繁荣基石”；① 第三，在全球治理特别是新冠肺炎疫情防控、气候变化、核裁军方面加强协调合作。②③

除了与美国强化战略联动，日本与欧盟及法、英、德等欧洲大国的战略合作特别是安全领域合作得到强化。2021 年 5 月日欧领导人视频峰会上，日欧双方表示将在新冠疫苗生产、气候变化、数字贸易、世贸组织改革等领域重点合作。同年欧盟正式出台首份“印太战略”后，日欧围绕“印太战略”，在防务、海上安全方面合作显著提升。2021 年，日英启动部队《互惠准入协定》（RAA）谈判，日德首次以视频方式举行外交与防务“2+2”磋商。2022 年 1 月，日法以视频方式、时隔 3 年再度举行外交与防务“2+2”磋商。岸田上台后与欧洲大国领导人加强磋商，积极宣扬与欧方在人权等价值观上的“高度一致”。在日本战略界看来，日欧战略合作的强化是日本应对中美博弈、拓展战略选择、与“民主盟国”即西方阵营共同维护有利于己的国际秩序的重要手段。

---

① 外務省『日米安全保障協議委員会（日米「2+2」）（概要）』、2022 年 1 月 8 日、https://www.mofa.go.jp/mofaj/na/st/page4_005483.html。

② 外務省「日米首脳電話会談」、2021 年 10 月 5 日、https://www.mofa.go.jp/mofaj/na/na1/us/page4_005427.htm。

③ 首相官邸「第二百四回国会における菅内閣総理大臣施政方針演説」、2021 年 1 月 18 日、http://www.kantei.go.jp/jp/99_suga/statement/2021/0118shoshinhyomei.html；首相官邸「第二百五回国会における岸田内閣総理大臣所信表明演説」、2021 年 10 月 8 日、http://www.kantei.go.jp/jp/100_kishida/statement/2021/1008shoshinhyomei.html。

（二）进一步强化“印太”地缘战略架构与功能

日本现行对外战略中，推动构建“自由开放的印太”日益被赋予优先性。菅义伟政府力图将东盟、澳洲作为对外战略突破口，支持美日印澳强化“四边机制”（QUAD），使其成为日本“印太”地缘战略构想的核心框架。2021 年 3 月，美日印澳以视频方式举行首次四边首脑会谈，强调在高质量基建、海上安全、气候变化、人道主义援助等领域深入合作，并成立疫苗、关键新兴技术以及气候变化三个工作组。[①] 9 月，四方又在华盛顿举行首次线下首脑会谈，重申建立“印太战略”伙伴关系，将首脑会谈年度化。岸田政府继续高度重视“印太战略”，力图强化美日印澳战略互动。2021 年 10 月拜登政府提出“印太经济框架”，2022 年 3 月又正式出台首部“印太战略”。日本积极响应美方，谋求美日共同主导“印太”秩序。同时，日本着力强化日澳“准同盟”与日印战略伙伴关系。2022 年 1 月，岸田与澳总理莫里森举行视频会谈，并签署部队《互惠准入协定》，标志着日澳防务合作达到仅次于日美同盟的水平。[②] 日本还积极拉拢东盟各国，10 月下旬，岸田出席日本—东盟首脑视频会谈，表示支持东盟在“印太”地区发挥中心作用，促成日本“自由开放的印太”构想与东盟“印太展望”对接，以 2023 年日本与东盟建立对话关系 30 周年为契机，将日本与东盟的战略合作总体拉高一个层次。

在战略权力结构层面，日本主张以美日印澳为实质核心，重视以东盟为代表的新兴市场国家的作用，并借重欧洲对“印太”的战略参与，

---

① 外務省「日米豪印首脳テレビ会議」、2021 年 3 月 13 日、https://www.mofa.go.jp/mofaj/fp/nsp/page1_000939.html。

② 「岸田首相『新時代リアリズム外交』が始動　日豪首脳がテレビ会談」、『日本経済新聞』2022 年 1 月 6 日。

逐步拓展“印太”地缘战略体系架构；在战略功能层面，日本所谓“自由开放的印太”以所谓普世价值观推广与秩序建构为中心，统合安全与经济议题，以功能性合作拓展战略影响力；安全方面，日本大力强化与“印太”各国的防务合作，推动“印太”海上军演多边化。积极支持美国强化在“印太”的军事存在。自2021年春开始，日本海上自卫队军舰多次在南海实施日本版“航行自由作战”。2021年3月与9月，日本先后与印度尼西亚及越南签署防卫装备出口协定。经济方面，日本着力发挥自身优势，强化“印太构想”的经济功能。以《区域全面经济伙伴关系协定》生效为契机，日本试图巩固自己在本区域自贸体制的“枢纽位置”，进一步推广“高标准贸易规则”，推动日印澳“弹性供应链倡议”及美日印澳高质量基建联盟，牵头推动区域脱碳化与“绿色海运网络”建设，还结合疫情下东盟国家的需求，向其提供大量疫苗及低息贷款，利用援助杠杆进一步强化对其经济的影响力。

（三）提升对外战略中的经济安全与意识形态因素

为应对国际战略竞争及新冠肺炎疫情冲击，日本趋向将经济安全保障置于国家战略显要位置，在机构、政策及法制方面加紧综合施策。菅义伟政府通过在国家安全保障局内设“经济班”，摸索制定经济安全战略。岸田政府在内阁新设经济安保担当相，在内阁官房设立“经济安全保障法制准备室”，加速将经济安全纳入国家安全保障战略，推动经济安保相关立法，将尖端技术开发、强化半导体供应链、确保基础设施安全性、专利权非公开等列为重点领域。①

日本对经济安全的重视也充分体现在对外战略层面。2021年4月，菅义伟访美与拜登发表联合声明，宣布两国将“在包括半导体在内的敏

① 「（社説）経済安全保障　米中競争時代の新たな戦略を」、『読売新聞』2021年11月26日。

感供应链方面加强合作”，构建“美日竞争力与韧性伙伴关系”。[①] 2022年1月，岸田与拜登视频会谈，同意设立日美经济版“2+2”会谈机制，在供应链和技术开发方面加强合作。[②] 日美还在商议设立用于限制尖端技术出口的新框架，对象或将包含半导体设备、量子密码、人工智能等相关技术，打造“现代版巴统”。在美国战略支持下，日本以经济安全为名义，积极拉拢“印太”及欧洲“民主盟国”打造半导体等高科技产业与战略性物资供应链联盟，以防范尖端技术或军民两用技术外流为名，强化信息保密与技术垄断措施。

除了经济安全，日本对外战略中另一显著上升的因素是意识形态因素。在拜登政府强化人权等意识形态工具运用的情况下，日本亦积极跟进，岸田政府公开宣称自己“新时代现实主义外交”的首要支柱就是“珍视自由、民主主义、人权、基于法治等普世价值和原则”。[③] 岸田力图以价值观重新引领外交政策，以“人权外交”作为招牌，新设人权问题首相辅佐官，自民党内部亦成立“外交人权问题项目组”，提供政策支持。[④] 在此基础上，日本在双多边场合积极响应美国及欧洲，加强对国际人权事务的干预，对各类“人权问题”发表言论，努力彰显自身“道义形象”。另外，日本还追随西方，将经济技术问题泛意识形态化，将科技、供应链安全等问题与人权、民主等所谓普世价值进行关联，进而划定阵营，制造矛盾对立，将所谓“价值观外交”与对外经

---

① 外務省「日米首脳共同声明：新たな時代における日米グローバル・パートナーシップ」、2021年4月16日、https://www.mofa.go.jp/mofaj/files/100200052.pdf。

② 「対中国、日米連携探る　経済安保、深化で一致経済版2プラス2新設　首脳会談」、『日本経済新聞』2022年1月23日。

③ 首相官邸「第二百八回国会における岸田内閣総理大臣施政方針演説（2022年1月17日」、https://www.kantei.go.jp/jp/101_kishida/statement/2022/0117shiseihoshin.html。

④ 「人権担当補佐官に中谷氏　首相　ポスト新設　対中国「毅然と対応」」、『読売新聞』2021年11月9日。

济战略形成更加紧密的捆绑。

（四）以外部安全风险增长为由强化“安全自主”及防卫力量

中美战略博弈背景下，日方强调中美存在冲突风险，日本存在“被动卷入”风险，同时还面临朝核问题、台湾海峡“局势紧张”等地区安全焦点，外部安全威胁增长，由此为日本增强“安全自主”、强化自主防卫力量提供“合法性依据”。[①] 岸田政府上台后声称“坚决守护国民生命与生活”，积极强化自主防卫能力，并初步确定在2022年底前修订《国家安全保障战略》，以及与之配套的《防卫计划大纲》与《中期防卫力量整备计划》。通过国家安全战略特别是军事战略文件的修订，日本努力推动国家安全战略的实质转型。其大体方向如下：第一，对“安全保障重大课题”特别是中、朝、俄进行重新定位，明确对上述国家的应对方针；第二，在坚持对朝鲜半岛形势关注的同时，将台湾地区作为“地缘安全重点”进一步重视并预做应对方案；第三，强调日本在依托日美同盟的同时，独立拥有足够“遏制力”的必要性；第四，将维持“自由开放的印太”明确为国家安全战略目标，确保并扩大日本对“印太”安全事务的参与；第五，确保对自主防卫力量建设的持续投入。[②] 在地区安全热点刺激下，日本进一步对构建“对敌基地攻击能力”、与美国“核共享”等突破“专守防卫”国防原则的行动持开放性态度。2022年日本防卫预算连续10年增长，且实质性突破GDP1%大关。日本积极投入财政资源，集中建设“跨域综合防卫力”，重点提升反导体系

---

① 「（社説）米国主導のアジア安保長期的視点の外交戦略を」、『毎日新聞』2021年10月3日。

② 日本国際問題研究所「戦略年次報告2021：価値、技術、海洋を巡るせめぎ合い：激化する米中競争と国際社会の対応」、https://www.jiia.or.jp/strategic_comment/pdf/StrategicAnnualReport2021jp.pdf。

能力，两栖作战能力及太空、网络、电子战等“新边疆”军力。

在强化自主防卫力量的同时，日本重视利用“国际资源”进一步增强军事威慑力与应对力，并为自身安全战略谋求突破创造条件。菅与岸田政府均承袭了安倍政府积极提供“国际安全贡献”、通过对外防务合作拉动国家战略转型的大方针。2021 年，除了巩固日美军事同盟，日本与亚太、欧洲主要国家的防务合作也取得进展，与北约进一步强化战略合作关系。目前日本已经与 11 个国家建立外交与防务“2+2”磋商机制，并陆续与重点防务合作伙伴签署防卫装备出口协议、情报共享协定、《互惠准入协定》等，对外防务合作体系建设进一步完善。2021 年 11 月，自卫队军舰首次对澳军舰实施“武器等防护”，这是自卫队首次对美军以外的外军实施该行动。①

三、当前日本对外战略下中日关系态势

基于中日向来密切的地缘政治经济纽带，以及中美博弈作为国际形势核心变量的现实，上述日本对外战略的新特点、新态势均与中国有不同程度的关联性。中美战略博弈背景下，日本趋向与美国等“民主盟国”联动，推动“印太战略”，并在意识形态、军事防务、经济安全等领域采取积极进取的政策，其中的重要考量均与中国相关，且对中美关系乃至国际战略力量态势产生了不可忽视的影响。在日本推动上述对外战略、特别是以协调加制衡两面手段强化对华博弈的情况下，中日关系呈现出以下基本态势。

① “武器等防护”是指平时为别国舰艇和飞机提供保护的行为，这是 2016 年日本实施新安保法后赋予自卫队的一项新任务，适用于关系密切的盟友，意味着自卫队海外军事活动约束的进一步放宽。2017 年，日本自卫队首次向美军舰机提供“武器等防护”。

（一）中日关系面临的挑战增多

中日关系复苏态势在2020年疫情暴发后逐渐陷入停滞，矛盾因素逐步上升。2021年，中日仍维持一定频率的高层交流。[①] 但受制于疫情影响及关系氛围，无法实现高层互访，也难以就双方关注的重大战略问题进行充分对话。各层级实务磋商则集中在经济、海洋事务层面。[②] 总体上，中日双方仍然强调维护两国关系稳定。菅义伟政权后期在逐步强化与美“战略捆绑”同时，仍声称将努力构建“稳定的日中关系”。岸田接任首相后，中日首脑很快实现通话，重申切实践行“互为合作伙伴、互不构成威胁”的政治共识，同意密切沟通合作，积极管控分歧。[③] 这也成为中日关系保持总体稳定的基础。但同时，在中美战略博弈深化背景下，日本对华政策日益与美国战略同步，“挟美遏华”以争取博弈优势的倾向增强。日本对华竞争思维日趋主导战略决策，国内对华舆情持续恶化，政界乃至舆论要求强硬对华的呼声不断上升，乃至逢华必反成为“政治正确”。在2021年自民党总裁选与众院选举中，包括岸田在内的候选人大多做出强硬对华姿态，以迎合政界保守势力与民粹主义舆论。[④]

---

① 比如，2021年4月5日，中国国务委员兼外交部长王毅同日外相茂木敏充通话；10月8日，中国国家主席习近平与日首相岸田文雄通话；11月18日，王毅同日外相林芳正通话；12月27日，中国国务委员兼国防部长魏凤和与日防相岸信夫视频通话。

② 如，2021年2月3日，第十二轮中日海洋事务高级别磋商以视频方式举行；6月3日与11月10日，中日两次举行海洋事务高级别磋商团长会谈；12月20日，第十三轮中日海洋事务高级别磋商以视频方式举行；11月26日，第十五轮中日经济伙伴关系磋商（副部长级）以视频方式召开；12月26日，由国家发改委、商务部与日本经产省、日中经济协会共同举办的第十五届中日节能环保综合论坛以视频方式举行。

③ 《习近平同日本首相岸田文雄通电话》，中华人民共和国外交部，2021年10月8日，https://www.mfa.gov.cn/web/wjdt_674879/gjldrhd_674881/202110/t20211008_9584987.shtml。

④ 「自民総裁選、対中国・安保に濃淡岸田氏、人権担当新設/高市氏、対サイバー新法/河野氏、安保戦略見直し」、『朝日新聞』2021年9月21日。

作为安倍继任者，菅及岸田对华政策总体上沿袭安倍时期的两面策略，即协调合作与制衡防范并重，同时，日益倾向于展现对华强硬姿态，并推动落实对华制衡手段。2021 年 10 月，岸田在首次国会施政演讲中表示："与中国构筑稳定的关系，对两国乃至地区和国际社会都极为重要。"但同时，岸田强调要在对华交涉中坚守日本利益，日本将"与同盟国和志同道合国家携手"以制约中方行动。[①] 2022 年 1 月国会施政演讲中，岸田表示将着眼于中日邦交正常化 50 周年，力争与中国构筑"既具建设性又稳定的关系"，同时继续"坚持应该坚持的主张，切实呼吁中国采取负责任行动"。[②] 日本政府期望保持对华关系的基本稳定，但同时力争在对华外交博弈中争取有利地位，并积极响应美国战略诉求、迎合国内对华负面认知，进而做出对华制衡姿态，并实质动用各种政策工具，这也让中日关系的互信建构与务实合作受到明显影响，双边关系气氛趋冷，不确定性进一步增强。

（二）中日在多领域矛盾凸显，且短期难以化解

在日本响应美国战略需求，强化对华制衡的背景下，中日在军事安全、地缘政治、意识形态等多个领域矛盾日益突出。事实上，上述领域也是当前中美战略博弈的焦点，美国的相关战略助推了日本的政策变化。军事安全层面，美日同盟持续强化以美日为主导的各种"小多边"安全合作并继续以中国为针对对象，强化军力部署并推进"军事一体化"。地缘政治层面，除了中日继续在东海、钓鱼岛保持对峙，日本大力介入台海形势，推进日台实质性关系，将台湾问题作为牵制中方的重

---

① 首相官邸「第二百五回国会における岸田内閣総理大臣所信表明演説（2021 年 10 月 8 日）」、http://www.kantei.go.jp/jp/100_kishida/statement/2021/1008shoshinhyomei.html 。

② 首相官邸「第二百八回国会における岸田内閣総理大臣施政方針演説（2022 年 1 月 17 日」、https://www.kantei.go.jp/jp/101_kishida/statement/2022/0117shiseihoshin.html。

要抓手，直接触及了中日关系红线。日本协同美国等西方国家，在双多边场合频繁聚焦“台海和平稳定”。2021 年 6 月，日本参议院决议支持台湾地区以观察员身份参加世界卫生组织大会。岸田上台后公开表态支持台湾地区加入《全面与进步跨太平洋伙伴关系协定》（CPTPP）。[①] 8 月下旬与 12 月下旬，自民党先后两次与台湾民进党举行所谓“执政党 2+2”会谈，谋求变相发展对台实质关系。同时，日美围绕“台海有事”前景积极进行“军事准备”，包括拟订作战计划与开展实战演习。另外，日本继续利用“印太构想”，联合亚太及欧洲“民主盟国”，在安全乃至经济议题上保持对华压力。意识形态层面，日本在国际场合积极响应美方，就中国香港、新疆的所谓“人权问题”公开发声，强调将基于人权等“普世价值”立场，“在各层面与中国交涉”。

需要看到，美日尽管在上述领域存在联合制华的战略行动，但在具体策略方式上，日本相较美国仍有区别。比如在意识形态问题上，日本在支持美方对华施压的同时，亦保留了若干“余地”，以表态关注为主，避免实质对抗，激化中日矛盾。对于美国以“人权问题”为由鼓动盟友对北京冬奥会实施“外交抵制”，日本最终采取“折中做法”，派遣东京奥运会组委会主席桥本圣子等人访华，保留了对华沟通余地。但相比过去一个时期特别是新冠肺炎疫情暴发前，日本在上述领域对华政策的消极性乃至对抗性无疑明显增强。利用人权等价值观问题公开干涉中国内政，在台湾问题上一再试探挑战中方底线，都是日本过去基本避免或较少涉及的行动。这对中日关系产生了相当大的破坏性影响。考虑到中美战略博弈的持续深化，以及日本国内仍然相当强有力的对华负面认知情绪和竞争性政策评估，日本对华政策中的制衡面在可预见时期内还将

---

① 「TPP 中台交渉、日本試練　台湾へ『歓迎』　中国には『見極め』」、『朝日新聞』2021 年 9 月 25 日。

持续，这也导致中日间现实矛盾不仅呈现多源并发态势，而且短期内难以充分化解，在部分敏感问题上还可能爆发更为严重的对立乃至冲突。

（三）中日经济纽带仍然强韧，但面临复杂考验

新冠肺炎疫情及中美贸易摩擦对中日经济关系，包括双边贸易、双向投资、金融财政合作及区域经济合作等均造成冲击，当前仍处于低潮期。与此同时，中日已形成了深度融合的经济伙伴关系。在中国有效控制疫情扩散、确保经济运行稳定的前提下，中国对于日本的重要经济价值进一步凸显，日本对华经济依赖度不断上升。2021 年，中日货物贸易总额达到 3714 亿美元，创历史新高，其中中国对日出口 1658.5 亿美元，自日进口 2055.5 亿美元。根据日本财务省数据，日本对华出口增长 19.2%，对华进口增长 16.3%。[①] 依据 2022 年 1 月 1 日生效的《区域全面经济伙伴关系协定》（RCEP），中日首次正式建立双边自贸关系，达成双边关税减让安排，为进一步强化经贸合作创造了有利条件。尽管中国在全球产业价值链上的位置不断上升，中日在部分领域的经济竞争性有所增强，但总体看来，中日两国经济仍具有相当强的互补性，无论是在传统领域还是新兴领域，均保持着广阔的经济合作空间，在科技创新、双碳（碳达峰、碳中和）领域、医疗康养、金融服务等方面，中日互惠合作前景被双方经济界看好，双方企业保持着密切的交流协作。从中长期看，中日经济合作仍保持着诸多利好因素，有望稳定发展。

需要看到，在当前的国际战略环境下，两国经济合作日益面临诸多非经济因素的干扰影响。与美欧等西方盟友同步，日本政策正在强化经济安全战略，以摆脱对“特定国家”依赖为名，推动日本经济与中国

① 財務省「報道発表令和 3 年分（輸出確報；輸入速報（9 桁）」、https://www.customs.go.jp/toukei/shinbun/trade-st/2021/202128d.xml。

“脱钩”。其中既有美国战略牵引的影响，亦有日本基于对华竞争思维、强化对华防范态势的考量。日本政府除继续支持在华日企以供应链多元化为名将生产基地迁回国内或迁向东盟国家外，还渲染所谓中方的“经济胁迫”“技术窃取”及“网络安全威胁”，强化政府对科技交流的审查制度，将中方科技产品事实上排除出政府采购体系。[①] 总体上，日本仍企图在配合美国经济科技对华施压的同时保住中国这一重要市场，因此在具体对策上与美欧有所区别，但其举措仍对中日经济关系造成了一定损害。另外，基于美国等西方国家的反华意识形态宣传，特别是将经济议题泛政治化，与所谓人权问题广泛挂钩，日本经济界在重视对华合作实际利益的同时，也更加关注中日间的政治体制与意识形态差异，使其原本的务实合作思路出现偏差，进而影响其在华长期投资的信心与选择。这些问题的凸显也使作为两国关系“压舱石”的中日经济关系面临更复杂的考验。

四、结语

总体上，在日益复杂且动态化的国际变局中，日本努力应对中美大国博弈、新冠肺炎疫情等因素带来的战略性影响，力图维持乃至增强战略自主。岸田政府上台后，在既定对外战略路线上逐步推动调整，利用美国拜登政府重新回归同盟协调、强调秩序主导权与价值观话语权等动向，采取外交行动，提升日本在国际战略格局、区域协调机制及周边地缘环境中的战略能动性及地位。在中美日三边战略互动中，美日联合制

---

① 甘利明「『戦略的自立性』と『戦略的不可欠性』の確立は急務：DX 社会を見据えた経済安保戦略」、『外交』2021 年 7—8 月号；「（社説）半導体の供給不安　世界の変化見据え戦略を」、『毎日新聞』2021 年 4 月 9 日。

衡中国的态势有所加强，但日本仍试图维持中日关系的“基本稳定”，维持对华协调路线，以保证外部战略环境稳定及经济红利的持续输入。岸田基于稳定执政基础特别是确保 2022 年参议院选举获胜考虑，希望聚焦于国内疫情及经济复苏议题，争取尽快创造实际政绩；在对外战略上亦追求所谓“国际道义”与实际利益的平衡兼收，既不期待外部战略环境出现重大震荡，也不希望给国内民众及舆论留下外交领导力不足、政策动摇软弱的印象。对国际战略形势的评估和特殊时期国内政治需求，决定了日本对外战略及对华政策的基本逻辑。

2022 年是中日邦交正常化 50 周年。理论上，这是中日关系积极回顾历史经验教训、推动双边关系进入新阶段的有利契机。但目前看，由于日本持续对华强化制衡政策，乃至在部分问题上触及中方底线，因此双边关系面临挑战，前景不确定性上升。从长期看，中日两国具有难以割裂的利益及文化关联，目前双方仍维持着维护关系稳定的基本共识，积极外交互动下仍有关系改善空间，但在目前内外战略形势的影响下，问题管控难度加大。对中方而言，仍应将对日外交置于总体外交战略特别是周边战略格局中加以稳定运营，在抓住中美“主要矛盾”的前提下妥善处理日本这一“关键的次要矛盾”，理性调整对日政策目标，在对日外交中坚持原则维护、务实合作与危机管控并举。事实上，中日邦交正常化以来 50 年关系历程反映出，对中日关系未来发展而言，其关键仍是恪守已有的政治共识与相互承诺，坚持平等与相互尊重原则下的战略沟通，不断拓展务实性互惠性合作领域，为中日关系的发展创造更为稳定、持久和有自主性的动力。

印度对华安全困境泛化的表现、驱动与政策趋势

吴兆礼*

【内容摘要】受加勒万河谷冲突事件影响，印度对华安全困境加剧并显著泛化，开始波及中印双边政治、经济、文化等传统安全领域之外的多个领域。印度对华安全困境泛化受多因素驱动，既有边境冲突这一历史遗留问题的现实影响，又有两国综合实力差距拉大后印度对华认知变化的推动，也有南亚地区地缘政治与百年变局下大国博弈加剧的作用。为应对来自中国的“安全威胁”，印度对内提升军事能力建设，加速边境地区的基础设施建设，提出“印太海洋倡议”试图主导地区合作；对外加大对南亚邻国的政策力度，深化与美国等国家的“印太战略”协调。虽然印度对华安全困境是一种长期现象，但因安全困境泛化而对中印双边关系尤其是经贸与投资领域的消极影响程度未来仍有转圜可能。

* 吴兆礼，中国社会科学院亚太与全球战略研究院副研究员。

2020年6月加勒万河谷冲突事件以来，印度莫迪政府对华政策回调，中印关系遭遇困难，迄今低谷徘徊。纵观近两年来莫迪政府对华政策的态势不难看出，印度对华安全困境泛化是印度对华政策最为显著的特征。受此驱动，莫迪政府与中国在政治、经贸、人文与安全领域的互动均呈现明显变化。本报告在总结印度对华安全困境泛化具体表现的基础上，探究导致安全困境泛化的驱动因素，并从双边、地区与全球视野的角度分析印度莫迪政府应对所谓的“中国威胁”的战略路径。

一、印度对华安全困境显著泛化

囿于中印间存在悬而未决的边界问题，加之国家综合实力现状与趋势，印度对华安全困境是客观存在的。然而具体来看，尽管印度对华政策因安全困境而始终呈现两面性特征，但莫迪政府第一任期能够将安全困境置于其对华政策的合理区间，在2005年达成建立面向和平与繁荣战略合作伙伴关系的基础上，与中方就构建更加紧密的发展伙伴关系及其具体规划形成高度共识。然而自莫迪第二任期开始，受中印边界加勒万河谷冲突事件影响，印度对华安全困境显著泛化，不再局限于特定的传统安全领域尤其是军事层面，而是开始外溢至政治、经济、人文等多个领域，这对中印发展伙伴关系构建的基础、经贸投资活动以及人文交流合作的消极影响日益突出。

（一）中印政治互信短板更为突出

2020年6月加勒万河谷冲突事件后，印度对华政策中的对华安全困境被进一步放大，印度各界对华认知进一步负面化发展。印度2020年6月的民调显示，印度国内多达68%的受访者认为中国给印度带来的安全问题比巴基斯坦更大。[①] 印度外长苏杰生 2021 年 6 月也称，中国在很多方面对印度来说是一个“具有挑战性的邻国”。[②] 2021 年 11 月印度国防参谋长拉瓦特（12 月 8 日去世）甚至称中国是印度的“头号敌人”。[③] 可以看出，受安全困境显化的影响，中印政治互信潜在的短板问题更为突出。在此背景下，印度对如何看待中国发展以及怎样定位彼此发展关系的认知与立场出现变化。

目前，莫迪政府已经从欢迎并积极看待对方的发展，转变为怀疑并消极看待中国的发展；从认可通过相互支持和优势互补推动和构建更加紧密的发展伙伴关系，转为消极对待与中国形成的构建更加紧密的发展伙伴关系共识，同时强调“印度与其他国家建设发展伙伴的方式主要以人为中心，以尊重、多样性、关心未来和可持续发展为标志，最根本的原则是尊重发展伙伴并以发展重点为导向”。[④]

总体上看，莫迪政府对华安全困境泛化导致中印政治互信的短板更为突出，印度对华政治猜忌与战略疑虑显著上升，中印诸多共识面临印度消极对待的问题，尤其是印度对待中国发展以及中国发展与印度发展的关系的立场有所变化，中印构建更加紧密的发展伙伴关系的基础明显弱化。

---

① “68% believe China bigger problem for India than Pakistan: Poll,” *The Indian Express*, June 23, 2020, accessed December 18, 2021, https://indianexpress.com/article/india/68-believe-china-bigger-problem-for-india-than-pak-poll-6473025/.

② “China a ‘challenging neighbour’ for India: S Jaishankar,” *Live Mint*, March 26, 2021, accessed December 18, 2021, https://www.livemint.com/news/india/china-a-challenging-neighbour-for-india-s-jaishankar-11616769907735.html.

③ “India’s enemy number 1 is China, not Pakistan,” *Times Now Digital*, November 11, 2021, accessed December 18, 2021, https://www.timesnownews.com/india/article/india-s-enemy-number-1-is-china-not-pakistan-psychological-superiority-over-adversary-crucial-cds-bipin-rawat-at-times-now-summit/831112.

④ “Overview of India’s Development Partnership,” MEA, GoI, accessed December 18, 2021, https://www.mea.gov.in/Overview-of-India-Development-Partnership.htm.

（二）印度试图在经贸领域与中国“脱钩”

莫迪政府对华安全困境泛化导致印度试图在经贸领域与中国“脱钩”，双边经贸合作机制与安排遭遇推迟或搁置，中企投资被限制与区别对待，在印中企正常经营活动面临干扰排挤的问题。在印度推动与中国经济“脱钩”的大环境下，2021 年中印双边经贸合作机制与安排基本上处于停摆状态，不是被推迟就是遭搁置。中印战略经济对话（SED）、中印财金对话（FD）、中印经贸联合小组（JEG）以及诸多联合工作组等中印双边经贸投资对话机制受到影响，系列对话机制基本处于停摆状态。

莫迪政府在区别对待中企的道路上越走越远，不断升级针对中企的歧视性限制措施，变本加厉地打压中企。莫迪政府 2020 年 4 月将来自与印度接壤的国家的外国直接投资审批程序从“自动路径”修改为“审批路径”，中国对印度的投资必须经过严格的安全审查后才能获得批准，这严重影响了中国企业投资印度的积极性。尽管 2021 年 2 月以来印度对中印贸易关系和中国投资方面的立场有所调整，但仍有大量中国投资提议在缓慢的审批过程中被搁置。2022 年 1 月，印度开始审查所有来自与印度有陆地边界国家的实体投资计划，并且考虑豁免实际持股低于 10%的投资计划。但客观来看，莫迪政府对中国投资区别对待的政策实际上并无实质调整。目前，莫迪政府以“防止投机性收购”为由修改外国投资审批路径，以所谓的“国家安全”为由加大对中国的投资审查，不仅导致中国对印直接投资持续萎缩，更造成中企投资印度面临严峻的地缘政治、法律制度及营商环境等多重风险。

印度不断禁用有中国背景的手机应用程序（App），以所谓的“安全威胁”为由进一步打压封禁相关 App。2022 年 2 月 14 日，印度电子和信息技术部应印度内政部的建议，根据印度新修订的“信息技术法案”的相关规定，以“维护国家安全”为由对54款手机应用App下达禁令。这是印度自2020年6月以来第五次封禁有中国背景的App，截至目前遭到封禁的321款App中绝大多数是有中国背景的。[①] 此外，为进一步审查中国企业在印度的经营活动，印度税务部门加大对在印度的中国企业的调查力度，对小米、华为等中国企业进行“突击税务检查”，并以“涉嫌逃税”为由开出巨额税务罚单。

中印双边贸易逆势实现千亿美元目标，但印度看待中印经贸关系的视角进一步趋向安全化。长期以来，印度对与中国的贸易逆差较为关切。安全困境加剧后，印度国内舆论尤其是鹰派甚至认为印度应该在各个领域停止与中国的接触，[②] 在此背景下莫迪政府也试图打压自华进口并降低对华贸易逆差，希望通过实施“生产关联激励计划”（PLI）提高印度的制造能力，摆脱对华进口的依赖。印度国家银行发布的研究报告甚至认为，如果印度能够利用生产关联激励计划将对中国进口的依赖程度降低50%，印度的国内生产总值（GDP）将增加200亿美元，并指出印度应尽可能地融入全球价值链（GVC）。[③] 然而与莫迪政府的政策预期相反，中印经贸在2021年扭转了过去两年小幅负增长的趋势，逆势突破千亿美元目标。据中国海关总署数据，2021年中印双边进出口贸易总额达1256.6亿美元，较2020年增长43.3%，其中印度贸易逆差693.8

① “India bans 54 Chinese apps citing security threats,” *Business Today*, February 14, 2022, accessed February 26, 2022, https://www.businesstoday.in/latest/policy/story/india-bans-54-chinese-apps-citing-security-threats-322489-2022-02-14.

② “India's China policy needs new thinking, say experts,” Roseferro, April 13, 2021, accessed February 26, 2022, https://roseferro.com/2021/04/indias-china-policy-needs-new-thinking-say-experts/.

③ “India can add $20 billion to GDP if import dependence on China is halved: Report,” *The Indian Express*, February 15, 2022, accessed February 26, 2022, https://www.financialexpress.com/economy/india-can-add-20-billion-to-gdp-if-import-dependence-on-china-is-halved-report/2435097/.

亿美元。[①] 中印经贸数据表明，中印两国的经济结构和市场需求决定了中印经济不仅互补性强，而且极具韧性和潜力。

可以看出，印度对华安全困境已经外溢至经贸投资领域，并且与2015年两国联合声明达成的共识不同，印度战略界与决策层甚至认为双边贸易对中国更为有利，而且将中国投资视为其国家安全的负面因素。对于与中国存在近700亿美元的贸易逆差，有印度媒体将此解读为“中国已经成为印度前所未有的威胁”。[②]

（三）人文交流呈现政治化

推进人文交流是中国对印政策的重要内容，中国始终将人文交流作为增进两国民众了解、改善彼此认知、夯实双边关系民意基础的重要手段。可以说，紧密的人文交流与合作为中印双边关系奠定了更坚实的基础。然而受印度对华安全困境泛化的影响，莫迪政府开始从政治与安全的视角看待两国间正常的人文交流与合作。

首先是“中印人文交流年”规划的全方位深度互动的愿景未能实现。为庆祝中印建交70周年，中印两国决定将2020年设为“中印人文交流年”，两国同意举行70项庆祝活动，[③] 以彰显中印两大文明古国的历史联系和双边关系发展，进一步深化两国各层级交往。其中，规划的70项活动除两国立法机构、商界和防务部门，以学术界、文化界、青年

① 《2021年12月进出口商品国别（地区）总值表（美元值）》，中华人民共和国海关总署，2022年1月18日，http://www.customs.gov.cn/customs/302249/zfxxgk/2799825/302274/302277/302276/4127455/index.html，访问日期：2022年2月26日。

② “India-China trade ties not on an even keel,” *The Tribune*, February14, 2022, accessed February 26, 2022, https://www.tribuneindia.com/news/comment/india-china-trade-ties-not-on-an-even-keel-369623.

③ 《中华人民共和国同印度共和国建交70周年庆祝活动方案公布》，中国外交部网站，2019年11月22日，http://newyork.fmprc.gov.cn/wjbxw_new/202201/t20220113_10491093.shtml，访问日期：2022年2月9日。

交往与地方合作为代表的人文交流是“重头戏”。然而受疫情与印度对华安全困境泛化的双重影响，规划中的中印人文领域的全方位深度互动盛况在 2020 年未能实现。2021 年，全球疫情形势依然严峻，印度对华安全困境也并未消解，在此背景下中印人文交流仍低水平徘徊。尽管如此，中国仍希望通过创新方式，为两国人文交流创造条件、搭建平台。例如，中国文化和旅游部与中国驻印度使馆主办的 2021 年新春线上音乐会在印度展播，智库通过线上方式举办论坛与研讨等活动。

其次是印度审查孔子学院。2020 年 8 月以来，印度外交部要求印度教育部审查中国孔子学院与印度七所高校合作设立的孔子学院和孔子课堂，审查印度高等教育机构与中国高校及机构签署的 54 份校际合作谅解备忘录。① 实际上，所有孔子学院都是在印方自愿申请的前提下，由中印双方大学按照相互尊重、友好协商、平等互利的原则，共同签署具有法律效力的合作协议之后设立的，并且孔子学院的建设始终坚持外方为主、中方协助、共同筹措办学经费的办学模式。② 在此背景下，印度教育部仍审查孔子学院等中印高等教育合作项目，这表明印度在中印关系倒退背景下已经将中印正常人文交流政治化。

客观来看，“中印人文交流年”的 70 项庆祝活动受到冲击，主要因素是疫情的影响。然而印度强化对孔子学院的审查等系列措施表明，在印度决策层以及一些战略精英对华认知趋于负面化并开始奉行强硬对华政策的背景下，中印间正常的人文交流开始出现政治化和安全化倾向。与此同时，一些印度媒体与分析人士也从政治与战略视角曲解中国在印

---

① Rakesh Joshi, “Scanner on Confucius,” *Business India*, August 10, 2020, accessed February 27, 2022, https://businessindia.co/magazine/scanner-on-confucius.

② 《中国驻印度使馆发言人嵇蓉参赞就印度教育部决定审查孔子学院等中印高等教育合作项目答记者问》，中国驻印度大使馆网站，2020 年 8 月 4 日，http://in.china-embassy.org/chn/sgxw/202008/t20200804_1674892.htm，访问日期：2021 年 11 月 10 日。

度设立孔子学院的意图。据报道，印度曾计划通过限制签证、缩减青少年交流和限制孔子学院等措施，试图限制中国在印度的影响力。①

二、印度对华安全困境泛化的内外驱动因素

印度对华安全困境进一步加剧，是推动印度对华安全困境泛化的内生动因。安全困境的根源在于一个国家不确定其邻国的意图，担心其他国家损害自己的主权和国家利益。客观上看，1962年中印边境冲突以及边界问题悬而未决是印度对华安全困境生成的主要根源。但综合来看，印度对华安全困境泛化是历史性因素、对华认知偏差、综合实力差距、地区地缘政治现实与全球大国博弈态势等多因素综合作用的结果。

（一）边界问题悬而未决

中印边界问题是印度对华安全困境的历史性因素，近年来两国围绕边界问题的磋商与谈判陷入僵局，进一步加剧了印度对华安全困境。历史遗留的边界问题是中印两国间极为敏感的问题，既涉及彼此民族情绪，也关乎两国威信与尊严，始终困扰着中印双边关系深入发展。印度独立后执迷于陆锁式安全思维与实践，试图通过构建“战略缓冲区”和“天然屏障”来实现其“绝对安全边界”诉求，并重启英印时期的“前进政策”。② 1962年中印边境冲突后，印度将中国定位为“敌人”，并对

① Dipanjan Roy Chaudhury, “From visas to youth exchanges, govt weighs options to limit China’s soft power in India,” *The Economic Times*, August 6, 2020, accessed February 26, 2022, https://economictimes.indiatimes.com/news/politics-and-nation/govt-weighs-options-to-limit-chinas-soft-power-in-india/articleshow/77379977.cms.

② 胡仕胜、王珏、刘传玺：《从加勒万河谷冲突看印度陆锁式安全思维困局》，《印度洋经济体研究》2020年第4期，第1—4页。

中国解决边境争端的军事能力感到担忧。长期以来，印度并未走出1962年失败的阴影，对中国怀有强烈的不安全感。尽管20世纪90年代以来中印在边境地区军事领域签署多个信任措施协定，包括1993年9月签署《中华人民共和国政府和印度共和国政府关于在中印边境实际控制线地区保持和平与安宁的协定》、1996年11月签订《中华人民共和国政府和印度共和国政府关于在中印边境实际控制线地区军事领域建立信任措施的协定》、2005年4月签署《中华人民共和国政府和印度共和国政府关于在中印边境实际控制线地区军事领域建立信任措施的实施办法的议定书》以及2013年10月达成《边防合作协议》，但随着近年来边界对峙事件呈多发态势，落实边境管控机制措施和有效管控边境局势的难度上升，维持边境现状以及和平安宁遭遇现实挑战。

客观来看，中印在边境地区军事领域建立信任措施为维护边境和平安宁奠定了基础，但对从根本上消弭印度的不安全感收效不大。可以说，边境争端以及1962年中印边境冲突导致中印两国之间至今仍存在严重的信任赤字。有学者就认为，印度陷入安全困境主要是因为与中国的关系恶化，并且将印度与中国存在边境争端以及在争议地区面临着来自崛起的中国的安全挑战作为印度与中国安全困境的重要原因，甚至认为中国在边界问题上采取进攻性军事姿态就是为了让印度被迫陷入安全困境。①

（二）对华认知进一步负面化

受加勒万河谷冲突事件影响，加之媒体报道推波助澜，印度各界对华认知趋于进一步负面化，这是印度对华安全困境泛化的重要推动因

① Alexey D. Muraviev, Dalbir Ahlawat, Lindsay Hughes, "India's security dilemma: engaging big powers while retaining strategic autonomy," *International Politics*, September 2021, accessed March 1, 2022, https://doi.org/10.1057/s41311-021-00350-z.

素。长期以来中印两国民众对彼此形象的构建并不顺畅，尤其是过去两年，两国民众彼此认知进一步倒退，印度民众的反华情绪进一步发展。2020 年 8 月，《今日印度》举办的“民族情绪”民调数据显示，在受访者中，压倒性的 84%的人认为中国领导人“背叛”了莫迪；91%的人认为印度政府禁止中国应用程序和拒绝与中国公司签订合同是反击中国“侵略”的正确方法；67%的人表示，他们准备为非中国制造的商品支付更高的价格。[①] 一年后的 2021 年 8 月，印度智库观察家研究基金会发布报告称，对 18—35 岁的城市年轻人的民调显示，70%的受访者对中国崛起表示“关切或担忧”，78%的受访者“支持”或“强烈支持”莫迪政府的对华政策。[②]

可以看出，受加勒万河谷冲突事件影响，印度对华民意进一步负面化，对中国的不信任度从未如此之高。同时，印度学界对中国的形象也日益负面。因此，在印度公众对外交和安全政策的看法在印度精英的政治战略中发挥的作用不断增长的背景下，印度各界对华认知的负面化发展成为印度对华安全困境泛化的主要推动因素。

（三）中印发展差距

中印同时崛起但中印也存在发展差距，两国综合实力或物质能力的变化导致力量平衡进一步向中国倾斜，印度的相对衰落与追赶态势导致印度对华焦虑显著上升。理论上，决定安全困境结果的第一个变量是物质能力的发展演变，尤其是在两国存在历史遗留的边境争端的背景下，

① “Indian public opinion and China,” Paul Staniland, August 10, 2020, accessed February 26, 2022, https://paulstaniland.com/2020/08/10/indian-public-opinion-and-china.

② Harsh Panta, Prithvi Lyer, etc, “The ORF Foreign Policy Survey 2021: Young India and the World,” ORF, August 2021, accessed February 23, 2022, https://www.orfonline.org/wp-content/uploads/2021/08/ORF_Report_ForeignPolicySurvey.pdf.

印度对中国综合国力尤其是中国将经济实力转化为军事实力有所顾虑。1987 年以来的 30 多年中，中印两国名义 GDP 从几乎相等发展为目前中国 GDP 是印度的 5 倍多，即使是按购买力平价计算中国的 GDP 也是印度的近 3 倍。据世界银行数据，2020 年中国 GDP 为 14. 72 万亿美元，印度为 2. 66 万亿美元，中国 GDP 是印度 GDP 的 5. 5 倍。而在军费开支上，据英国智库国际战略研究所（IISS）发表的研究报告，得益于近年来中国经济稳定增长，2020 年军费开支达 1 933 亿美元，排名世界第二，而印度军费开支尽管位列世界第三，但军费支出只有 641 亿美元，[①] 可以看出，中国的军费支出是印度的近 3 倍。

对于中印实力差距以及中印竞争，实际上有学者早在 20 年前就指出，中印安全困境是不对称的，印度往往对来自中国的威胁深感忧虑，而中国似乎对来自印度的威胁相对不太关心。[②] 而且，印度与美国等一些国家对中国的看法相似，对中国经济实力支撑的国家综合实力快速提升有顾虑。美国 2022 年 2 月发布的《美国印太战略》报告就认为，中国正将其经济、外交、军事和技术实力结合起来，以寻求在“印太”地区的势力范围，并寻求成为世界上最具影响力的大国。[③] 印度学者就认为，中印差异反映在两国在人员、陆军、军事和海军装备以及核弹头数量上的巨大差距上，因此中国有更大的能力聚集和利用其战略资源实现国家目标，并将其国家力量扩大到领土边界之外。[④] 新冠肺炎疫情以来，

---

① “Chapter Six: Asia,” *The Military Balance* 121, no. 1 (2021): 218–313.

② John W. Garver, “Asymmetrical Indian and Chinese Threat Perceptions,” *Journal of Strategic Studies* 25, no. 4 (2002): 109–134.

③ The White House, “Indo-Pacific Strategy of the United States,” February 2022, p. 5, accessed February 24, 2022, https: //www. whitehouse. gov/wp-content/uploads/2022/02/U. S. -Indo-Pacific-Strategy. pdf.

④ Jagannath Panda, “India-China Relations to Stay Contrarian in 2021,” *South Asian Voices*, January 8, 2021, accessed February 26, 2022, https: //southasianvoices. org/india-china-relations-to-stay-contrarian-in-2021/.

印度的经济增长受到影响，许多结构性问题因新冠肺炎疫情危机而加剧。尽管印度在绝对意义上是崛起的，但与中国相比印度是相对落后的，因为中国的增长比印度快得多。因此，近年来，随着中印硬实力差距不断扩大，两国竞争的节奏也在加快。

（四）战略空间的相对变化

中国通过高质量共建“一带一路”，携手各国共同推动构建人类命运共同体，朋友圈不断扩大，影响力显著提升，这导致印度产生对自身战略空间被“挤压”的焦虑。2021 年 9 月 21 日，习近平主席在第七十六届联合国大会一般性辩论上提出“全球发展倡议”（GDI）和“全球发展共同体”。从 2013 年“一带一路”倡议到 2021 年“全球发展倡议”，中国的发展理念与发展倡议得到广泛认同并产生日益深远的国际影响。

与中国在南亚以及印度洋地区影响力显著上升形成对比的是，受自身经济实力以及政策效率影响，印度在推进“季风计划”、“萨迦”构想和“印太”愿景上行动缓慢。

（五）中巴合作

中巴关系持续深化，印巴关系长期对抗，这是印度对华安全困境泛化的重要地缘政治因素。近年来，中巴日益紧密，印巴持续紧张。中巴关系定位于“四好”“铁杆儿”和“全天候（战略合作伙伴关系）”，中方始终把中巴关系置于外交优先方向，重申支持巴方维护国家主权、独立和安全，支持巴方经济社会繁荣发展，而巴方也强调巴中关系是巴外交政策基石，在涉及中国核心利益问题上给予中方坚定支持。目前，中巴两国致力于通过“中巴经济走廊”打造新时代更紧密的中巴命运共同体。

自2021年2月以来，虽然印巴都不断释放善意希望改善双边关系，但鉴于双方矛盾根深蒂固且错综复杂，印巴关系未走出僵局与对抗，印巴关系改善面临巨大挑战。而且纵观近两年以来的印巴互动不难发现，印度莫迪政府仍对巴奉行高度冒险主义与投机主义政策，而巴基斯坦也以“进攻性防御”回应印度，这些都造成印巴关系持续紧张。① 可以说，在印巴全面对话进程停滞不前的背景下，中巴关系始终是印度对华安全困境的显性因素。从安全的视角出发，尽管中国呼吁伊斯兰堡和新德里遏制两国冲突并希望印巴建立的信任措施发挥作用，但印度仍认为中国利用巴基斯坦来平衡并牵制印度，认为中国提升与巴基斯坦的战略合作的目标是提升巴基斯坦对抗印度的能力。

三、印度应对安全困境的举措

除了在政治、经济、安全与人文等领域出台系列针对性政策措施，印度还提升北部中印边境地区的军事能力建设，加大对南亚邻国的政策力度，与中国展开对邻国影响力竞争，以及进一步深化与美日“印太战略”协调推进美日印澳“四边机制”的常态化与扩容。

（一）强化边境地区军事能力建设

中国崛起及日益增长的军事力量，加剧了印度对华安全困境。印度战略界普遍认为，无论是在陆地边界还是在海洋领域，与中国相比，印度的军事力量都要脆弱得多。为此，印度积极推进军事战略转型，对华军事战略开始从“劝阻威慑”转向“惩戒威慑”，调整在边境地区的军

① 王世达、王颖：《印巴缘何互抛橄榄枝》，《世界知识》2021年第9期，第37页。

事部署，提速中印边境地区以军事争控为目标的基础设施建设。

一方面，印度在中印边境地区强化军事部署，试图取得对中国的军事优势。例如，印度于 2013 年 12 月开始执行“北部边境能力发展计划”，2018 年 5 月推出“印藏边境警察部队”扩容计划，2019 年 10 月出台设立“综合战斗群”规划，2020 年 7 月计划向边境地区增兵 3 万以应对邻国的威胁，2020 年 12 月宣布将一个山地打击兵团从印巴边境调离转而部署在所谓的“拉达克”地区，2021 年 6 月宣布向中印边境地区增兵 5 万。截至 2021 年底，印度在中印边境部署了大约 20 万军队，比 2020 年增加了 40%以上。同时，印度在中印边境部署大批的准军事力量，包括印度边境安全部队、印藏边境警察部队和印度特种边境部队等。另一方面，在中印边界紧张局势的背景下，边境地区基础设施的战略重要性显著提升。在过去几年中，莫迪政府大幅增加负责边境地区基础设施建设的边境公路组织（BRO）的预算，以确保边境公路组织完成计划中的待建基础设施项目。据印度财政部数据，边境公路组织在 2021—2022 财年获得 250 亿卢比的预算，2022—2023 财年预算增长到 350 亿卢比，较上一财年同比增长 40%以上。[①] 而且，莫迪政府已经批准继续在边境地区升级基础设施的中央计划。为落实计划，印度内政部管理的“边境基础设施和管理”部门在 2021—2022 财年至 2025—2026 财年的预算高达 1302 亿卢比。[②]

无论是印度在边境地区的基础设施建设规模与速度，还是在边境地区的军力部署与军事能力，在近两年都有较大变化。对此，印度陆军参

① “OPINION: How India is trying to tackle China's military challenge,” *Business Insider*, February 17, 2022, accessed February 23, 2022, https://www.businessinsider.in/defense/news/the-us-air-forces-newest-fighter-jet-just-fired-off-a-missile-for-the-first-time/articleshow/89257879.cms.

② “Amid China row, border infrastructure scheme gets renewed thrust,” *The Times of India*, February 22, 2022, accessed February 23, 2022, https://timesofindia.indiatimes.com/india/amid-china-row-border-infrastructure-scheme-gets-renewed-thrust/articleshow/89737426.cms.

谋长纳拉瓦内（M. M. Naravane）表示，印度陆军正在升级和发展边境地区的基础设施以应对“邪恶”邻国，陆军还在整个北线增加了兵力、基础设施和武器，而且北部边境沿线的基础设施升级和发展正在以整体的和全面的方式进行，在过去一年印度跨越北方边界的能力在很多方面都有所提高。①

（二）推进“印太海洋倡议”

印度战略家认为，在印度洋建立实力将是与中国竞争的一个重要支柱，而且与陆地边界相比，印度洋地区军事力量平衡和政治影响力的波动将更具有全球性影响。作为印度洋地区的传统主导力量，如果不能应对中国军事力量的扩张，印度将放弃重要的政治影响力和安全，而中国将获得确保其关键性海上通道的能力，并可能在与印度的战略竞争中发挥决定性作用，对印度来说在印度洋获得竞争优势才是真正重要事项。②

印度总理莫迪于 2019 年 11 月提出“涵盖七个领域或七个支柱的印太海洋倡议”，希望任何两个或两个以上的“志同道合的国家”都可以在一个特定领域发挥主导作用。莫迪政府的目标是通过主导“印太海洋倡议”，整合其针对不同国家或地区的政策与倡议，打造政策上具备可操作性的地区合作倡议，借力与“志同道合”伙伴在“印太海洋倡议”框架内多领域合作。为此，印度在双边、小多边以及多边场合外交上积极推动“印太海洋倡议”。目前，该倡议在双边层面取得一定进展，澳大利亚、日本、法国、越南和菲律宾等国先后宣布加入该倡议。2021 年

---

① “Indian Army upgrading, developing infrastructure in border areas to deal with ‘nefarious’ neighbours,” *Daily Excelsior*, January 12, 2022, accessed February 23, 2022, https://www.dailyexcelsior.com/indian-army-upgrading-developing-infrastructure-in-border-areas-to-deal-with-nefarious-neighbours/.

② Arzan Tarapore, “India-China Strategic Competition and the Costs of the Ladakh Crisis,” *South Asian Voice*, May 21, 2021, accessed February 23, 2022, https://southasianvoices.org/india-china-strategic-competition-and-the-costs-of-the-ladakh-crisis.

12 月，印度与俄罗斯在联合声明中也表示，双方同意就大欧亚空间与印度洋和太平洋地区一体化与发展倡议的互补性加强磋商。相对而言，该倡议在小多边与多边层面进展较为有限。

印度深化与所谓“志同道合”国家海上安全合作，其主导的海上军演规模不断提升、演习科目日益拓展。实际上，海洋安全战略思维中的针对巴基斯坦和中国的思维由来已久，从 2007 年的《自由使用海洋：印度海洋军事战略》到 2015 年《确保安全海洋：印度海洋安全战略》，印度对所谓的“中国威胁”的认知日益突出。《确保安全海洋：印度海洋安全战略》就指出，“传统威胁可能来自历史上曾经侵略印度的国家，以及那些对印度国家利益一直存在争议或保持敌对姿态的国家，也可能延伸到那些有能力损害印度利益和对印度有敌意的国家”。[①] 因此，印度海洋战略中的“中国因素”是显而易见的，尤其是印度军方长期以来渲染所谓的“中国威胁”，将中国定位为长期的最大竞争对手。

（三）加大对南亚邻国的政策力度

印度将南亚地区视为其传统势力范围，并希望遏制中国对南亚地区国家的影响，干扰中国与其他南亚国家的各领域合作。印度外长在回答印度议会人民院关于“印度政府为对抗中国在次大陆的影响力而对邻国采取哪些措施”时曾坦承，印度高度重视与南亚邻国的关系，对所有与印度安全有关的事态发展保持警惕，并采取一切必要措施予以维护。[②] 随着对华安全困境泛化，印度不断加大对南亚邻国的政策力度，对南亚

---

① Integrated Headquarters, Ministry of Defence(Navy) , *Ensuring Secure Seas: Indian Maritime Security Strategy*, 2015, p. 37, accessed February 2, 2021, https://www.indiannavy.nic.in/sites/default/files/Indian_Maritime_Security_Strategy_Document_25Jan16.pdf.

② “Question No. 2146 Strengthening Ties with Neighbouring Countries,” Ministry of External Affairs, Government of India, December 16, 2021, accessed March 2, 2022, https://www.mea.gov.in/rajya-sabha.htm?dtl/34665/question+no+2146+strengthening+ties+with+neighbouring+countries.

地区邻国加强旨在“对冲中国”的外交行动，与中国展开对南亚国家的影响力竞争。

印度主动缓和因边界纠纷导致的与尼泊尔的关系僵局，向巴基斯坦释放缓和印巴关系信号。一方面，印度加大对尼泊尔的拉拢力度，主动化解双边关系僵局。2020 年 5 月印度与尼泊尔关系因边界问题陷入紧张，但在加勒万河谷事件后，印度主动缓和与尼泊尔的关系，尤其是在中国国务委员兼国防部长魏凤和 2020 年 11 月访问尼泊尔前后，印度高官多次访问尼泊尔，例如印度“调查分析局”局长、印度陆军参谋长和外秘等相继访尼。另一方面，莫迪政府过去曾奉行对巴孤立打压的政策，2019 年印巴几乎处于战争边缘，然而受地区局势变化驱动，莫迪政府对巴政策有所松动。2021 年 2 月，印巴国防部发表联合声明，同意解决有可能扰乱和平和导致暴力的彼此核心问题和关切，并从 2021 年 2 月 25 日起在控制线沿线和所有其他区域重启停火。[①] 而且，印巴两国领导人也有积极的互动。2021 年 3 月印度总理莫迪写信给巴基斯坦总理，表示“印度希望与巴基斯坦人民建立友好关系”，巴基斯坦总理伊姆兰·汗在回信中也表示伊斯兰堡“希望与包括印度在内的所有邻国建立和平合作关系”。[②] 2021 年 8 月，巴基斯坦与印度相互向对方外交官发放签证，外交签证在中断 28 个月后得以恢复。同时，巴基斯坦也表示要恢复印巴双边贸易。印巴关系出现缓和迹象的原因，一是印度对美国从阿富汗撤军以及塔利班在巴基斯坦的支持下重新掌权等南亚地区地缘政治变化感到担忧；二是印度要避免同时应对中国和巴基斯坦以及两线

① *Joint Statement*, Ministry of Defence, Government of India, February 25, 2021, accessed May 6, 2021, https://pib.gov.in/PressReleasePage.aspx?PRID=1700682.

② “‘Desire peaceful, cooperative relations’: Pakistan PM Imran Khan writes to Indian PM Modi,” *South Asia Monitor*, March 31, 2021, accessed December 16, 2021, https://www.southasiamonitor.org/region/desire-peaceful-cooperative-relations-pakistan-pm-imran-khan-writes-indian-pm-modi.

作战的局面出现；三是巴基斯坦内外政策调整，其2021年底出台的首个国家安全政策将经济安全放在核心位置，愿意与包括印度在内的邻国和平相处。

印度重视与印度洋沿岸南亚邻国的安全合作，与斯里兰卡和马尔代夫重启科伦坡安全会议（CSC）。科伦坡安全会议由斯里兰卡倡议并成立于2011年，2014年第三次会议后陷入停顿。2020年11月，在印度的提议下，印度、斯里兰卡、马尔代夫重新激活该机制，并将对话升级为国家安全顾问级别。2022年3月，印、斯、马三国举行了第五次科伦坡安全会议，毛里求斯成为成员。目前，孟加拉国和塞舌尔群岛是该机制观察员，未来有可能成为正式成员。印度重启“科伦坡安全会议”机制，其诉求在于通过建立一个区域安全合作框架控制邻国的安全问题，期望通过定期会议为与斯里兰卡和马尔代夫建立安全领域的信任提供机会。然而，“科伦坡安全会议”成员国因利益并不完全相同，尤其是在将“科伦坡安全会议”发展为针对中国的地区安全机制上，成员国与观察员的立场似乎与印度重启安全会议的动机存在分歧。

纵观近两年以来印度与其南亚邻国的互动可以看出，印度对中国与南亚国家关系发展保持警惕，在政治、经济、外交以及安全等领域与中国展开全方位竞争，并且在与中国竞争地区影响力的手段运用上更注重“文化软实力”和“发展援助外交”。例如，印度“发展伙伴关系项目”下的发展项目信贷额度总额达305.9亿美元，其中约161亿美元提供给亚洲国家，而南亚邻国则是重中之重。据统计，目前印度提供给孟加拉国78.6亿美元、斯里兰卡21.3亿美元、尼泊尔16.5亿美元、马尔代夫13.3亿美元。[①]

① “Lines of Credit for Development Projects,” Ministry of External Affairs, Government of India, accessed March 2, 2022, https://mea.gov.in/Lines-of-Credit-for-Development-Projects.htm.

（四）强化与美日澳战略合作

莫迪第二任期以来，印度日益强化与美国、日本和澳大利亚的三边战略磋商，积极参与“四边机制”。印度认为，“四边机制”有能力应对当代全球挑战和共同关切，将该机制作为其应对“印太”地区战略竞争和地缘政治挑战的主要方式之一，[①] 通过双边框架对“印太”地区实施灵活和多维的战略。为此，印度积极融入美国及其盟友构建的三边安全合作安排。例如，印度分别与美国、日本和澳大利亚建立起美日印和日澳印两个三边战略对话机制。同时，印度也以印澳和印日两个双边磋商为核心积极创建“印澳+1”和“印日+1”三边磋商机制，如印澳法三边磋商、印日意三边磋商、印澳印尼三边磋商等。

印度积极参与“四边机制”的升级与扩容。一方面，“四边机制”加速升级。目前已经建立起峰会、外长会和高官会等诸多机制安排。2021 年 3 月，“四边机制”举行首次线上峰会，同年 9 月“四边机制”在纽约举行线下峰会，2022 年 3 月，四国领导人再次举行线上峰会，并计划同年在日本举行线下峰会。另一方面，“四边机制”积极寻求成员国与合作议程的双扩容。美日印澳四国试图在机制的成员构成上向“4+N”方面拓展，同时，不断扩展合作领域。纽约峰会上四国决定在疫情与全球健康、基础设施、气候变化、人文交流与教育、关键和新兴技术、网络安全和太空等七个领域深化合作。

在新冠肺炎疫情大流行背景下，随着中美博弈加剧和中印关系曲折，印度开始加速融入“四边机制”议程。“四边机制”机制化显著发

---

① “Foreign Secretary's Remarks on ‘Quad and Future of the Indo-Pacific’ at the 5th India-US Forum,” Ministry of External Affairs, Government of India, December 2, 2021, accessed March 2, 2022, http://www.mea.gov.in/Speeches-Statements.htm?dtl/34571/foreign+secretarys+remarks+on+quad+and+future+of+the+indopacific+at+the+5th+indiaus+forum.

展，“四边机制”遏华举措从军事领域日益向意识形态、基础设施、高科技以及全球供应链等领域延伸。在 2022 年 3 月举行的线上峰会上，莫迪总理强调，“四边机制”必须继续专注于促进“印太”地区和平、稳定与繁荣的核心目标，并呼吁四方在人道主义和救灾、债务可持续性、供应链、清洁能源、互联互通和能力建设等领域开展具体务实的合作。①

四、结语

印度对华安全困境泛化而且已经衍射至政治、经济和文化等领域。概括而言，印度对华安全困境泛化，在领域上从安全领域外扩至政治、经贸和人文等领域，在地域上从陆地边界延伸至海洋方向，在互动方式上从双边外延至小多边和多边并形成多维联动态势。

总体上看，印度对华安全困境泛化的消极影响是显著的。从双边的维度，印度将中国定位为“敌人”，其对华政策开始呈现出打压并牵制中国的倾向。这导致中印关系受到严重影响，这也是 2020 年 6 月加勒万河谷冲突事件以来中印关系始终低位徘徊的直接原因。从地区安全的维度，尽管印巴矛盾出现缓和迹象，但中印巴三角互动存在历史惯性，印度要成为南亚地区甚至“印太”地区决定性力量的战略雄心依旧，如果印度不能摆脱历史包袱与安全困境，中印地区影响力博弈将难以避免。而且，印度对华安全困境泛化也导致域外势力进一步介入地区事务的可能。印度为化解所谓的对华安全困境，推进以“志同道合伙伴”为

① “Prime Minister participates in virtual summit of Quad leaders,” Ministry of External Affairs, Government of India, March 3, 2022, accessed March 8, 2022, https://www.mea.gov.in/press-releases.htm?dtl/34927/Prime_Minister_participates_in_virtual_summit_of_Quad_leaders.

核心成员的“印太海洋倡议”，强化与美日澳等国的战略协调，推动美日印澳“四边机制”成员国与合作议程双扩容。鉴于此，南亚地区出现阵营对抗的可能性上升。

印度对华安全困境是一种长期现象，但其严重影响中印经济合作与人文交流则是特定时期与突发事件驱动的结果，近期有转圜的可能。印度试图在经贸领域与中国“脱钩”，但双边经贸却突破千亿美元，这表明在经贸领域两国有很强的相互依存性。同时，尽管印度目前仍将“一带一路”与中国经贸和投资混为一谈，但中国投资带来的资本和技术不仅对印度形成具体利益诱惑，同时也具有缓和长期紧张局势的潜力。印度一方面拒绝“一带一路”倡议，另一方面又积极参与中国发起的亚洲基础设施投资银行，这表明印度仍希望在与中国的经贸投资合作中获得好处。因此，印度对于中国投资与中印双边经贸的立场，近期有回归务实与理性的可能。但不可否认，加勒万河谷冲突以及边界对峙造成的紧张局势，对印度在中印经贸投资与人文领域的政策立场回归务实与理性，在时间上与程度上均形成抑制。同时，印度针对中国投资以及在印中企的诸多“歧视性”政策与“报复性”措施行为，既威胁中国的投资安全，也影响未来中企投资印度的意愿。客观而言，相互依存带来了新的协同机会，相互依存也能在一定程度上缓解安全困境，但相互依存并不能从根本上化解安全困境。权力不对称始终是中印关系的一个持久特征，而且很可能继续存在甚至进一步发展。这也是中国希望印度理性看待中国发展、希望印方将中印间各种问题放在双边关系适当位置的重要原因。

次区域篇

东北亚形势与展望

李　枏*

【内容摘要】拜登执政以来，美国奉行“联盟优先”的外交政策。在东北亚，美国全面提升美韩、美日同盟，同时加强美日韩三边联动，力图将东北亚变成美国全面遏华的前沿和支点。朝鲜也做出长期与美国进行对抗的准备。随着韩国大选尘埃落定，东北亚的阵营化趋势已经逐渐显现出来。对于中国来说，机会与挑战并存。

拜登执政以来，美国奉行“联盟优先”的外交政策。拜登政府全面提升美韩同盟，同时加强美日韩三边联动，力图将美韩同盟拉入其“印太战略”的轨道之中，从而使东北亚地区成为美国全面遏华的前沿和支点，这将导致东北亚形势日趋紧张。朝鲜密集试射导弹，美韩进行了强势的回应。随着韩国大选尘埃落定，东北亚的阵营化趋势已经逐渐显现出来。

* 李枏，中国社会科学院美国研究所研究员。

一、美韩同盟与美日韩三边关系的强化

拜登执政以来，延续特朗普政府“大国竞争”的对外战略，在外交上频频针对中国。拜登政府将中国视为“对美国繁荣、安全和民主价值观构成严峻挑战的竞争对手”。[①]《临时国家安全战略指导》称，中国是“唯一有潜力将经济、外交、军事和技术力量结合起来对稳定和开放的国际秩序构成持久挑战的国家”。[②] 国务卿布林肯称“对华关系该竞争时就竞争，能合作时就合作，须对抗时就对抗”。[③] 为了全面遏华，拜登政府在外交政策上强化“联盟优先”，显示出美国与盟友一同“遏制中国”的声势。在巩固旧有同盟体系的同时，拜登政府还试图建立起形式各样的“小圈子”，如“民主峰会”（Summit for Democracy），目的就是在这些“小圈子”里重塑美国的领导地位，同时在这些所谓多边框架下实现孤立、围堵和遏制中国的目的。为此，拜登政府继承了特朗普政府的“印太战略”，试图在印度洋—太平洋地区构筑一条遏制中国的链条。因此，美国的东亚盟友就必须被拉进这个链条之中。

重塑美韩同盟是拜登政府朝鲜半岛政策的重中之重。鉴于文在寅政府一直在中美之间寻求平衡，拜登政府全面提升美韩同盟，将同盟向域外安全领域拓展，以使韩国紧紧绑在美国“印太战略”的战车上。

---

① The White House, “Remarks by President Biden on America’s Place in the World,” February 4, 2021, accessed December 21, 2021, https://www.whitehouse.gov/briefing-room/speeches-remarks/2021/02/04/remarks-by-president-biden-on-americas-place-in-the-world/.

② The White House, *Interim National Security Strategic Guidance*, March 3, 2021, accessed December 21, 2021, https://www.whitehouse.gov/briefing-room/statements-releases/2021/03/03/interim-national-security-strategic-guidance/.

③ Antony J. Blinken, “A Foreign Policy for the American People,” March 3, 2021, accessed December 21, 2021, https://www.state.gov/a-foreign-policy-for-the-american-people/.

（一）修补美韩分歧

特朗普政府时期，美韩在驻韩美军防卫费分担上出现严重分歧。2021年2月5日，韩国外交部表示，为签署第11次《美韩防卫费分摊特别协定》，“双方决定尽快达成美韩防卫费分摊协议，作为朝鲜半岛及东北亚和平繁荣的关键，为加强美韩同盟和联合防卫态势做出贡献”。[①] 3月8日，美韩政府官员宣布两国已就驻韩美军费用达成新协议。根据新协议，2021年韩国承担的防卫费金额为约1.18万亿韩元，同比增加13.9%。这13.9%的增幅由两部分组成，其中7.4%增幅与韩国国防支出增加相关，另外6.5%增幅与驻韩美军韩籍员工人工费增加相关。[②] 美国官员称，新协议将持续到2025年。[③] 韩国青瓦台就韩美第11次防卫费协定谈判达成最终协议表示，此举有助于进一步巩固韩美同盟。[④] 困扰美韩多年的问题终于告一段落，双方分歧得以修补。

（二）协调对朝政策

2021年5月21日，美韩首脑峰会发表共同声明，在声明中，拜登政府接受了文在寅一直主张的“朝鲜半岛无核化”用词，并将2018年朝韩签署的《板门店宣言》纳入声明。由于《板门店宣言》中包括对《终战宣言》的认可，文在寅政府又极力希望在其任内实现《终战宣言》的缔结，因此韩国一直在积极协调起草《终战宣言》。10月22日，

---

① 《美韩就美军驻朝鲜半岛费用分摊问题达成一致》，《华尔街日报》2021年3月15日，https://cn.wsj.com/articles/美韩就美军驻朝鲜半岛费用分摊问题达成一致-11615172410，访问日期：2021年12月21日。

② 同上。

③ 同上。

④ 《驻韩美军“保护费”怎么又涨了?》，新华网，2021年3月11日，http://www.xinhuanet.com/world/2021-03/11/c_1127200708.htm，访问日期：2022年3月29日。

美国国务院对朝政策特别代表金圣（Sung Kim）访问韩国。韩国向美国表达出将《终战宣言》视为构建互信、促朝重返对话的措施，向美方再次强调《终战宣言》的必要性。[①] 11 月 11 日，韩国外交部长郑义溶出席韩国国会外交统一委员会全体会议时表示，美韩两国一致认同，作为引导朝鲜重回对话、实现半岛无核化和永久和平的第一阶段，有必要发表《终战宣言》。11 月 18 日，美国国务院副国务卿温迪·舍曼（Wendy Sherman）对围绕《终战宣言》的协商过程表示满意。其实美国政府一直对《终战宣言》犹豫不决，然而为了强化美韩同盟，拜登政府在表面上配合着文在寅，但事实上一直在拖延。

（三）解套对韩军事限制

在 2021 年 5 月美韩峰会上，美韩商定终止《美韩导弹指南》。1979 年美韩签署首份《美韩导弹指南》，“允许韩国发展弹道导弹技术，但对导弹射程有专门的限制”。[②] 此后美韩一直在不断修订《美韩导弹指南》，美国逐渐松绑韩国在导弹研发上的限制。这次在美韩峰会上决定终止《美韩导弹指南》，意味着解除对韩国导弹最大射程不得超过 800 千米的限制，弹头重量也没有限制，理论上韩国可以自主研发导弹。其政治意义是逐步实现安全自主权，不必在弹道导弹发展上仰仗美国人的鼻息。很明显，拜登之所以同意终止该指南，主要就是为了拉拢韩国。

（四）提升韩国国际地位

美韩近期议题内容涉及海洋安保、能源、抗疫合作、太空合作、气

① 《美对朝政策特别代表访韩 〈终战宣言〉问题引注目》，中国新闻网，2021 年 10 月 22 日，https://www.chinanews.com.cn/gj/2021/10-22/9592309.shtml，访问日期：2021 年 12 月 21 日。

② 陈岳：《韩国摆脱运载火箭使用固体燃料限制，美国希望韩国发挥更大作用——“韩美导弹指南”修订背后的博弈》，《解放军日报》2020 年 8 月 6 日，第 3 版。

候变化、自由贸易、反恐、全球治理等。2021 年 5 月 27 日，美韩签署了《阿尔忒弥斯协定》，韩国加入该协定后将进一步扩大同美国在太空领域的合作，8 月，美韩外交部门商讨应对太空安全威胁方面的合作方案，双方探讨了阻碍太空和平利用和建设安全、稳定、可持续太空环境的因素，并就制定有关多边规制交换意见。10 月，第八次美韩能源安全对话举行，双方讨论了两国能源政策合作、第三方市场合作、多边能源合作、温室气体减排、供应链合作的具体方案。尤为值得关注的是，在美韩峰会后发表的联合声明中提及南海、台海以及缅甸局势，显示出美韩同盟正在大踏步纳入“印太战略”之中。这一方面提升了韩国的国际地位；另一方面也让韩国向美国一方靠拢，共同应对所谓“地区威胁”。尤为值得关注的是，美国不顾日本的反对，邀请韩国参加伦敦举办的七国集团（G7）峰会。文在寅政府认为这极大地提升了韩国的国际地位，通过加入这一“俱乐部”，韩国可以提升其外交影响力。[①]拜登政府这一系列做法的目的不过是让韩国早日放弃模糊战略，在对华遏制上全面倒向美国。

（五）打造美韩科技同盟，限制中韩高科技合作

在美韩的历次高级会谈中，美韩高科技合作是核心议题。美国现在迫切需要韩国在美投资，为此，美韩在半导体、人工智能、汽车电池等领域正不断加强产业链、供应链合作。2021 年 5 月美韩峰会期间，一些半导体和汽车芯片领域的韩国企业随行文在寅访美。此后，三星电子决定为晶圆代工厂新项目投资 170 亿美元；LG 能源解决方案和 SK 创新将投入约 140 亿美元，在当地成立合资公司，或者单独投资；现代汽车计

① 《文在寅：将借 G7 峰会提升韩国外交影响力》，韩联社，2021 年 6 月 8 日，https://cn.yna.co.kr/view/ACK20210608003200881，访问日期：2021 年 12 月 21 日。

划在新能源车生产和充电基建方面投资74亿美元；SK海力士还计划投入10亿美元，在硅谷建立新兴产业研发中心，覆盖人工智能、内存解决方案。[①] 拜登在白宫也接连与韩国企业总裁见面，强调美韩加强经济合作的重要性。如果说美韩同盟过去以安全为主导，那么当前的同盟正在向以安保与经济安全为导向进行转变。其主旨是要在深化同盟安全的同时，为美国内经济恢复创造条件，同时也在试图切断中国从韩国获得高科技的通道。2021年3月，中国私募股权公司智路资本同意收购韩国的美格纳半导体公司。而美国财政部立即进行干预，美财政部下属的外国投资委员会（Committee on Foreign Investment in the United States）下令搁置该交易，财政部此后也认定收购对美国"国家安全构成风险"，期望寻求总统拜登对此事做最终决定。[②]

由上可见，美韩两国正在进行更大规模的深度融合。一方面，美国以提升韩国国际地位为诱饵，给予韩国巨大的政治好处，诱使其彻底加入"印太战略"；另一方面，美国通过价值观纽带进一步疏离中韩关系，这无疑标志着美韩同盟正加速转型。

拜登政府在加强美韩同盟与美日同盟的同时，也在加紧进一步密切美、日、韩三边关系。2021年4月2日，美日韩三国国安首长——美国总统国家安全事务助理杰克·沙利文（Jake Sullivan）、韩国国家安保室室长徐薰和日本国家安全保障局局长北村滋在美国马里兰州安纳波利斯的美国海军士官学校举行了三方会议。4月30日，美日韩三国军方参谋长——美军参谋长联席会议主席马克·米利（Mark Milley）、日本防卫

① 潘寅茹：《以新兴产业为杠杆，韩美打造新冠疫苗伙伴关系》，第一财经，2021年5月23日，https://www.yicai.com/news/101059191.html，访问日期：2021年12月21日。

② 《美财政部称中企收购美格纳半导体对美国"国家安全构成风险"》，"走出去"导航网，2021年9月2日，https://www.investgo.cn/article/yw/zctz/202109/557921.html，访问日期：2021年12月21日。

省统合幕僚长山崎幸二、韩国联合参谋本部议长元仁哲在美国夏威夷举行会晤。5月3日，在伦敦召开的七国集团外长会访上，美国国务卿布林肯、日本外相茂木敏充以及韩国外长郑义溶在伦敦同期举行会谈。由此可见，美、日、韩三边关系正在日益走向紧密。

然而，韩日关系仍是三边关系中最为脆弱的一环。2021年11月16日，韩国警察厅长金昌龙访问独岛（日称竹岛），18日韩国国防部长官徐旭前往独岛（日称竹岛）附近的郁陵岛视察韩军，日本随即向韩国政府表示了抗议，从而导致11月美日韩副外长会谈结束后仅有美国副国务卿舍曼出席记者会。韩日关系的这种冷淡使拜登政府一度无法改善两国关系，只能维持一种三边强化的表象。然而，随着尹锡悦当选韩国新一届总统，修复韩日关系将成为韩国外交的重点，美日韩三边军事联系或将在美国主导下更为紧密。但领土、历史问题仍将不断困扰着韩日这对双边关系，会不时成为重燃两国紧张关系的导火索。

二、走向对立的美朝关系

拜登政府对朝政策评估在拜登执政百日时提出。2021年4月30日，美国白宫新闻秘书珍·普萨基（Jen Psaki）公开声称对朝政策评估已经完成，将以务实方式展开与朝外交。“美国的政策目标仍然是实现朝鲜半岛完全无核化。拜登政府的对朝政策不侧重于达成一个重大协议，也不依赖于战略忍耐，而是寻求以一种经过调整的务实方式与朝鲜展开外交，着眼于取得实际进展，以增强美国、盟国以及驻军的安全。”① 实际

① 《拜登政府制定新的对朝政策：不靠战略耐心、寻求实际进展》，澎湃新闻，2021年5月1日，https://www.thepaper.cn/newsDetail_forward_12497880，访问日期：2021年12月21日。

上，拜登政府对朝政策的制定也是建立在“联盟优先”的基础上，其对朝政策评估中多次提到与盟友的协商与合作，显而易见是“联盟优先”外交政策的产物。

2021 年 5 月，在美韩峰会发表的联合声明中，拜登政府也公开宣布继承“新加坡协议精神”。[①] 一方面，拜登政府公开表示愿与朝鲜进行“无条件的对话”，尊重朝韩首脑 2018 年签订的《板门店宣言》的精神，并表示要对朝鲜进行人道主义援助；另一方面，又强调要履行联合国的相关决议，加强盟友间在涉朝问题上的协商和同步协调，其本质仍然是有条件的对话，甚至暗设了更高的对话门槛。由此可见，拜登的对朝政策与冷战后历届美国政府对朝政策相比并没有什么新变化，传统的对朝手段以及僵化的对朝思维都未改变，只是更凸显同盟的地位。其政策路径基本上仍是以下三种。

（一）朝核问题边缘化

尽管拜登政府与日韩多次进行对朝政策协调，但迄今为止，仍未出台朝鲜半岛无核化的具体路线图，也没有制定中短期目标。更为重要的是，在拜登政府强化所谓“中美战略竞争”的背景下，朝核问题的解决显然被拜登政府降至次要地位。但朝核问题却被拜登政府用来维系同盟体系，从而达到与大国竞争的目的。

---

① 美朝“新加坡协议精神”是 2018 年 6 月 12 日美国总统特朗普与朝鲜领导人金正恩在新加坡峰会后发表的联合声明中所体现的内容精神。两国围绕美朝确立新型关系、打造朝鲜半岛持久以及稳固和平机制进行了协商。特朗普承诺向朝鲜提供安全保障，金正恩重申坚定不移地致力于朝鲜半岛完全无核化。美国和朝鲜承诺建立新型美朝关系；半岛建立一个持久稳定的和平机制；朝鲜承诺向完成半岛无核化努力；美朝致力于找回战俘/战时失踪人员遗骸，包括将已经确认身份的遗骸立即送返美国。

（二）维持和强化对朝制裁

拜登政府官员几次都公开表示要强化对朝鲜的制裁。2021 年 6 月 21 日，拜登政府决定将涉朝鲜的国家紧急状态延长一年，这无疑是要把对朝鲜的制裁再延长。七国集团外长会议公报也高调宣布要继续维持涉朝制裁。[①] 12 月 10 日，美国财政部海外资产控制办公室宣布把朝鲜的中央检察所等列为制裁对象，这是拜登上任以来首次对朝鲜追加新制裁。2022 年 1 月 12 日，拜登宣布对朝鲜的“武器和弹道导弹”相关项目实施制裁。这是拜登政府首次专门针对朝鲜武器计划实施的制裁。由此可以看出，虽然拜登政府声称要采取“灵活务实”“分阶段”的对朝接触方式，但绝不会轻易解除联合国涉朝制裁，不仅不会，反而会要求盟友和相关国家强化制裁。

（三）进一步强调“朝鲜人权问题”

拜登政府多次表达对所谓“朝鲜人权问题”的严重关切。拜登政府的官员几次在与韩、日的高级别会谈中强调“朝鲜人权问题”。2021 年 12 月 10 日拜登政府对朝鲜首次施加的新制裁也是以“人权问题”为名义。很显然，拜登政府在“朝鲜人权问题”上大做文章，只会再次刺激朝鲜，美朝关系将会进一步恶化。

拜登上台以来，美国没有解除涉朝制裁，美韩军演还在继续，而且更加凸显“朝鲜人权问题”，从而导致朝鲜失去耐心。2021 年 9 月 29 日，朝鲜领导人金正恩在朝鲜第十四届最高人民会议第五次会议上发表演说时称：“国际关系格局变为更加错综复杂的‘新冷战’格局，这就

---

① 《七国集团外长会联合公报敦促朝鲜重返对话》，《亚洲日报》2021 年 5 月 6 日，https://www.yazhouribao.com/view/20210506085101297，访问日期：2021 年 12 月 21 日。

是当前国际形势变化的主要特征。目前美国主张‘外交接触’和‘不设前提条件的对话’。但这只不过是欺骗国际社会来掩盖其敌对行为的遮眼法，也是历届美国政府一直追求的敌对政策的延续。”[①] 2022年1月19日，金正恩主持召开政治局会议，他强调：“会议重新部署国防政策任务，决定立即加强和发展更强有力的物质手段，以压制美国愈演愈烈的对朝敌对行为，并向相关部门下达指示，要重新考虑朝鲜为建立信任关系曾对美国率先主动采取的措施，及时研讨重启暂停过的一切活动的问题。更加彻底做好同美国长期对抗的准备。”[②]

2022年1月5日以来，朝鲜密集发射各类导弹。“一个月发射的导弹数量与2021年全年数量几乎相当。”[③] 其中，朝鲜发射了其称之为“高超声速滑翔飞行器”的短程弹道导弹，这种飞行器有可分离的弹头，这会使拦截武器变得更难，因为它们不仅飞行速度极快，而且可在飞行过程中改变方向。此后，朝鲜从一辆移动发射车上发射了两枚固体燃料导弹。朝鲜在2019年首次发射一对这类导弹时，两次发射的间隔时间为16分钟。在此次试射中，间隔时间已缩短到4分钟，这表明朝鲜已提高了连续发射多枚导弹的能力以及在美国和韩国反击时隐藏导弹的能力。[④] 2022年2月27日和3月5日朝鲜两次发射侦察卫星。金正恩强调：“开发和运用军事侦察卫星的目的在于，实时获取美军及其追随势力在韩国、日本、太平洋地区的反朝军事行动情报，改善朝鲜武装力量

---

① 《金正恩同志发表历史性施政演说〈关于争取社会主义建设新发展的当前斗争方向〉》，《劳动新闻》2021年9月30日，http://www.rodong.rep.kp/cn/，访问日期：2021年12月21日。

② 《朝鲜劳动党第八届中央委员会第六次政治局会议举行》，《劳动新闻》2022年1月20日，http://www.rodong.rep.kp/cn/，访问日期：2022年3月21日。

③ 《朝鲜突然频繁试射导弹传递了什么信息?》，《纽约时报》2022年1月26日，https://cn.nytimes.com/asia-pacific/20220126/north-korea-launches-missiles-kim/，访问日期：2022年3月21日。

④ 同上。

对于相关情况的迅速应对能力。”① 而美韩军方则认为这是为了测试新的洲际弹道导弹系统的组成部分而做的试验。②

以此看来，朝鲜已经开始塑造新一阶段的外交政策。其对外维持对华、对俄传统友好关系，对美韩以施压为主，同时未关闭对话大门，保持斗而不破。尤其在对美关系上，朝鲜已做好长期与美国较量的准备，以“强对强、善对善”的方式处理与美国的关系。

三、进入新周期的朝鲜半岛

在拜登政府“联盟优先”的外交政策指导下，美国积极重塑美国东亚的同盟体系。2022 年 3 月 10 日，韩国大选尘埃落定，国民力量党总统候选人尹锡悦以微弱优势当选韩国新任总统。这次总统选举是韩国安全与外交路线的分水岭。尹锡悦在竞选期间提出全面提升美韩同盟的外交路线，同时宣称对朝采取强硬政策。朝鲜半岛新的对抗局面正在形成，未来形势发展不容乐观。

2021 年 1 月，朝鲜召开劳动党第八次代表大会。“八大”报告认为，朝韩关系已“回到 2018 年 4 月《板门店宣言》发表之前，因此统一的梦想更加遥远了”。③ 金正恩在 2021 年 9 月举行的朝鲜第十四届最高人民会议第五次会议上提到朝韩关系时，也指出朝韩关系的不信任状态

---

① 《金正恩同志视察国家宇宙开发局》，《劳动新闻》2022 年 3 月 10 日，http://www.rodong.rep.kp/cn/，访问日期：2022 年 3 月 21 日。

② 《美指朝鲜测试新洲际导弹令局势“严重升级”》，《联合早报》2022 年 3 月 12 日，https://www.zaobao.com/news/world/story20220312-1251423，访问日期：2022 年 3 月 21 日。

③ 《引导我们朝鲜式社会主义建设走向新胜利的伟大斗争纲领：关于敬爱的金正恩同志在朝鲜劳动党第八次代表大会上所作的报告》，《劳动新闻》2021 年 1 月 10 日，http://www.rodong.rep.kp/cn/index.php?strPageID=SF01_02_01&newsID=2021-01-10-0002，访问日期：2021 年 12 月 21 日。

“可能重演意外的各种冲突”,[①] 对于文在寅政府签署《终战宣言》的提议，金正恩指出：“要保障相互尊重，先要改变对另一方的偏见的视角和不公正的双重态度、撤回敌对观点和政策，是我们一贯坚持的不变要求，而这是为了改善北南关系且打开今后的辉煌前途而需要首先解决的重大课题。”[②] 尽管朝鲜有意冷却南北关系，但朝鲜也在极力避免半岛出现危机，10 月朝鲜决定重启所有朝韩通信联络线，就反映出朝鲜稳定半岛南北关系的意图。

尹锡悦在总统竞选中强调，韩国外交路线应以美韩同盟为出发点。在对朝政策上，尹锡悦认为国际社会有必要强化对朝制裁、对朝施压。他强调：“只有在‘朝鲜弃核’取得相当大的进展后，韩国才应考虑与朝鲜签署和平协定。”[③] 因此，朝鲜必须提出“可预测的无核化和谈判路线图”，在“朝鲜完全无核化”之前，维持国际涉朝制裁，同时，努力在美韩合作框架内展开与朝鲜有关“朝鲜无核化”的对话。只有根据“朝鲜无核化”的进展，才会启动“朝韩共同经济发展计划”。[④] 尤为重要的是，尹锡悦再次强调“朝鲜人权问题”，要求忠实执行 2016 年朴槿惠时期国会通过的《朝鲜人权法》，并尽快成立“朝鲜人权”基金会，支持相关民间社会团体的活动。[⑤] 由上可见，尹锡悦将完全推翻文在寅

---

① 《金正恩同志发表历史性施政演说〈关于争取社会主义建设新发展的当前斗争方向〉》，《劳动新闻》2021 年 9 月 30 日，http://www.rodong.rep.kp/cn/，访问日期：2021 年 12 月 21 日。

② 同上。

③ “Election Primer: What Yoon Suk-yeol and Lee Jae-myung Think about North Korea,” NK News, March 8, 2022, assessed March 21, 2022, https://www.nknews.org/2022/03/election-primer-what-yoon-suk-yeol-and-lee-jae-myung-think-about-north-korea/?t=1654653357684.

④ “What Yoon’s Win Means for Security and Foreign Relations on the Korean Peninsula,” NK News, March 10, 2022, assessed March 21, 2022, https://www.nknews.org/pro/what-yoons-win-means-for-security-and-foreign-relations-on-the-korean-peninsula/.

⑤ “What Yoon’s Win Means for Security and Foreign Relations on the Korean Peninsula,” NK News, March 10, 2022, assessed March 21, 2022, https://www.nknews.org/pro/what-yoons-win-means-for-security-and-foreign-relations-on-the-korean-peninsula/.

任期内的对朝政策，不仅丢弃“朝鲜半岛无核化”，重新使用“朝鲜无核化”一词，更与拜登政府一道强化“朝鲜人权问题”。在他眼中，“没有可靠的同盟伙伴和自卫能力，协议就是废纸一张而已”。① 由此可预见，朝韩关系将重回紧张态势，半岛将进入新的变化周期。

不仅如此，朝鲜半岛业已高涨的军备竞赛将长期化。2017 年韩国总统文在寅就任，推出“国防改革 2.0”方案，大幅度增加国防支出，开始强调建立“以自主国防力量为基础的韩美联合防御态势”。② 2021 年韩国国防部出台《国防工业发展与支持法》和《国防科技创新促进法》，促进本土工业为韩国武装部队开发技术和设备。③ 2021 年 9 月 2 日，韩国公开《2022—2026 年国防中期计划》，其中韩国提出了引进隐形战斗机（F-35）、持续开发 6000 吨级新一代驱逐舰（KDDX）、持续确保 3000 吨级中型潜艇（“岛山安昌浩”舰 8 月服役）、持续战斗力化等措施。如果这些措施全部实施，韩国的国防费用到 2026 年将上升到 70 万亿韩元。④ 9 月 15 日韩军成功试射自主研制的潜射弹道导弹。文在寅表示，导弹能力的提升将有效遏制朝鲜挑衅。⑤

而朝鲜方面，“八大”报告指出，朝鲜要继续开发战术核武器及生产超大型核弹头、提高使用核武先发制人及报复能力的目标。固体发动机推动的水中及陆地洲际弹道导弹开发事业正在照计划推进，并提出建

---

① “Election Primer: What Yoon Suk-yeol and Lee Jae-myung Think about North Korea,” NK News, March 8, 2022, assessed March 21, 2022, https://www.nknews.org/2022/03/election-primer-what-yoon-suk-yeol-and-lee-jae-myung-think-about-north-korea/?t=1654653357684.

② 《韩国大幅增加军费支出　加快推动“国防自主”》，中国国防报网，2021 年 8 月 17 日，http://www.news.cn/mil/2021-08/17/c_1211334498.htm，访问日期：2021 年 12 月 21 日。

③ 同上。

④ 《新冷战的东亚，进入军备竞赛时代》，《韩民族日报》2021 年 9 月 28 日，http://china.hani.co.kr/arti/international/10247.html，访问日期：2021 年 12 月 21 日。

⑤ 《韩成功试射自研潜射弹道导弹，文在寅表示展现了遏制朝鲜挑衅的力量》，《韩民族日报》2021 年 9 月 16 日，http://china.hani.co.kr/arti/politics/10218.html，访问日期：2021 年 12 月 21 日。

造核潜艇、水中发射核战略武器的任务。同时“进一步发展核武器小型轻量化、战术武器化，研制在现代战争中根据作战任务目的和打击对象可以适用的各种战术核武器，从而主动彻底遏制并管控核威胁不得不存在的朝鲜半岛地区的各种军事威胁”。[①] 报告进一步要求朝鲜军队大力发展常规武器，“更多研发尖端武器和战斗技术器材，把人民军快速发展成为从老式结构中转向实现尖端化精锐化的军队。把实现武器装备的智能化、精密化、无人化、高性能化、轻量化定为军工产业的核心任务，把研发工作服从于此”。[②] 自 2021 年以来，朝鲜加大常规武器的更新，大力提高导弹水平，试射的频率和模式都在大幅提升。

由上可见，朝韩为了巩固国防都在极力增强军事力量。一方军事力量的发展，必然引起另一方的不安，从而再进行更高级别的武器研制和试验。韩国国内对此十分担忧，认为“随着这一趋势陷入长期胶着，韩朝双方不知不觉间开始了激烈的军备竞赛”。[③] 而朝鲜官媒也猛烈抨击美国终止《美韩导弹指南》会在朝鲜半岛进一步激化军备竞赛。实际上，双方军备竞赛激烈，反而会削弱各自的安保力量，不仅如此，这种“安全困境”会导致外溢效应，军事紧张将充满整个东北亚地区，很可能导致大国竞争的加剧。

整体而言，随着美国拜登政府 2021 年上台、朝鲜“八大”确定新的五年计划以及韩国新一届政府上台，朝鲜半岛的对抗格局将逐步显现，从而会进入一个新周期。

---

① 《引导我们朝鲜式社会主义建设走向新胜利的伟大斗争纲领：关于敬爱的金正恩同志在朝鲜劳动党第八次代表大会上所作的报告》，《劳动新闻》2021 年 1 月 10 日，http://www.rodong.rep.kp/cn/index.php?strPageID=SF01_02_01&newsID=2021-01-10-0002。

② 同上。

③ 《新冷战的东亚，进入军备竞赛时代》，《韩民族日报》2021 年 9 月 28 日，http://china.hani.co.kr/arti/international/10247.html，访问日期：2021 年 12 月 21 日。

四、东北亚局势走向

2022年2月11日，拜登政府公布了《美国印太战略》（*US Indo-Pacific Strategy*）报告。它比特朗普政府执政制定的《美国印太战略框架》（*United States Strategic Framework for the Indo-Pacific*）文件显得更为主动。这份由白宫公布的报告将“印太战略”的目标设定在“应对从与中国的竞争到气候变化再到新冠病毒大流行的紧迫挑战”。[①] 从这份《美国印太战略》文件中可以看出，拜登政府决心从东北亚、东南亚，到南亚和大洋洲，包括太平洋岛屿构建起一条盟友链条以应对“中国的挑战”。为实现这一目标，美国“正在深化与澳大利亚、日本、韩国、菲律宾和泰国的五个地区条约联盟（treaty alliances），并加强与‘主要地区伙伴’（leading regional partners）的关系，包括印度、印度尼西亚、马来西亚、蒙古、新西兰、新加坡、中国台湾、越南和太平洋岛国等”。[②]

拜登政府尤其关注东北亚地区，并特别提到韩日关系，鼓励同盟及伙伴国家之间加强关系。在拜登政府看来，目前陷入僵局的韩日关系会成为应对中国和朝鲜的绊脚石。文件中还表明了美国希望同朝鲜对话的意志，同时表示将加强针对朝核的遏制力。[③]

拜登政府的“印太战略”实质上是重塑美国在“印太”的同盟体系。正如该文件所指出的，“印太战略”的战略手段突出关注“现代化

---

① *The US Indo-Pacific Strategy*, the White House, February 2022, assessed March 21, 2022, https://www.whitehouse.gov/wp-content/uploads/2022/02/U.S.-Indo-Pacific-Strategy.pdf.

② Ibid.

③ Ibid.

联盟关系；灵活的伙伴关系，其中包括一个强化了的东盟、一个领先的印度、一个强大而可靠的‘四方安全对话’和一个参与的欧洲；经济伙伴关系；新的美国国防、外交、发展和对外援助资源；以及美国各级政府对‘印太’地区的持续关注和承诺”。[①] 也就是通过升级同盟体系，美国会构筑起围堵中朝的战线。在东北亚，这条战线就是美日韩三边关系的强化。为此，拜登必须加强美韩同盟、美日同盟以及积极修补韩日关系。

当今，美国一直在强化“多域作战”（Multi-Domain Operation）在未来战争中的理念。“多域作战”旨在将美军必须争夺的战场空间从传统的作战领域，如陆地、海洋领域扩展到网络空间和外层空间中去，并通过联合作战击败对手。“多域作战”意在使美军能够渗透中国和俄罗斯的防御。[②] 美国军方特别热衷向盟友推销这一理念，即在实战中，盟友与美军可以从多个阵线和空间向对手发起挑战。[③] 简言之，美国军方通过多域作战可以建立一支来自盟友的可操作的灵活部队，从而最大限度地提高对对手的“威慑力”。[④] “多域作战”将是未来美韩同盟、美日同盟发展的重要一步。驻韩美军司令保罗·J. 拉卡梅拉（Paul J. LaCamera）在2021年5月参加参议院听证会时指出，驻韩美军“具有独特的优势，可以为‘印太’司令部指挥官提供一系列支援，为支持域

---

① *The US Indo-Pacific Strategy*, the White House, February 2022, assessed March 21, 2022, https://www.whitehouse.gov/wp-content/uploads/2022/02/U.S.-Indo-Pacific-Strategy.pdf.

② 柳基贤、金圣学：《陆军：多域作战理解》，《国防论坛》2020年第3期，第23页。

③ Watling, J, “European Allies in US Multi-Domain Operations,” Royal United Services Institute, April 6, 2021, accessed December 21, 2021, https://rusi.org/explore-our-research/publications/occasional-papers/european-allies-us-multi-domain-operations.

④ U.S. Indo-Pacific Command, “Transforming the Joint Force: A Warfighting Concept for Great Power Competition,” March 3, 2020, accessed December 21, 2021, https://www.pacom.mil/Media/Speeches-Testimony/Article/2101115/transforming-the-joint-force-a-warfighting-concept-for-great-power-competition/.

外突发事件和应对地区威胁创造新的选择”。[①] 由此明确提及美韩同盟在“印太战略”中的地位和新角色。

随着韩国总统选举落幕，朝鲜半岛将处在新一轮的周期中。东北亚格局或将日见浮现出阵营化的局面。挑战与机会并存。

第一，朝韩对立加剧。2022 年 1 月以来，朝鲜连续发射各种类型导弹和侦察卫星，加速提升朝鲜的军事力量。在外交上，2022 年 1 月的政治局会议再次强调朝鲜要“更加彻底地做好同美国长期对抗的准备”。[②] 与此同时，韩国也在加紧研发高精尖武器，构筑自己的导弹系统。2022 年 5 月韩国保守党尹锡悦执政后，将对朝重拾强硬政策。由此看出，朝韩对立的一面在加剧。

第二，韩俄关系趋冷。受国际形势影响，文在寅政府加入西方阵营对俄罗斯实施经济制裁。韩国公布制裁措施后，俄罗斯驻韩国大使安德烈·库里科（Andrey Kulik）立刻“深表遗憾”，并称韩国对俄罗斯施加的经济制裁显然对韩朝俄合作项目不会有任何帮助，“韩国屈服于外部压力参与制裁，两国关系的发展趋势将改变”。[③] 因此，俄罗斯将韩国列入“不友好国家”名单，从而波及韩国企业与俄罗斯的贸易。可以预期，韩俄关系很难在短期予以改善。

第三，朝俄保持友好关系。2019 年 4 月 25 日，金正恩和普京在符拉迪沃斯托克进行了首次会面，双方借此巩固了传统友好关系，更把

---

① “U. S. Forces Korea Commander Nominee: ‘The Top Priority is to Check the Early Warning Posture, Review of Profit and Loss due to Reduction of Joint Training’,” Voice of America, May 19, 2021, accessed December 21, 2021, https://www.voakorea.com/korea/korea-politics/lacamare-usfk-commander-nominee-confirmation-hearing.

② 《朝鲜劳动党第八届中央委员会第六次政治局会议举行》，《劳动新闻》2022 年 1 月 20 日，http://www.rodong.rep.kp/cn/，访问日期：2022 年 3 月 21 日。

③ 《俄乌冲突加剧韩朝对立　新冷战会否降临朝鲜半岛》，美国之音，2022 年 3 月 21 日，https://www.voachinese.com/a/how-russia-ukraine-conflict-affect-the-two-koreas-20220303/6468437.html，访问日期：2022 年 3 月 21 日。

“从战略上谋求地区局势的稳定，共同管理的问题”[①] 作为会谈议题。朝俄经贸关系也一直维持在高水平，即使在新冠肺炎疫情期间，朝鲜也从俄罗斯得到了粮食援助。2022 年，朝鲜官方将乌克兰危机归咎于美国，认为“造成乌克兰危机的根源，完全在于总是对他国使用强权、极其专横的美国和西方奉行的霸权主义政策”。[②] 在联合国相关议题的会议上，朝鲜也与俄罗斯保持一致。

第四，美朝关系将进入长期对立局面。朝鲜已多次表示拜登政府继续执行敌朝政策，两国关系很难改善，已经做好与美长期对抗的准备。而拜登面对朝鲜持续不断试射导弹，正在强化涉朝制裁，同时加强美韩同盟。

第五，美日韩三边关系将得以强化。尹锡悦上台后，将积极修补韩日关系，同时加强美日韩三边军事关系，积极加入美日印澳“四边机制”等“小圈子”之中，韩日将更为紧密地被嵌入美主导的“印太战略”之中。

由上可见，东北亚地区的阵营化局面正在逐渐显现。应该说目前是冷战结束以来安全形势极其严峻的阶段，但客观而言，仍比冷战时期要缓和得多。虽然一些消极因素在不断发酵和积累，但东北亚地区总体局势仍可控，各国之间沟通渠道畅通，也建立了各层次的紧急事态管控机制。因此，短期内爆发严重冲突的可能性不大。最为重要的是，中国一直是维护该地区和平与稳定的重要力量。

---

① 《普京与金正恩》，人民网，2019 年 4 月 26 日，http://world.people.com.cn/n1/2019/0426/c1002-31051207.html，访问日期：2022 年 3 月 21 日。

② 《朝鲜外务省发言人答记者问》，朝中社，2022 年 2 月 28 日，http://www.kcna.kp/cn/article/q/b18477ffa6e6e3d1152f1d891cf105e3.kcmsf，访问日期：2022 年 3 月 21 日。

五、站在十字路口的中韩关系

2022年3月10日，韩国保守派国民力量党总统候选人尹锡悦以微弱优势当选新任总统。尹锡悦在竞选期间提出全面提升美韩同盟的外交路线，他的上台将使美韩同盟加速向“印太战略”转型，这无疑会对中韩关系构成冲击。

在文在寅执政时期，韩国寻求在中美之间走平衡路线，不愿完全倒向美国，而尹锡悦竞选纲领的外交安保政策重点就是“重建韩美同盟关系和加强全面战略同盟关系”。[①] 尽管竞选时期的言论往往与实际政策施行大相径庭，但尹锡悦设定的外交立场不会有太大变化。从尹锡悦外交安保事务的幕僚团队组成看，“美国通”仍占多数，亲美倾向十分明显。不仅如此，尹锡悦在竞选时将其外交政策优先序列定为“美、日、中、朝”。因此，修补韩日关系是他上台后的重要议程。

对于中韩关系，2022年2月初尹锡悦在美国《外交事务》杂志上发文，称“中国是韩国最大的贸易伙伴，韩国是中国商品的主要市场。尽管有这些经济联系，但两国在安全问题上存在巨大分歧。首尔与北京合作的新时代应该基于这样的原则，即分歧不应妨碍经济问题。两国应定期举行高层战略对话，两国关系应以尊重彼此的利益和政策立场为基础”。[②] 这意味着，尹锡悦希望两国在政治、安保上的分歧不致影响两国

---

① “What Yoon's Win Means for Security and Foreign Relations on the Korean Peninsula,” NK News, March 10, 2022, assessed March 21, 2022, https://www.nknews.org/pro/what-yoons-win-means-for-security-and-foreign-relations-on-the-korean-peninsula/.

② Yoon Suk Yeol, “South Korea Needs to Step Up the Country's Next President on His Foreign Policy Vision,” *Foreign Affairs*, February 8, 2022, assessed March 21, 2022, https://www.foreignaffairs.com/articles/south-korea/2022-02-08/south-korea-needs-step.

的经贸往来。而他竞选时宣布如果当选将加入美日印澳“四边机制”，甚至追加部署萨德，[①] 这些都无疑会冲击中韩关系。

1992年建交以来，中韩关系在30年间实现了全方位、跨越式发展，巨大合作潜力得以充分发挥，为两国和两国人民带来重要利益，为维护地区稳定发挥了重要作用。近年来，中韩高层交往频繁，战略合作伙伴关系不断深化，从而为半岛局势的总体稳定和东北亚地区的多边合作注入了积极能量。然而，中韩关系的复杂性不容忽视，无论是美韩同盟的存在、韩国的安全战略、朝鲜半岛无核化进程乃至中韩民间的认知差异等，都制约着中韩关系的发展。在美国对华战略竞争日趋激烈的情势下，韩国面临“选边站”的困境。

2021年以来，韩国国内“全面向美”的声音不断高涨，其政界、军界、学术界以及民间都有言论要求韩国政府尽早放弃“战略模糊”，全面倒向美方，尹锡悦竞选中的外交纲领正是反映了韩国国内这种论调。历史证明，避免东北亚出现“新冷战”局面，中韩必须携手。2022年3月10日，习近平主席向尹锡悦发去贺电，强调，中方愿同韩方秉持建交初心，深化友好合作，推动中韩战略合作伙伴关系行稳致远，造福两国和两国人民。[②] 尹锡悦也表示，希望双方以建交30周年为契机，进一步密切高层往来，加强各领域交流合作，增进国民感情。坚信韩中关系必将取得更大发展，再上新的台阶。[③] 由此可见，新一届韩国政府也无意放弃中国这个大市场，仍将致力于促进中韩关系。因此，在新的

---

① “What Yoon’s Win Means for Security and Foreign Relations on the Korean Peninsula,” NK News, March 10, 2022, assessed March 21, 2022, https://www.nknews.org/pro/what-yoons-win-means-for-security-and-foreign-relations-on-the-korean-peninsula/.

② 《习近平向韩国当选总统尹锡悦致贺电》，中华人民共和国外交部，2022年3月11日，https://www.fmprc.gov.cn/zyxw/202203/t20220311_10650918.shtml，访问日期：2022年3月21日。

③ 《韩国当选总统尹锡悦：韩方愿同中方不断深化沟通与合作，坚信韩中关系必将取得更大发展》，新华社每日电讯，2022年3月17日，http://www.news.cn/mrdx/2022-03/18/c_1310519354.htm，访问日期：2022年3月21日。

形势下，韩国新政府在对华政策上仍将在政治安保与经济之间寻求平衡，不仅如此，此次尹锡悦以微弱优势获胜，也可以预见出他将面临在野党以及民间进步势力的巨大制衡，这将对其对华政策产生一定的制约作用。

积极向上的中韩关系是确保东北亚局势稳定的重要力量。经历了过往风波，中韩两国都应清楚地认识到双边伙伴关系发展的制约因素，只有通过真诚的对话与相互理解，不断提升中韩合作水平，中韩两国的战略合作伙伴关系才能真正行稳致远，为半岛和平稳定贡献积极能量。

六、结语

在未来一段时期内，东北亚将保持着“冷和平”的态势，阵营化趋势将越发显现出来。但不可否认的是，充满活力的经贸合作以及各方“求和平，促发展”的共同诉求是确保东北亚地区和平与稳定的重要力量。在面对百年未有之大变局的机遇和挑战中，中国应发挥更为积极的作用，而相关国家都应促进相互间的战略沟通，完善区域间双边或多边的经贸机制，以合作对话的方式推动东北亚的稳定与繁荣。

中美战略博弈下的东南亚安全现状与发展趋势

李志斐*

【内容摘要】拜登执政白宫之后，重新调整美国与东南亚国家关系，深化条约盟友关系，加强伙伴关系建设，突出强调对东盟“中心地位”的支持；频繁举行军事演习，并加强对东南亚国家的各类援助。美国不仅推动南海争端复杂化，也将气候变化、跨境犯罪、恐怖主义等低敏感性非传统安全议题“高政治化”，成为美国与中国展开竞争的中国的“砝码”。美国东南亚政策调整加剧了中美博弈，东南亚国家对中政策和立场“分化”的风险加大，地区国家关系更加复杂化，地区不稳定性加剧。对此，中国应在坚决反击美国和部分东南亚国家侵害中国主权和合法权益言行的同时，积极寻找突破口，找准关键环节，推动与东南亚国家的深度、全面合作，推动良性地区关系构建。

* 李志斐，中国社会科学院亚太与全球战略研究院研究员。

东南亚地区在中国和美国的外交中占有举足轻重的地位，是中美博弈激烈的地区。拜登执政美国白宫之后，开始重新调整美国与东南亚国家关系，提升东南亚地区在美国外交政策中的地位。2021 年在中美博弈加剧的影响下，东南亚地区的安全形势更加复杂，为中国的周边安全增添更多挑战。

一、东南亚地缘安全环境总体态势和安全特征

东南亚位于亚洲东南部，地处亚洲与大洋洲、太平洋与印度洋之间的“十字路口”，包括中南半岛和马来群岛两大部分。东南亚地区共有 11 个国家：缅甸、泰国、柬埔寨、老挝、越南、菲律宾、马来西亚、新加坡、文莱、印度尼西亚、东帝汶。除了新加坡，东南亚各国都是发展中国家，拥有丰富的自然资源和人力资源，是当今世界经济发展最有活力和潜力的地区之一。

1967 年 8 月 8 日东南亚国家联盟正式成立，1999 年柬埔寨宣布加入之后，东盟组织几乎涵盖了整个东南亚地区。在成立至今的 30 多年中，东盟各国国不断加强政治、经济、军事领域的合作，采取切实可行的经济发展战略，经济发展迅速，成为亚洲第三大经济体和世界第六大经济体。东盟日益成为东南亚地区以经济合作为基础的政治、经济、安全一体化合作组织，东盟“中心地位”逐渐确立。

基于东南亚地区特殊的地理位置，该地区一直是大国竞争的重要目标地。美国在东南亚地区有广泛的战略利益和经济利益，新加坡、泰国、菲律宾等国是美国在东南亚最重要的政治与安全伙伴，与其建立了较为牢固的双边与安全防务关系，东盟同时也是美国的第六大出口目的地，经济利益巨大。2010 年奥巴马政府实施“重返亚太”战略之后，

东南亚就成为此美国重返亚太的阵地，此后开始逐步深度介入东南亚事务。拜登政府上台后，美国进一步提升东南亚在“印太战略”中的地位，不断在外交、经济和军事三个维度加大对东南亚的战略投入，拓展与东南亚国家合作的深度与广度，强化对东盟地区机制的塑造影响，提升美国在东南亚国家的战略影响，实现其一再强调的“强调东南亚国家是‘印太’体系的关键组成部分”。

中国—东盟关系一直在中国周边外交战略中占据重要和优先地位。冷战结束后，中国和东盟在1991年正式建立对话关系，2021年11月22日，中国和东盟发布《中国—东盟建立对话关系30周年纪念峰会联合声明》，该声明指出，中国—东盟关系是东盟同对话伙伴关系中最具活力、最富内涵、最为互利的关系之一，已成为东亚区域合作的典范，为亚太地区的和平稳定和发展繁荣做出了重大贡献。双方宣布，将建立有意义、实质性、互利的中国—东盟全面战略伙伴关系，构建更为紧密的中国—东盟命运共同体。① 中国—东盟关系始终在东盟诸多对话伙伴关系中发挥引领作用。30多年间，中国与东盟造就数个“第一”，中国第一个同东盟启动自由贸易区谈判；第一个作为域外国家加入《东南亚友好合作条约》；第一个与东盟建立战略伙伴关系；第一个公开表示愿同东盟签署《东南亚无核武器区条约》议定书；第一个与东盟制定中长期合作规划的对话伙伴；也是第一个明确支持东盟在区域合作中的中心地位。

当前，美国加大对华战略竞争，直接影响到东南亚国家的政策制定与经济发展。一方面，部分东南亚国家对中国的崛起存有戒心，希望借美国之力平衡中国的地区影响；另一方面，中美博弈使东南亚国家面临“选边站”的困境，挤压了与两国关系都较为密切的东南亚国家的活动

① 《中国—东盟建立对话关系30周年纪念峰会联合声明——面向和平、安全、繁荣和可持续发展的全面战略伙伴关系》，中华人民共和国外交部，2021年11月22日，https://www.fmprc.gov.cn/web/gjhdq_676201/gjhdqzz_681964/lhg_682518/zywj_682530/t1919519.shtml。

空间，尤其是在“安全上靠美国，经济上靠中国”的红利分享。随着拜登政府“印太战略”的持续推进，东南亚的安全形势正在面临更多挑战。

二、拜登政府提升东南亚的战略地位

拜登政府上台后，继续将遏制和打压中国作为主要战略目标。在这一大背景下，拜登政府调整东南亚外交政策，提升东南亚地区为美国“印太”政策中最关键的地区之一，与中国展开话语权、影响力和领导力等全方位竞争。

（一）深化条约盟友关系，加强伙伴关系建设

2021年3月白宫发布的《临时国家安全战略方针》指出，重大国家利益促使美国与“印太”地区建立最深入的联系，深化与新加坡、越南和其他东盟国家之间的伙伴关系，来达成共同目标。① 美国从最紧密的盟友、伙伴关系开始构建网络体系，且正以创新方式和方法使之与时俱进，深化与菲律宾、泰国的条约盟友关系，加强与印尼、马来西亚、新加坡、越南等国的伙伴关系。② 副总统卡玛拉·哈里斯（Kamala Harris）强调伙伴关系将以坦诚、开放、包容、利益共享和互利为基础。③ 2021年，美国高官频繁出访东南亚国家，部分东南亚国家

---

① *Interim National Security Strategy Guidance*, The White House, March 2021, https://www.whitehouse.gov/briefing-room/statements-releases/2021/03/03/interim-national-security-strategic-guidance/.

② *Indo-Pacific Strategy of the United States*, The White House, February 2022, https://www.whitehouse.gov/wp-content/uploads/2022/02/U.S.-Indo-Pacific-Strategy.pdf.

③ "Remarks by Vice President Harris on the Indo-Pacific Region," The White House, August 24, 2021, https://www.whitehouse.gov/briefing-room/speeches-remarks/2021/08/24/remarks-by-vice-president-harris-on-the-indo-pacific-region/.

高官也访问了美国，双方关系得到修复与加强。2021 年美国和部分东南亚国家双边高层互访情况参见表 1。

表 1　2021 年美国和部分东南亚国家双边高层互访

<table>
<tr><th>时间</th><th colspan="2">人物</th><th>事件</th></tr>
<tr><td>2021 年 1 月</td><td colspan="2">美国国务卿布林肯与菲外长洛钦通话</td><td>重申《美菲军事基地协定》的重要性，向菲保证当菲在南海遭遇军事威胁时，美国将按照协定采取相应行动</td></tr>
<tr><td rowspan="3">2021 年 6 月</td><td rowspan="3">美国国务卿舍曼出访东南亚</td><td>印尼</td><td>强调印尼是“‘印太’地区基于规则秩序的锚定者”</td></tr>
<tr><td>柬埔寨</td><td>要求柬埔寨就 2020 年底未事先通知便拆除美国在该国云壤海军基地资助兴建的两座军事设施做出说明；关切中国和柬埔寨关系</td></tr>
<tr><td>泰国</td><td>表示将向泰国提供 3000 万美元抗疫援助，并支持泰国采购疫苗</td></tr>
<tr><td>2021 年 7 月</td><td colspan="2">美防长奥斯汀访问菲律宾</td><td>菲同意取消暂停《访问部队协议》（VFA）</td></tr>
<tr><td>2021 年 7 月</td><td colspan="2">美防长奥斯汀访问越南</td><td>就美越军事合作问题进行协商</td></tr>
<tr><td>2021 年 7 月</td><td colspan="2">美“印太”司令阿奎利诺访问新加坡</td><td>重申两国长期且多领域的防卫伙伴关系，讨论加强美新军队信任与合作计划</td></tr>
<tr><td>2021 年 8 月</td><td colspan="2">美“印太”司令阿奎利诺首访菲律宾</td><td>纪念《共同防御条约》（Mutual Defense Treaty）签署 70 周年，强调美菲两国武装部队对联盟的坚定承诺</td></tr>
<tr><td>2021 年 8 月</td><td colspan="2">美副总统哈里斯访问新加坡</td><td>美新在气候问题、安全问题、经济合作、新冠肺炎疫情防控等领域达成系列协议</td></tr>
</table>

续表

时间	人物	事件
2021年8月	美副总统哈里斯访问越南	美宣布向越南提供的新冠疫苗数量提升至600万剂，双方推出关于应对气候变化和湄公河区域面临的问题的政策，美方强调越南在“印太”地区起发挥的重要作用
2021年8月	印尼外长蕾特诺访问美国	双方启动“战略对话”，强调双在网络安全、预防网络犯罪等方面继续合作，并将共同维护“航行自由”
2021年9月	菲外长洛钦出访美国	就南海局势、新冠肺炎疫情等进行讨论；表示将于2021年11月举办双边战略对话，2022年初举办“2+2”部长级对话，巩固美菲盟友关系
2021年9月	美海军陆战队司令戴维·伯杰将军访问菲律宾	强调美菲联盟对维护地区和平与稳定，提高应对危机和突发事件的操作性非常重要
2021年9月	菲国防部长德尔芬·洛伦扎纳访问美国	《美菲共同防御条约》是联盟基础，美菲将携手建立更强大的联盟，讨论海上合作、菲律宾武装部队的现代化以及提高协同性、信息共享和投资等议题
2021年10月	美国总统拜登出席东亚峰会、东盟—美国峰会线上会议	宣布拨款1.02亿美元扩大美国与东盟战略伙伴关系，资金用于健康、气候、经济、教育等多领域的合作项目
2021年11月	美国负责东亚和太平洋事务的助理国务卿丹尼尔·克里滕布林克访问印尼、马来西亚、新加坡和泰国	重申美国致力于与盟友和伙伴合作，应对21世纪最严重的全球和地区挑战，强调美国支持“在‘印太’地区建立基于规则的秩序”。重点议题包括人权、气候变化、缅甸问题以及美国与东南亚的经济关系
2021年12月	美国国务卿布林肯计划访问印尼、马来西亚、泰国(因同行人员感染新冠而中断赴泰访问)	强调美国与东盟关系或提升至“前所未有的水平”，专注于“加强区域安全基础设施”，讨论拜登政府提出的“印太经济框架”愿景

资料来源：作者自制。

菲律宾是美国在东南亚的主要军事同盟。拜登政府就任后，在东南亚地区首先着手修复美菲同盟关系。1 月，美国向菲保证，当菲在南海遭遇军事威胁时，美国将按照协定采取相应行动。7 月，菲律宾总统杜特尔特与美国国防部长劳埃德·奥斯汀（Lloyd Austin Ⅲ）会晤后决定撤销终止菲美《访问部队协议》的决定，[①] 根据 2014 年《增强防卫合作协议》（EDCA），制定“双边海上框架”并恢复建设项目，该协议允许美国进入和升级选定的菲律宾军事基地。9 月，美国国防部长劳埃德·奥斯汀强调美国致力于维护菲律宾的主权和安全，并在共同利益和共同价值观的基础上深化伙伴关系，建立一个更强大的联盟。[②] 美国海军陆战队司令戴维·伯杰（David Berger）将军访问菲律宾，这是自 2017 年以来美国海军陆战队指挥官首次访问菲律宾，[③] 重申了美菲海军陆战队联合实战训练的重要性，如“毒液”（Kamandag）和“肩并肩”（Balikatan）军演。[④] 10 月，美菲商定 300 多项关于反恐、海上安全、网络安全、人道主义援助和救灾等合作。[⑤] 12 月菲律宾加强了在南海的巡逻力度，为

---

① “VFA Fully Restored after Duterte Meeting with Pentagon Chief-Lorenzana,” Philstar, July 30, 2021, https://www.philstar.com/headlines/2021/07/30/2116367/vfa-fully-restored-after-duterte-meeting-pentagon-chief-lorenzana.

② “Austin Says Philippines Is Vital Ally with Shared Goals,” U. S. Department of Defense, September 10, 2021, https://www.defense.gov/Explore/News/Article/Article/2771098/austin-says-philippines-is-vital-ally-with-shared-goals/.

③ “US Marine Corps Chief Meets with Philippine Counterparts in First Visit since 2017,” Philstar, September 13, 2021, https://www.philstar.com/headlines/2021/09/13/2126853/us-marine-corps-chief-meets-philippine-counterparts-first-visit-2017.

④ “U. S. Marine Corps Commandant Visits the Philippines,” U. S. Indo-Pacific Command, September 13, 2021, https://www.pacom.mil/Media/News/News-Article-View/Article/2773137/us-marine-corps-commandant-visits-the-philippines/.

⑤ Aaron Recuenco, “US, PH Renew Commitment to Ensure Security, Defense Cooperation,” Manila Bulletin, October 14, 2021, https://mb.com.ph/2021/10/14/us-ph-renew-commitment-to-ensure-security-defense-cooperation/.

驻扎在南海环礁上的菲律宾军队进行军事补给。① 泰国作为美国在东南亚地区的另一个军事盟友，对美国东南亚政策的转变表示欢迎和支持。2021 年 5 月，第七次美泰战略对话期间，双方讨论了包括地区安全、经济繁荣、卫生合作和共同打击跨国犯罪等共同关心的议题，重申了对美泰防务联盟的长期承诺，强调要在亚太经合组织（APEC）、东盟峰会和湄公河—美国伙伴关系等地区机制框架下开展合作。② 除继续举行年度军事演习，美国国务院批准向泰国出售 8350 万美元的军事设备。③

美国努力巩固与越南的双边关系，强调与越南建立全面伙伴关系的决心，重视美越军事合作，同时表明要在海上安全、湄公河地区、应对气候变化和结束新冠肺炎大流行等领域深化合作。美国利用南海问题，不断强调对越南南海立场的支持，声称要帮助越南加强岸防实力，维护南海安全。④

新加坡与美国在经贸、安全等领域一直保持广泛而紧密的合作。2021 年 7 月，美国“印太”司令阿奎利诺（John C. Aquilino）访问新加坡时重申两国防务伙伴关系，表示要加强新加坡军队与美国“印太”司令部之间信任与合作计划。8 月，美副总统哈斯访问新加坡时两国在气候问题、安全问题、经济合作、新冠肺炎疫情防控等领域达成系列协议。

2015 年美国和印尼建立“战略伙伴关系”，但是直到 2021 年 8 月，

---

① “Philippines Set to Resume Resupply Mission to South China Sea,” Reuters, November 21, 2021, https://www.usnews.com/news/world/articles/2021-11-21/philippines-set-to-resume-resupply-mission-to-south-china-sea.

② “Seventh U.S.-Thailand Strategic Dialogue,” U.S. Department of State, May 21, 2021, https://www.state.gov/seventh-u-s-thailand-strategic-dialogue/.

③ “Thailand-JAVELIN Missiles,” US Defense Security Cooperation Agency, July 30, 2021, https://www.dsca.mil/press-media/major-arms-sales/thailand-javelin-missiles.

④ “Fact Sheet: Strengthen the U.S.-Vietnam Comprehensive Partnership,” The White House, August 25, 2021.

双方才举行首次“战略对话”。美国表示，与印尼建立牢固的伙伴关系将是美国在该地区“增加参与度的重要资产”，美国也是东盟实现其“印太展望”的重要伙伴之一。[①] 同月，美国和印尼举行了有史以来最大的军事演习，3000 多人参加。

（二）强调对东盟“中心地位”的支持

拜登上任后，迅速修复与日本、韩国和澳大利亚的盟友关系，而对东盟事务的处理相对滞后，从而受到多家美国智库的批评，他们认为美国应改善与东南亚的关系，提升美国在东南亚地区的战略地位。尤其是在南海问题上，美国与部分东盟国家的战略利益重合，加强与东盟的合作不仅是可取的，而且是必要的。此后，拜登政府逐步重视东南亚事务，任命前助理国务卿库尔特·坎贝尔为“印太”协调员，加强与该地区国家的接触，[②] 并考虑如何以更持续的方式平衡美国在东南亚面临的挑战。[③]

东盟成立以来，一直在东南亚地区合作中扮演着制度供给者、规范提供者、合作协调者的角色，东盟中心地位是域内外双重认同的产物。东盟将维护自身的中心地位作为其处理内外政策的战略目标，将中心地

---

① *Statement by NSC Spokesperson Emily Horne on National Security Advisor Jake Sullivan's Meeting with Foreign Minister Retno Marsudi of Indonesia*, The White House, August 2, 2021, https://www.whitehouse.gov/briefing-room/statements-releases/2021/08/02/statement-by-nsc-spokesperson-emily-horne-on-national-security-advisor-jake-sullivans-meeting-with-foreign-minister-retno-marsudi-of-indonesia/.

② GAbriela Bernal, "Pivot to ASENA: Why Biden Should Pay Attention to Southeast Asia," New Mandala, February 1, 2021, https://www.newmandala.org/pivot-to-asean-why-biden-should-pay-attention-to-southeast-asia/.

③ Prashanth Parameswaran, "US Southeast Asia Strategy: A Balance of Commitment Approach Under Biden and Beyond," *The Diplomat*, January 28, 2022, https://thediplomat.com/2022/01/us-southeast-asia-strategy-a-balance-of-commitment-approach-under-biden-and-beyond/.

位视为管理地区事务的重要原则。[1] 因此，在加速修复与东南亚国家双边关系的同时，美国不断强调对东盟“中心地位”的支持。

2021 年 8 月 4 日，美国国务卿布林肯参加东亚峰会外长会议期间，强调以东盟为中心的论坛在美国实现自由开放的“印太战略”中具有重要作用，支持落实《东盟印太展望》，应对紧迫的地区和国际挑战。[2] 10 月 26 日，美国—东盟峰会联合声明强调，美国继续支持东盟的中心地位、统一性和团结，将提供 1.02 亿美元用于加强东盟—美国合作项目。[3] 12 月，美国副国务卿温迪·舍曼（Wendy Sherman）会见东盟 10 位大使时再次重申美国对东盟在地区事务中核心作用的承诺，表示将为东盟地区提供积极的经济议程，维持双方的伙伴关系，应对包括南海、东海问题，以及重建缅甸民主道路等域内各类挑战。[4] 2022 年 2 月的新版《美国印太战略》强调，美国欢迎一个强大而独立的东盟在东南亚发挥领导作用，赞同东盟的中心地位，支持东盟为“印太”地区面临的紧迫挑战提供可持续解决方案。[5]

在实践中，美国加强与东盟的多领域合作。2021 年 3 月，东盟—美国联合合作委员会第 12 次会议以视频方式召开会议，双方一致表示要

---

① Chen Yingqun, “ASENA Nation not Chess Pieces for US,” *China Daily*, April 21, 2022, https://global.chinadaily.com.cn/a/202204/21/WS6260b16da310fd2b29e58408.html.

② “Secretary Blinken’s Participation in the East Asia Summit Foreign Ministers’ Meeting,” U.S. Department of State, August 4, 2021, https://www.state.gov/secretary-blinkens-participation-in-the-east-asia-summit-foreign-ministers-meeting/.

③ Chairman’s Statement of the 9th ASENA-United States Summit, ASEAN, October 26, 2021, https://asean.org/wp-content/uploads/2021/10/85.-Final-Chairmans-Statement-9th-ASEAN-US-Summit-As-of-27-Oct-2021.pdf.

④ “Deputy Secretary Sherman’s Meeting with the ASENA Committee Washington,” U.S. Department of State, December 6, 2021, https://www.state.gov/deputy-secretary-shermans-meeting-with-the-asean-committee-washington/.

⑤ *Indo-Pacific Strategy of the United States*, The White House, February 2022, https://www.whitehouse.gov/wp-content/uploads/2022/02/U.S.-Indo-Pacific-Strategy.pdf.

落实《东盟—美国战略伙伴行动方案（2021—2025）》［*Plan of Action to Implement the ASENA-United Strategic Partnership*（*2021-2025*）］，为地区安全和繁荣做贡献。5月6日，美国与东盟举行第34次美国—东盟对话，美国表示将振兴与东盟的伙伴关系。6月29日，湄公河—美国伙伴关系（以下简称“湄美伙伴关系”）首次高级官员会议召开。8月，美国国务卿布林肯以视频会议的方式连续参加美国—东盟外长会议、东盟地区论坛和湄美伙伴关系会议等，强调美国对“以东盟为中心”原则的支持。

（三）加强与东南亚的军事、安全合作

美国国会研究服务部的报告强调，面对中国的强大竞争，美国的国防规划重点是加强在“印太”地区的军事能力，包括在南海和东海与中国进行战略博弈的活动；帮助加强日本、澳大利亚、韩国、菲律宾和新西兰的军事能力，增加提高这些国家军队与美国军队有效作战能力的活动以及提高该地区新安全伙伴（如越南）军事能力的活动。例如，美国海军已将其大部分舰队转移到该地区，向该地区派遣最强的船只、飞机和人员，在该地区进行更多的作战、演习和作战试验，开发新武器、无人驾驶车辆和其他技术等。①

增加军事演习频度是美国2021年不断加强与东南亚地区军事合作的明显表现。2021年8月3—15日，美国陆军与泰国皇家武装部队（Royal Thailand Armed Forces）合作进行“金色眼镜蛇”军事演习，标志着年度第40次印度洋—太平洋军事演习的完成。② 8月11日，美国牵

① “Renewed Great Power Competition: Implication for Defense-Issues for Congress,” The Congress of U. S., https://crsreports.congress.gov/product/pdf/R/R43838.

② Hercules Reyes, “US, Thai Military Complete 40th Exercise Cobra Gold,” *The Defense Post*, August 25, 2021, https://www.thedefensepost.com/2021/08/25/us-thailand-military-exercise/.

头的“东南亚合作和训练”（SEACAT）进行第20次军事演习，印尼、马来西亚、菲律宾、新加坡、泰国、越南等6个东盟国家参与其中。① 8月12日，菲律宾和“印太”地区20个国家参加了美国主导的东南亚合作和训练（SEACAT）海上演习。② 8月29日，美国海军“卡尔·文森”号航母抵达横须贺美军基地，以弥补“里根”号航母派驻中东支持美军从阿富汗撤军所造成的西太航母“空窗期”。“卡尔·文森”号航母搭载美国海军一个中队12架F-35C“闪电Ⅱ”战斗机，这是美国航母首次搭载第五代战机在亚太部署，任务区域涵盖东南亚和南海周边地区。次日，包括美国海军“卡尔·文森”号航母战斗群、美国海军“美利坚”号两栖攻击舰远征战斗群、英国“伊丽莎白女王”号航母战斗群等6个海军任务小组的多国庞大舰队，开始在“印太”海域进行作战部署。这是2021年以来，美国主导在西太平洋海域密集展开大规模联合军事演习的最新发展。③ 9月1日，菲律宾海岸警卫队（PCG）与美国海岸警卫队（USCG）在苏比克湾附近海域举行联合海上演习，声称旨在打击在菲律宾水域发生的恐怖活动和其他非法活动。④ 9月6—10日，美国和泰国举行第27次年度海上合作准备与训练演习（Cooperation Afloat Readiness and Training，CARAT）联合海军训练。⑤ 10月，美国海军部长卡洛斯·德尔托罗（Carlos Del Toro）访问美国“印太”辖区的

① 《21国海军启动美国牵头的“东南亚合作训练”》，ALJAZEERA，2021年8月11日，https://chinese.aljazeera.net/news/2021/8/11/%e5%9b%bd%e6%b5%b7%e5%86%9b%e5%90%af%e5%8a%a8%e7%be%8e%e5%9b%bd%e7%89%b5%e5%a4%b4%e7%9a%84%e4%b8%9c%e5%8d%97%e4%ba%9a%e5%90%88%e4%bd%9c%e8%ae%ad%e7%bb%83。

② “Philippines Joins US-led Maritime Exercises in Singapore,” Philstar, August 12, 2021, https://www.philstar.com/headlines/2021/08/12/2119333/phl-joins-us-led-maritime-exercises-singapore.

③ 吴敏文：《美国搅局东南亚意欲何为》，《中国青年报》2021年9月16日。

④ “Philippines, US Hold Coast Guard Drills in Subic,” Philstar, August 12, 2021, https://www.philstar.com/headlines/2021/09/01/2124096/philippines-us-hold-joint-coast-guard-drills-subic.

⑤ “United States and Thailand Expand Maritime Partnership,” U.S. Embassy & Consulate in Thailand, September 13, 2021, https://th.usembassy.gov/united-states-and-thailand-expand-maritime-partnership/.

水兵、海军陆战队员和政府领导人，强调保持美国在海洋事务中的主导地位、巩固战略伙伴关系以及进一步加强与该地区伙伴国家的合作作为优先考虑事项。① 11月21—30日，美、日、德、澳、加五国海军在菲律宾海举行代号“ANNUALEX 2021”的年度联合演习，内容涉及海上通信、飞行作战、海上补给以及反潜和防空作战等。②

美国还加强了对东南亚国家的军事援助。2021年6月，美国国防部批准向菲律宾出售F-17战斗机、AGM-84“鱼叉”反舰导弹和AIM-9X“响尾蛇”空对空导弹及其他装备，军售总额近29亿美元。③ 据英国《简氏防务周刊》网站报道，美国要求2022年“对外军事资助”项目为东南亚国家提供1.29亿美元援助。2021年，该项目为东南亚提供了近8600万美元的资助，2019年和2020年为该地区实际提供了每年1.01亿美元的援助。2022年“对外军事资助”项目如下：为菲律宾提供4000万美元，为印度尼西亚提供1400万美元，为越南提供1200万美元，还将分配5000万美元给东亚和太平洋地区国家基金，用于支持地区安全优先事项。美国国务院2022年国会预算说明书中，还包括为东南亚国家提供近1400万美元的国际军事教育和训练计划经费。④

（四）加强对东南亚国家的各类援助

拜登上台之后，大幅提升了对外援助的预算和支出。新冠肺炎疫情

① “SECNAV's Inaugural Visit to the Indo-Pacific Region,” U. S. Indo-Pacific Command, October 22, 2021, https://www.pacom.mil/Media/News/News-Article-View/Article/2820493/secnavs-inaugural-visit-to-the-indo-pacific-region/.

② “Australian Navy Completes Exercise with Canada, Germany, Japan and US,” Australian Government Department of Defense, December 1, 2021, https://news.defence.gov.au/media/media-releases/australian-navy-completes-exercise-canada-germany-japan-and-us.

③ 《美批准对菲律宾29亿美元军售，含12架F-16及24枚空空导弹》，新浪网，2021年6月25日，https://mil.news.sina.com.cn/world/2021-06-25/doc-ikqcfnca3146953.shtml。

④ 《英媒：美国增加对东南亚军援抗衡中国》，参考消息网，2021年8月13日，https://www.cankaoxiaoxi.com/china/20210813/2451078.shtml。

发生之后，美国一度因为囤积疫苗的行为招致国际社会批评。为扭转不良的国际形象，同时拉近与东南亚国家之间的关系，美国开始增大对东南亚国家的医疗援助。2021 年 3 月，美日印澳四国峰会宣布成立疫苗合作伙伴关系（Quad Vaccine Partnership），承诺于 2022 年底之前向东盟和更广泛的“印太”地区国家提供多达 10 亿剂的新冠疫苗。美日承诺出资 4.07 亿美元，澳大利亚出资 7700 万美元提供疫苗“最后一英里”的交付支持，重点锁定为东盟国家和部分太平洋岛国。[①] 印澳承诺将在疫苗的准备和交付、疫苗采购、卫生人力准备、对疫苗错误信息的反应、社区参与、免疫能力等方面支持相关国家，并整体性加强东盟国家的卫生系统。[②] 2021 年 7 月，美国国防部长劳埃德·奥斯汀（Lloyd Austin）在第 40 届富勒顿讲座（Fullerton Lecture）中发表演讲时强调，美国同东南亚国家同处一方，美国已迅速向整个“印太”地区提供紧急援助，包括检测设备、氧气供应、个人防护设备、呼吸机和疫苗储存。从 5 月到 7 月，美国向印尼、老挝、马来西亚、菲律宾、韩国、泰国和越南等国家援助 3000 多万剂疫苗，并承诺在“印太”地区生产和提供 10 亿剂疫苗。[③] 8 月 25 日，美国疾控中心东南亚分部开始在越南运营，美国强调将有助于提升地区成员的“预测、监测和应对传染病等健康威胁的能力”。[④]

---

① Ryan Heath, “U. S. and Pacific partners to flood Asia with vaccines,” *Politico*, March 12 2021, https: //www. politico. com/news/2021/03/12/us-and-pacific-partners-to-flood-asia-with-vaccines-475571.

② “The Quad Vaccine Partnership, Fact Sheet: Quad Summit,” The White House, March 12, 2021, https: //www. whitehouse. gov/briefing-room/statements-releases/2021/03/12/fact-sheet-quad-summit/.

③ “Austin Emphasizes Partnership in Singapore Speech,” U. S. Department of Defense, July 27, 2021, https: //www. defense. gov/Explore/News/Article/Article/2708276/austin-emphasizes-partnership-in-singapore-speech/.

④ “Vice President Kamala Harris Opens New CDC Southeast Asia Region Office in Vietnam,” U. S. Centre for Disease Control and Prevention, August 25, 2021, https: //www. cdc. gov/media/releases/2021/p0825-new-cdc-office. html.

2021 年 10 月，拜登总统与东南亚国家联盟成员国领导人、东盟秘书长一同出席“美国—东盟”峰会时，宣布将提供价值 1.02 亿美元的投入扩大美国—东盟战略伙伴关系，支持该地区从 COVID-19 流行病中复苏，应对气候危机、促进经济增长、发展人力资本。拜登重申了美国对彻底结束新冠肺炎疫情并更好地应对下一次疫情的承诺，具体包括向东盟成员国提供 4000 多万剂疫苗以及 2 亿多美元的紧急卫生和人道主义援助。[①] 2021 年 12 月，美国宣布已经向东盟国家捐赠了 4000 多万支新冠疫苗，实现“美国持续支持东盟抗击 COVID-19 疫情的承诺”。[②]

三、美国加大对华战略竞争对东南亚安全形势的影响

东南亚地区不仅存在南海问题等领土领海争端，气候变化、跨境犯罪、恐怖主义等非传统安全问题也日渐成为威胁该地区可持续发展与安全的重要议题。中美战略博弈的加剧，使诸多安全问题成为美国制衡中国的“砝码”，加剧了问题的解决难度，增加了地区局势的不稳定系数。

南海问题是东南亚地区最受国际关注的传统议题，美国以此为“抓手”，不断加强与菲律宾的防务合作，加大海空军事活动和对华军事威慑，并怂恿域外国家加强在南海的军事存在。在美国的推动下，南海问题的军事化、国际化、法理化态势明显，显著影响了地区安全局势。本评估报告有专门文章阐述南海局势发展，所以本文就不做专门、深入的论述。

---

① “Remarks by President Biden at the Annual U. S. -ASENA Summit,” The White House, October 26, 2021, https://www.whitehouse.gov/briefing-room/speeches-remarks/2021/10/26/remarks-by-president-biden-at-the-annual-u-s-asean-summit/.

② “Deputy Secretary Sherman’s Meeting with ASENA Committee Washington,” U. S. Department of State, December 6, 2021, https://www.state.gov/deputy-secretary-shermans-meeting-with-the-asean-committee-washington/.

（一）缅甸问题削弱东盟统一性

2021年2月1日，缅甸国务资政兼外长昂山素季等政治领导人被军方扣押。2日，缅甸总统府宣布将国家权力移交给国防军总司令敏昂莱。缅甸军方宣布，缅甸副总统敏瑞就任代总统。此后东盟、东盟国家在是否承认缅甸军方的政治代表性上陷入两难。东盟“一致同意”和“不干涉内政”原则，限制了东盟推动解决缅甸问题的能力。缅甸问题发生之初，印尼总统佐科呼吁召开一次东盟特别会议，但东盟内部意见不统一，应者不多。2021年3月2日，东盟举行外长非正式会议，呼吁结束缅甸暴力活动，释放所有政治犯，进行和解对话。但缅方代表态度强硬，会议无果而终。4月24日的东盟领导人特别会议就缅甸局势达成五点共识：一是应当立即停止暴力，所有各方均须保持最大克制；二是有关各方应开展建设性对话，从人民利益出发，寻求以和平方式解决问题；三是在东盟秘书长协助下，东盟轮值主席国特使应推动对话进程；四是东盟应通过东盟灾害管理人道主义援助协调（AHA）中心提供人道主义援助；五是东盟特使和代表团应访问缅甸并与有关各方举行会晤。[①] 东盟此后一直敦促缅方落实“五点共识”，但实际情况并不乐观。

东盟一直以邀请“非政治代表”参加的形式来避免承认缅甸军方政权合法性，但东盟的安排长期遭到缅甸军方抗议和拒绝，军方多次为此拒绝派出代表参与东盟会议。在2021年10月举行的东亚领导人系列会议和2022年2月的东盟非正式外长会上，均未有缅方代表出席。为了恢复与缅甸军政府的接触，作为东盟轮值国主席柬埔寨积极斡旋，柬埔寨总理洪森于2022年2月访问缅甸。目前，东盟内部关于缅甸问题出现两种不同声音，一方倾向于加强与缅甸军方沟通；另一方倾向于在

---

① 付志刚：《东盟就缅甸局势达成重要共识》，《光明日报》2021年4月26日，第12版。

“五点共识”落实前，不邀请缅甸军方参加东盟的正式外交活动。意见的分歧，尤其是缅方的多次缺席损害了东盟的统一性和中心地位，这是当前东盟面临的来自内部的主要挑战。

（二）小多边机制冲击东盟中心地位

拜登政府重点拉拢盟友与伙伴关系共建安全合作框架，包括提振“五眼联盟”，升级并扩容“四边机制”，以及组建美英澳三边安全伙伴关系，从而推动美国主导下的地区安全网络具体化、实心化。美国以“四边机制”作为“印太战略”的支柱性地区机制，无疑会导致东盟在区域事务中的边缘化。美英澳三边安全伙伴关系是近 30 年来亚太地区唯一新成立的多边军事同盟，尤其是美英对澳大利亚建设核动力潜艇的支持，使本地区面临核扩散的威胁。对此，东盟各国出现不同反应。印尼、马来西亚、柬埔寨表示反对或质疑，认为美英澳三边安全伙伴关系将导致地区军备竞赛升级；菲律宾、新加坡则支持美英澳三边安全伙伴关系的建立，认为这有利于保持地区军事力量的平衡；越南、泰国、老挝、缅甸、文莱等国则保持谨慎沉默。①

无论是“四边机制”还是美英澳三边安全伙伴关系，都是美国推进“印太战略”、围堵中国的重要步骤，都不可避免地会加剧地缘政治风险和地区安全“阵营化”，增加东盟在大国间协调“对冲”的难度，使东盟主导的地区安全机制及东盟在地区架构中的“中心地位”受到巨大挑战，甚至面临被边缘化的风险。

（三）非传统问题被“政治化”和“安全化”

在中美博弈加剧的背景下，美国将非传统安全议题纳入“小多边”

---

① 成汉平、刘喆、宁威：《东盟国家对阿库斯的真实态度》，《唯实》2022 年第 2 期。

排外机制的构建内容之中，成为“印太战略”的重要合作内容，使原本以低政治化、低敏感性为特点的非传统安全议题转变为与中国展开博弈和竞争的“中介”，严重影响了非传统安全问题的解决。

新冠肺炎疫情发生后，东南亚国家的疫情不断升温，极大地冲击了东南亚地区的经济发展和民生安全。随着新冠肺炎疫情在全球的持续扩散升级，东南亚国家确认病例在不断上升，不仅给各国的公共卫生系统造成巨大压力，同时对经济产生严重影响，旅游业、零售业和其他服务行业受到巨大冲击，商业面临供应链中断的威胁，各国通货膨胀加剧，食品价格上升，粮食安全问题成为各国的重要挑战，印尼等国的大米、鸡蛋等主要食品短缺问题严重。另外，虽然各国边境管制加强，移民劳动力人数下降，但非法贩运和有组织犯罪没有受到太大影响，孟加拉湾和安达曼海的人口走私反倒有所增加。① 随着犯罪网络在边境地区扩大非法活动，泰国跨境毒品数量出现了惊人的增长。这些跨境犯罪还将泰国、马来西亚、柬埔寨以及其他国家的一些公民贩卖到泰国边境地区的非法赌场区，迫使他们从事网络诈骗活动，参与以中国公民为主要目标群体的网上赌博等犯罪活动。②

中国在分享疫情防治经验、提供疫苗援助，以及东南亚地区建立疫苗生产中心方面都给予了东南亚帮助。相对来说，美国的援助具有明显的两面性，一方面，美国“对外甩锅，借疫情对他国进行攻击”，将疫情合作也纳为“排外性”合作的重要议题。面对地区公共卫生安全问题，美国的分化阻碍了国际卫生合作，对东南亚国家的疫情抗击形成消

---

① *Joint Statement by UNHCR, IOM and UNODC on Protection at Sea in the Bay of Bengal and Andaman Sea*, The UN Refugee Agency, May 6, 2020, https: //www. unhcr. org/news/press/2020/5/5eb15b804/joint-statement-unhcr-iom-unodc-protection-sea-bay-bengal-andamansea. html.

② Brain Harding, Jason Tower, “Three Priorities for U. S. -Thailand Cooperation in Myanmar,” United States Institute of Peace, December 15, 2021, https: //www. usip. org/publications/2021/12/three-priorities-us-thailand-cooperation-myanmar.

极影响。另一方面，美国也为东南亚各国提供了资金、人力资源培训等援助，还通过国际发展署和疾病控制与预防中心设立地区性项目。比较有代表性的案例，一个是美国国际发展署和泰国公共卫生部结成伙伴关系，建立了一个地区性公共卫生实验室（Regional Public Health Laboratory）网络，就东盟各国出现的传染病分享信息和资源。[①] 一个是在越南河内设置美国疾病预防控制中心（CDC）驻东南亚办事处，于2022年8月25日在哈里斯访问越南期间正式揭牌，设置的优先事项包括协调该地区的新冠肺炎疫情预防活动；扩大区域公共卫生检测培训；改善流动人口和移民的健康，消除麻疹、狂犬病和疟疾等疾病；同时支持美国在该地区的外交政策倡议；等等。

东南亚是对气候变化敏感的地区之一。2022年新版《美国印太战略》中已明确表示，美国引领“印太”地区应对气候危机是其政治上的优先选项。美国将与合作伙伴一起制定2030年和2050年的目标、战略、计划和政策，来将全球气温上升目标限制在1.5摄氏度；在该地区向“零碳”未来过渡时，美国将寻找首选合作伙伴，并与合作伙伴共同努力，降低其受气候变化和环境退化影响的脆弱性，支持其关键基础设施的恢复能力，解决其能源安全问题。[②]

恐怖主义、跨国犯罪等问题一直是影响东南亚地区安全和国家可持续发展的主要非传统安全问题，尤其是受美国阿富汗撤军及其全球反恐战略弱化、全球新冠肺炎疫情长期化、全球地缘政治对抗加剧、全球经济持续低迷、世界多数国家经济社会治理困难重重、全球治理困境加深、新老热点问题层出不穷等因素影响，东南亚地区的恐怖主义的发展

① 《美国支持东盟抗击冠状病毒疾病（COVID-19）》，美国驻华大使馆和领事馆，https://china.usembassy-china.org.cn/zh/u-s-support-for-asean-in-fighting-covid-19-zh/。

② “Indo-Pacific Strategy of the United States,” The White House, February 2022, https://www.whitehouse.gov/wp-content/uploads/2022/02/U.S.-Indo-Pacific-Strategy.pdf.

更加复杂。美国提出要防止恐怖主义在东南亚蔓延，扩大东南亚国家参与全球打击“伊斯兰国”行动的程度，将其作为“印太”国家执法、军事和情报合作的重要内容，为反恐工作提供直接援助。美国主导下的湄美伙伴关系将跨国犯罪列为重要的合作内容，并提供5000多万美元用于打击跨境犯罪，[①] 将该问题的解决放在“印太战略”的实施过程中，割裂了跨境犯罪、恐怖主义的区域公共性特点，将中国等重要的问题涉及国排除在外，将问题解决作为中国倡导建立的澜湄合作进行影响力竞争的“工具”，严重破坏了国际合作，使这些问题得不到彻底、充分的解决而“后患无穷”。

四、美国东南亚政策调整对中国周边安全的影响

2022年2月的新版《美国印太战略》认为，“中国正综合其经济、外交、军事、技术力量，在‘印太’地区谋求构建势力范围，并寻求成为全球最具影响力的大国”，“中国对‘印太’地区的稳定、繁荣构成挑战”，所以，美国会持续加强在“印太”地区的长期地位和投入，关注“印太”地区的每个角落：从东北亚和东南亚，到南亚和大洋洲，也包括太平洋岛屿。美国将面向东盟深化长期合作，在卫生、环境、能源、交通、气候以及性别平等方面启动新的高级别接触，与东盟密切合作，增强其作为区域主导多边机构的韧性，并将探索“四边机制”与东盟合作的机会。2022—2024年，美国将加强、赋能、团结东盟，加强美国—东盟关系，包括举办第二次美国—东盟特别峰会，并实施超过1万

① *Mekong-U. S. Partnership Joint Statement*, The Mekonguspartnership, September 15, 2020, https://mekonguspartnership. org/2020/09/15/mekong-u-s-partnership-joint-statement/.

亿美元的美国—东盟新倡议，将在整个东南亚地区扩大双边合作，优先努力加强卫生安全，应对海上挑战，增加互联互通，深化人文关系。[①] 美国在东南亚地区的投入已经对中国的周边安全造成了持续而深远的影响。

（一）加大东南亚国家的对华战略疑虑

部分东南亚国家对中国的快速崛起“不太适应”，对中国的发展方向和战略意图怀有较多的顾虑和担忧。在这种情况下，美国东南亚政策调整使中美博弈加剧，东盟的大国平衡和对冲战略实施的空间变小，虽然多数国家策略上选择中立，态度上希望地区和平与安宁，不愿意加入美国与中国进行的“零和竞争”之中，新加坡总理李显龙在东盟峰会上提出，中美关系的走向是未来东南亚地区稳定的决定性因素，新加坡希望中美两国建立良好的关系，不希望东南亚地区成为竞争与冲突的场域。[②] 但东南亚国家对中政策和立场“分化”加大。个别国家希望在部分议题上借助美国来制衡中国在东南亚地区的影响，印尼外长蕾特诺（Retno Marsudi）在东盟—美国外长特别会议上表示欢迎美国回归多边主义，美国的积极作用将有助于维护“印太”地区的和平与稳定，希望美国能够继续作为支持东盟在“印太”地区中心地位的战略伙伴。[③]

（二）地区国家关系更加复杂化，地区不稳定性加剧

从美日印澳“四边机制”到美英澳三边安全伙伴关系，以及美菲、美越，美国在南海及其周边地区已经建立覆盖双边、三边及多边等多个

---

① *Indo-Pacific Strategy of the United States*, The White House, February 2022, https://www.whitehouse.gov/wp-content/uploads/2022/02/U. S. -Indo-Pacific-Strategy. pdf.

② https://www. cna. com. tw/news/aopl/202110260295. aspx.

③ “Minister for Foreign Affairs Urges the US to Play Positive Role in the Region,” Ministry of Foreign Affairs of the Republic of Indonesia, July 14, 2021, https://kemlu. go. id/portal/en/read/2709/berita/menlu-ri-dorong-peran-positif-as-di-kawasan.

层次的网络化安全合作架构。这些“排外性”合作机制，宣称“维护自由和开放的‘印太’地区，并为该地区的所有人民建设一个和平的未来和机会”,[①] 实质上是对东南亚国家进行分化，逼迫东南亚国家“选边站”，构建对中国遏制的联合阵营。美国不断地加强与东南亚国家的军事合作、频繁联合军事演习、出售武器装备等，不可避免地会加剧地区军事化，使地区国家间关系更加复杂，地区不稳定系数增加。

拜登政府在东南亚地区频频向中国施压，宣传中国“核威胁论”“水威胁论”“南海威胁论”等，严重损害了中美信任和合作的基础。美国不断借助南海问题离间中国与东南亚国家的关系，导致一些国家在南海问题上采取冒进政策，增加了南海形势的复杂性与危险性。

五、中国应对东南亚安全局势挑战的建议

面对美国东南亚政策调整为中国东南亚外交和地区安全形势造成的不利局面和困境，中国积极寻找突破口，找准关键环节，充分发挥“一带一路”倡议的实施优势，全面深化与推动与东南亚国家的合作。

（一）客观认知东南亚国家的政策与立场选择

东盟国家为了保持“大国平衡战略”的灵活性和有效性，已经打破了“非此即彼”的二元选择模式，弱化了根据意识形态、政治制度、领土争端以及美国盟友身份等简单“是或否”的选择必要性，而是转向更

① “Remarks by President Biden, Prime Minister Morrison of Australia, and Prime Minister Johnson of the United Kingdom Announcing the Creation of AUKUS”, The White House, September 15, 2021, https://www.whitehouse.gov/briefing-room/speeches-remarks/2021/09/15/remarks-by-president-biden-prime-minister-morrison-of-australia-and-prime-minister-johnson-of-the-united-kingdom-announcing-the-creation-of-aukus/.

加综合性的多元选择模式。例如，与中国有共同政治制度的越南近来不断加强与美国的战略合作，在美国积极推行的“印太战略”中占据特殊地位。东南亚国家对中国和美国政策和立场的变化与选择，从根本上说都源于内部认知和发展需求。

另外必须看到的是，东南亚国家处理对华关系的态度也越来越理性、务实，不可能对美国“一边倒”，美国拉拢东南亚国家，离间他们与中国关系的政策和效果都是有限的。最具有代表性的是在南海问题上，菲律宾杜特尔特政府注重保持在中美之间的平衡，相较于美国对菲律宾的“口惠而实不至”，中国对菲律宾采取实质性措施，大力支持菲国抗击疫情和发展经济，所以美国在积极拉拢菲律宾的时候，菲律宾没有跳上“反华列车”，在病毒溯源问题上，坚定支持中国立场，杜特尔特明确强调希望与中国保持友好关系，并表示“怀着感恩之情”接收中国疫苗。① 中国现在是菲律宾第六大融资伙伴，占菲双多边贷款总额的1.7%，是菲律宾的第一大贸易伙伴、第一大进口来源地和第二大出口目的地。2021 年 1 月，中菲双方签署了总金额约 4 亿美元的达沃—萨马尔岛大桥项目商务合同，以及总金额约 9.4 亿美元的苏比克—克拉克铁路项目商务合同，标志着两国政府间合作项目取得新的重大进展。②

另外，需要看到的是，虽然 2021 年美国高官密集访问东南亚国家，但深层次上对东南亚国家的重视程度不足，拜登政府在与盟友和伙伴的交往中，优先考虑民主、自由、人权等共同价值，而不是与东南亚国家的共同利益。③

---

① 《菲律宾总统感谢中国疫苗》，《人民日报》2021 年 8 月 21 日，第 2 版。

② 《中非政府合作达沃—萨马尔岛大桥项目签署商务合同》，中国新闻网，2021 年 1 月 14 日，https://www.chinanews.com.cn/gj/2021/01-14/9387249.shtml。

③ Derrk Grossman, “Biden’s Troubled Southeast Asia Policy Needs a Reboot,” Rand, July 6, 2021, https://www.rand.org/blog/2021/07/bidens-troubled-southeast-asia-policy-needs-a-reboot.html.

（二）中国应深化东南亚国家合作，继续加强经济联系

经济议程是美国“印太战略”的短板，2022年版《美国印太战略》明确提出要领导构建“印太经济框架”，旨在促进、推动高标准贸易、管理数字经济、提高供应链的弹性和安全性，促进透明、高标准基础设施投资，并建立数字连接——加倍加强美国与“印太”地区的经济联系的同时，也为广泛收获“印太”地区增量基于做好准备。[①] 可以预见在未来几年，美国将加强与东南亚国家的经济合作与联系，在中国周边构建排除中国在外的经贸“小圈子”。对此，中国应推动和深化与东南亚国家在“一带一路”倡议、澜湄合作机制等框架下的合作，为其可持续发展提供有力的经济和基础设施支持。

美国提出的经济合作框架已经引发了东南亚国家的关注，从目前的态势来看，如何满足国内发展的物质需求，如何从新冠肺炎疫情的破坏性后果中尽快实现经济复苏，才是东南亚国家更加关注的议题。通过“一带一路”国际合作，从印尼到马来西亚再到老挝，中国在协助东南亚国家解决基础设施需求方面力度不断增大，尤其是中老铁路开通等交通类项目的实施，极大加强了中国和东南亚国家的经济链接。因此，应全面加强与东南亚国家之间双边关系发展，坚持政治上平等协商，经济上互利共赢，文化上多元交流，安全上尽量不刺激东南亚国家，多释放和平信号。

（三）充分利用现有合作机制，支持东盟中心地位

中国应充分利用和挖掘现有东南亚合作机制的潜力，例如《区域全

---

① *Indo-Pacific Strategy of the United States*, The White House, February 2022, https://www.whitehouse.gov/wp-content/uploads/2022/02/U.S.-Indo-Pacific-Strategy.pdf.

面经济伙伴关系协定》、澜沧江—湄公河合作机制、大湄公河次区域经济合作机制等，拓展与东南亚国家在公共卫生、跨国犯罪、气候变化、水与环境等领域的合作，深化互利互惠、合作共赢的关系。

要积极支持东盟中心地位，支持东盟在构建开放包容的地区架构中发挥更大作用。在安全领域，元首外交战略引领和各层级对话合作机制推动下，中国应继续坚定支持东盟共同体建设，支持东盟在区域合作中的中心地位，支持东盟在构建开放包容的地区架构中发挥更大作用，赢得东盟的信任与合作。扩大在东盟防长扩大会（ADMM+）机制下的防务合作，保持与东盟在东盟与中日韩（“10+3”）合作、东亚峰会（EAS）、东盟地区论坛（ARF）等东盟主导的合作机制中的良好沟通与合作。在经济领域，推动《区域全面经济伙伴关系协定》实施，加强在基础设施、互联互通、数字经济、智慧城市、电子商务等领域的合作。在社会人文领域，持续加强在教育、科技、文化、卫生、青年、体育等方面的交流，在文化交流、创意文化产业、文化遗产保护、人才培养等方面取得更多进展，增进民间信任感培养。

2021 年 11 月 22 日，习近平主席在中国—东盟建立对话关系 30 周年纪念峰会上宣布建立中国东盟全面战略伙伴关系，强调中国将坚定不移的以东盟为周边外交优先方向，坚定不移支持东盟团结和东盟共同体建设，坚定不移支持东盟在区域架构中的中心地位，坚定不移支持东盟在地区和国际事务中发挥更大作用，提出未来中国东盟关系的“五个家园”建设，即共建和平家园、共建安宁家园、共建繁荣家园、共建美丽家园、共建友好家园。[①] 中国第一次正式、明确提出与东盟的“印太展望”开展合作，对接高质量共建“一带一路”，为中国东盟合作和关系发展指明了方向和道路。

---

① 《习近平在中国—东盟建立对话关系 30 周年纪念峰会上的讲话》，中国商务部网站，2021 年 11 月 22 日，http://bn.mofcom.gov.cn/article/bngzdt/202111/20211103219691.shtml。

大变局加剧南亚地区安全脆弱性

楼春豪*

【内容摘要】2021 年是南亚安全形势持续动荡不安的一年，阿富汗变局、大国地缘竞争、恐怖主义风险加剧是理解全年安全形势的主要脉络。阿富汗变局“牵一发而动全身”，标志着美国对外战略之变、阿富汗政权之变、地缘博弈主次之变、地区反恐形势之变，给阿富汗本国及南亚地区的安全局势带来巨大的不确定性。大国地缘竞争对南亚地区的外溢效应日益明显，美对华战略竞争加剧、中印关系重启艰难，使南亚地区的“集团政治”问题趋于严峻。不过，根深蒂固的印巴矛盾却出现缓和迹象，也意味着南亚地区军事冲突风险降低。南亚地区饱受恐怖主义威胁，美国反恐战略调整弱化各国反恐合作，阿富汗变局对暴恐势力的“磁吸”与“外溢”效应加剧地区反恐形势的不确定性和地区安全脆弱性。

南亚素来是安全形势较为脆弱和动荡的地缘板块，长期面临印巴对峙、教派冲突、治理赤字、恐怖主义等安全威胁。这些风险痼疾在 2021

* 楼春豪，中国现代国际关系研究院南亚研究所执行所长、研究员。

年依然存在，且在阿富汗变局、大国地缘竞争、新冠肺炎疫情等变量冲击下，呈现出诸多新的特点。纵观 2021 年，印巴关系缓和降低了南亚爆发军事冲突的风险，但阿富汗变局加剧了地区安全局势的不确定性，中美、中印的安全碰撞推高了地区“阵营化对抗”的风险，南亚地区依然面临着传统与非传统安全交织共振的局面，依然未能走出“安全洼地”的困局。

一、南亚地缘安全环境总体态势

南亚指位于亚洲南部的喜马拉雅山脉中、西段以南及印度洋之间的广大地区，东濒孟加拉湾，西濒阿拉伯海，域内国家包括印度、巴基斯坦、阿富汗（有些学者将阿富汗划入中亚或西亚，阿富汗 2007 年以正式成员身份参加南亚区域合作联盟）、尼泊尔、孟加拉国、斯里兰卡、不丹和马尔代夫。南亚地区是世界上人口最多和最密集的地区，也是地区一体化进程最为缓慢的地区之一。

“印度中心”是南亚地缘架构最鲜明的特征。地理上看，除了阿富汗，印度与其他所有南亚国家或陆上相连，或隔海相望，而其他国家之间却均彼此互不相连。从综合实力来看，印度在国土面积、经济、军事等各方面，都让南亚其他国家难望项背。印度的国土面积是其他国家总和的 1.5 倍强，人口是其他国家总和的近 3 倍，国内生产总值（GDP）是其他国家总和的近 3.9 倍，对外贸易占南亚地区对外贸易总量的 80% 以上。①

其他南亚国家在国土、人口、经济总量、社会发展水平等方面都远

① 笔者根据各国政府公布数据计算而得。

远不及印度，这形成了地缘政治上的一个重要的现象，即印度在南亚次大陆具有威慑所有其他南亚国家的地位和力量。[①] “印度中心”的地缘架构催生了印度主导南亚事务的战略野心，使印度对域外力量在南亚的存在高度敏感，也使印度与邻国始终存在介入与反介入、控制与反控制的矛盾。

印巴矛盾深刻塑造了南亚地缘安全环境。1947 年的印巴分治是影响南亚安全态势最重要的事件，也是当前南亚诸多矛盾的根源，对南亚地缘安全现状及态势的任何研判，都离不开印巴分治的历史根源。历史上，印巴曾爆发三次大规模军事冲突。1971 年的第三次印巴战争，还直接导致当时的东巴基斯坦从巴基斯坦独立出去成为孟加拉国，极大改变印巴对峙格局。1998 年印巴相继进行核试验，虽然降低了两国再度爆发大规模军事冲突的概率，但两国多次因恐怖袭击事件剑拔弩张，使南亚地区笼罩在“核阴云”之下。

除了双边层面的对峙，印巴矛盾还严重制约南亚地区一体化进程，南亚区域合作联盟屡屡因印巴矛盾停摆。世界银行的数据显示，南亚各国之间的贸易额只占其对外贸易总额的 5%左右。[②] 此外，印巴矛盾有时还殃及其他南亚国家，冲击地区稳定。比如，印巴长期在阿富汗进行角逐，扶持对本国友好的势力，喀布尔政权的变化也见证了阿富汗与印巴两国关系的疏与亲。

恐怖主义严重冲击南亚地缘安全环境。南亚地区饱受恐怖主义侵扰，印度、巴基斯坦、阿富汗等国恐情严峻。其原因包括但不限于：阿富汗过去几十年的动荡与混乱，为国际恐怖势力提供了滋生壮大的土壤；印巴围绕克什米尔问题争斗不休，印控克什米尔地区局势长期不

---

① 赵干城：《南亚国际格局的塑造与中国的抉择》，《南亚研究》2010 年第 1 期，第 29 页。

② The World Bank Group, “Trade,” https://www.worldbank.org/en/programs/south-asia-regional-integration/trade.

稳；南亚很多穆斯林将美军在阿富汗的“反恐战争”视为对穆斯林世界的侵略；“伊斯兰国”在西亚北非溃败后，残余势力逃窜至阿富汗，并在“伊斯兰国呼罗珊分支”旗号下从事暴恐活动。美国史汀生中心的报告称，“南亚的冲突点包括巴基斯坦国内暴力恐怖势力、印度国内极端印度教组织、印度本土伊斯兰极端势力、以巴基斯坦为根据地的伊斯兰极端分子、印巴相互扶持的对方国内的反抗力量”。[①]

印度 2001 年议会遭袭、2008 年孟买恐袭震惊全球；2016 年 9 月印控克什米尔的乌里军事基地遇袭，导致印度对巴境内目标进行“外科手术式打击”；2019 年 2 月印度中央预备警察部队在印控克什米尔遭遇恐袭，更使印度空军自 1971 年以来首次越过克什米尔控制线对巴方目标进行袭击。巴基斯坦安全形势不容乐观，面临俾路支分离武装、“巴基斯坦塔利班”（以下简称“巴塔”）、“伊斯兰国”等多股恐怖势力威胁，具有强烈反印色彩的伊斯兰极端组织也比较活跃。阿富汗则在“抗苏圣战”之后就成为“基地”组织等国际暴恐势力的重要活动场所。根据联合国安理会的报告，阿塔一直拒绝承认外国恐怖分子在阿富汗的存在，但实际上有 8000—10 000 名外国战斗人员在阿富汗活动，且大部分都受到塔利班容忍乃至保护，“基地”组织至少在阿境内 15 个省份存在；阿塔内部文件也显示其通过名录登记等方式加强对外国战斗人员的管控。[②] 此外，“伊斯兰国呼罗珊分支”近年加速在阿扩大势力，成为阿塔政府面临的最大恐怖主义威胁。

大国竞争对南亚地缘安全环境的影响不断增大。近年来，南亚逐渐

① Michael Krepon, Nate Cohn, “Crisis in South Asia: Trends and Potential Consequences,” The Henry L. Stimson Center, September 2011, pp. 16-18.

② United Nations Security Council, *Twelfth Report of the Analytical Support and Sanctions Monitoring Team Submitted Pursuant to Resolution 2557 (2020) Concerning the Taliban and Other Associated Individuals and Entities Constituting a Threat to the Peace Stability and Security of Afghanistan*, June 1, 2021, https://documents-dds-ny.un.org/doc/UNDOC/GEN/N21/107/61/PDF/N2110761.pdf?OpenElement.

成为新的大国竞逐场。印度高度警惕其他大国在南亚的力量存在，历史上曾抛出被称为印度版门罗主义的“英迪拉主义”，并多次强硬干涉斯里兰卡、尼泊尔、孟加拉国等国内部事务。近年来，随着中国“一带一路”倡议在南亚的稳步推进，中国在南亚的利益和力量存在不断增强，印度对中国的担忧与疑虑与日俱增。印度公开批评中巴经济走廊“侵犯印度主权”，炒作中斯合作使斯里兰卡陷入“债务陷阱”，对中国与孟加拉国、尼泊尔、马尔代夫等国合作亦不放心。

此外，美国积极推进“拉印制华”“扶印抗华”策略，将印度拉入美日印澳“四边机制”，深化与印度的防务安全合作。2021 年 1 月提前解密的《美国印太战略框架》明确指出，“美印将合作维护海上安全，反制中国在南亚、东南亚和其他共同关切地区的影响力”。[①] 美国还试图将更多南亚国家纳入其对华战略竞争的轨道，提出“参照东南亚海上安全倡议，推出南亚海上倡议”“支持印度洋地区建立海上信息融合中心”等举措，试图将马尔代夫、孟加拉国、斯里兰卡等国拉入其“印太战略”。[②]

二、阿富汗变局搅动地区安全形势

阿富汗变局可谓 2021 年南亚安全形势的最大变量。2021 年 4 月，美国总统拜登宣布将于 9 月 11 日之前彻底完成从阿富汗撤军，以结束这场美国参加的历时最长的战争。虽然美国自奥巴马总统开始就酝酿从阿富汗撤军，特朗普任内更是与阿富汗塔利班（以下简称“阿塔”）

① The White House, *U.S. Strategic Framework for the Indo-Pacific*, January 2021, p. 2, https://trumpwhitehouse.archives.gov/wp-content/uploads/2021/01/IPS-Final-Declass.pdf.

② The White House, *U.S. Strategic Framework for the Indo-Pacific*, January 2021, p. 6, https://trumpwhitehouse.archives.gov/wp-content/uploads/2021/01/IPS-Final-Declass.pdf.

签署和平协议，但拜登政府明确从阿富汗撤军的声明还是极大影响阿富汗交战双方的士气。阿塔攻城略地速度不断加快，以摧枯拉朽式的速度赢得战场上的胜利。8月15日，阿富汗前总统加尼仓皇出逃，阿塔兵不血刃进入喀布尔，标志着阿富汗政权正式更迭。紧接着8月30日，美国完成从阿富汗全面撤军，这场美国发动的长达20年的反恐战争和阿富汗国家重建任务以失败告终。

目前看，阿富汗全国性战事已经结束，阿塔成为阿富汗最强的政治和军事力量，阿富汗国内不存在具备撼动阿塔执政地位的力量。军事上，阿塔9月6日击溃退守在潘杰希尔山谷的前副总统萨利赫和“潘杰希尔雄狮”马苏德之子艾哈迈德·马苏德领导的抵抗运动，在军事上控制全国；[①] 政治上，阿塔9月7日宣布组建临时政府并成立“阿富汗伊斯兰酋长国”，并已颁布若干法令，全面开启对阿富汗的国家管理职能；外交上，阿塔虽然尚未获得国际承认，但中国、俄罗斯、巴基斯坦、伊朗、卡塔尔等国驻阿富汗使馆仍在运行，美国、印度也以不同形式与塔利班保持接触，阿塔的外交环境有所改善。

不过，阿富汗“战局已定，乱局难了”。面对内部力量高度碎片化、外部力量深度卷入、国际暴恐势力长期盘踞的国情，阿塔面临着异常严峻的国家治理任务，“不确定性”也成为阿富汗局势的最大确定性。倘若无法构建包容性政治架构、无法有效回应国际社会的反恐关切，阿塔就难以有效施政，阿富汗局势也可能再次陷入乱局。

对内而言，阿塔执政困难重重，安全形势彻底好尚需时日。阿富汗是个政治高度碎片化的国家，历史上总会陷入地方割据、军阀混战，这与其根深蒂固的城乡差距、部族政治、民族与宗教矛盾等因素密切相

---

① Mira Patel, “Why Panjshir Valley Stood Strong for Decades and How It Has Fallen Now,” *The Indian Express*, September 28, 2021, https://indianexpress.com/article/research/why-panjshir-valley-stood-strong-for-decades-and-how-it-has-fallen-now-7517281/.

关，而这些因素迄今仍在发挥作用。阿塔首次执政时（1996—2001 年）采取了严苛的政教合一政策，对少数族群采取歧视政策，激化了国内民族宗教矛盾，也导致自身陷入国际孤立。此番阿塔上台后，国际社会普遍呼吁阿塔组建广泛包容的政治架构。虽然阿塔做出了积极表态，但其建立伊斯兰酋长国、推行“教法治国”的意识形态逻辑并未根本改变，这也决定了阿塔不可能完全按照国际社会的呼吁施政。

从内阁构成来看，阿塔政府依然以阿塔老班底为主。9 月 7 日，阿塔宣布组建首批 33 人内阁，其中有 14 人在联合国安理会或美国的制裁名单上，且仅包含 2 名塔吉克族、1 名乌孜别克族，没有女性、哈扎拉人（约占总人口 10%）和前政府内阁成员。[①] 9 月 21 日，阿塔扩大临时内阁至 53 人并宣布完成内阁组建，但也仅有 10 名非普什图族（且主要在贸易与工业部、公共卫生部等部门），依然没有女性、没有前政府内阁成员，内政、外交、国防、情报、移民等实权部门都掌握在阿塔手中。[②]

从具体政策来看，国际社会呼吁阿塔推行稳健包容的内外政策、尊重少数族群和妇女儿童的基本权利，但根据联合国阿富汗援助团的报告，阿塔在相关领域的政策离国际社会期待存在较大差距。[③] 阿富汗社会过去 20 年已经发生翻天覆地的变化，近半数人口是这 20 年间出生的“可口可乐一代”，女性在社会生活中的地位大幅提高，这些都是阿塔必

---

① “At Least 14 in Taliban Cabinet on UNSC's Terrorism Blacklist: Report,” *The Business Standard*, September 9, 2021, https://www.business-standard.com/article/international/at-least-14-in-taliban-cabinet-on-unsc-s-terrorism-blacklist-report-121090900007_1.html.

② Ibraheem Bahiss, “Afghanistan's Taliban Expand Their Interim Government,” International Crisis Group, September 28, 2021, https://www.crisisgroup.org/asia/south-asia/afghanistan/afghanistans-taliban-expand-their-interim-government.

③ United Nations Assistance Mission in Afghanistan, “RSG Lyons Briefing to the UNSC on the Situation in Afghanistan,” November 17, 2021, https://unama.unmissions.org/srsg-lyons-briefing-unsc-situation-afghanistan-4.

须尊重的社情民情。因此，阿塔能否妥善处理少数族群利益（与邻国密切相关）、能否确保妇女儿童基本权利，进而能否确保社会大局稳定，依然存有较大变数。

此外，阿塔还面临应对人道主义危机、打击“伊斯兰国呼罗珊分支”、切割国际暴恐势力等挑战。以人道主义危机为例，阿富汗形势不容乐观。2001 年阿富汗战争以来，大量外国援助的涌入以及“驻军经济”的刺激，一定程度上推动了阿富汗经济的增长，但也破坏了阿富汗经济自身发展动力，使阿富汗经济成为脆弱而又畸形的“外援依赖型”经济。在顶峰的年份，外国援助占阿富汗国内生产总值比例甚至超过100%，占政府公共预算比例逾 80%。[①]

此番阿塔上台后，美国冻结了阿富汗约 70 亿美元外汇储备，其他国家或国际组织也因个别塔利班领导人在联合国及美国的制裁名单中而暂停资金援助，导致阿富汗金融体系几近崩溃，加之常年战乱、干旱与疫情等因素的叠加冲击，使阿富汗陷入物资短缺、物价上涨、汇率贬值的困境。根据联合国人道主义事务协调厅 2022 年 3 月的数据，阿富汗有 2300 万人面临“严重的粮食不安全”问题（即无法保证每天的食物）。[②] 中国、联合国粮农组织、国际红十字会等持续呼吁并已实际向阿富汗提供大量人道主义救援。2021 年 12 月 22 日，联合国安理会一致赞成通过关于阿富汗人道问题的第 2615 号决议，明确对阿富汗开展人道援助和其他支持基本人道需求的活动不违反安理会制裁决议，所有相关金融活动、提供物资或服务可以正常开展，有利于国际社会向阿富汗提

① Special Inspector General for Afghanistan Reconstruction, *What We Need to Learn: Lessons from Twenty Years of Afghanistan Reconstruction*, August 2021, p. 40, https: //www. sigar. mil/pdf/lessonslearned/SIGAR-21-46-LL. pdf.

② United Nations Office for the Coordination of Humanitarian Affairs, “Humanitarian Donors Urged to Step up Again for Afghanistan,” OCHA, March 31, 2022, https: //reliefweb. int/report/afghanistan/humanitarian-donors-urged-step-again-afghanistan-endarips.

供人道主义救援，但当地局势依然不容乐观。联合国负责人道主义事务的副秘书长马丁·格里菲思（Martin Griffiths）警告，“阿富汗经济处于自由落体状态……如果国际社会无所作为，阿富汗将崩溃、民众将陷入绝望、整个地区乃至世界都将面临不稳定性上升”。[①]

对外而言，阿富汗变局将诱发新一轮地缘博弈，“代理人战争”暗流涌动。考虑到阿富汗连通“三亚”（中亚、南亚、西亚）的地缘政治枢纽地位，以及在英俄“大博弈”、美苏冷战、美国反恐战争等重大事件中的特殊地位，阿富汗成为国际和地区局势的重要“地缘棋子”，阿富汗变局对南亚以及近邻地区的安全局势都将产生重要影响。

历史上，阿富汗邻国都不同程度卷入阿富汗事务，其重要原因是阿富汗主要民族都与邻国有密切的民族或宗教纽带，或是同根同源的跨境民族，或是同一信仰的宗教派系。比如，伊朗高度关注阿富汗境内什叶派哈扎拉人的境遇，巴基斯坦与普什图族占主体的阿塔关系密切，而塔吉克斯坦、乌兹别克斯坦则扶持阿境内的本民族力量。美国、俄罗斯、印度虽然不与阿富汗直接接壤，但也出于各自地缘政治考量深度介入阿富汗局势。美国曾扶持阿富汗“圣战士”抵抗苏联，“9·11”之后又发动阿富汗战争推翻当时的阿塔政权，此番又与阿塔达成和平协议并从阿富汗撤军，都是为了服务美国霸权。俄罗斯曾支持“北方联盟”对抗阿塔，并将阿塔定为恐怖组织，以防止恐怖主义从阿富汗外溢至中亚地区，但2015年后，俄罗斯逐渐支持阿塔将美军赶出阿富汗的目标，认可阿塔在打击“伊斯兰国”方面的特殊作用，故而开始与阿塔接触。

印度与巴基斯坦长期“斗法”，两国对阿塔态度迥异。在阿塔首次执政时，印度一直支持阿富汗北方联盟对抗阿塔；而巴基斯坦则是阿塔

① “Afghanistan Economy in ‘Freefall’, Threatening to Take Entire Population with It,” UN, December 19, 2021, https://news.un.org/en/story/2021/12/1108372.

的最大外部支持者，也是当时承认阿塔政权的三个国家之一。2001 年阿塔被推翻后，印度在阿富汗的利益和力量存在大幅提升，巴阿关系却总是龃龉不断。2020 年 2 月特朗普出访印度，其间，印度总理莫迪专门向其表示，“不能任由巴基斯坦在阿富汗行事，阿富汗过去 19 年取得的成果不能白费”，[①] 而巴基斯坦则支持美国与阿塔达成和平协议。进入 2021 年，随着阿塔在军事上的节节胜利，印度开始转变不与阿塔接触的政策，于 2021 年 6 月在多哈秘密会见塔利班领导，这是关于印度直接接触阿塔的首次官方确认。

阿塔上台后，美国、俄罗斯、伊朗、印度、巴基斯坦以及中亚、中东国家，都在积极调整对阿富汗的政策，以期谋取更大战略利益。美国对阿富汗是“撤而不离”，试图综合利用多种手段保持对阿富汗局势的影响，服务于其对中俄进行“双遏制”的大国竞争战略。2021 年 8 月 30 日，美国在未充分采纳中俄意见的情况下，推动联合国安理会表决通过阿富汗问题决议草案；同年 8 月 31 日，拜登总统在“阿富汗战争的终结”演讲中辩称，“必须明白的关键一点是，这个世界正在发生变化。我们与中国有着激烈的竞争，我们还要处理俄罗斯在多条战线上的挑战”，“在这场竞争中，中国或俄罗斯最希望看到的就是美国在阿富汗消耗另一个 10 年”。[②] 阿塔上台后，美国已同阿塔进行多次接触对话，继续保持对阿富汗局势的影响力。

俄罗斯自 2015 年后就开始接触阿塔，也是少数阿塔上台后未撤离大使馆的国家。目前，俄罗斯一方面利用中亚国家对阿富汗变局可能引

---

① “US-Taliban Peace Deal: Foreign Secretary Harsh Shringla Visits Afghanistan,” *The Economic Times*, February 29, 2020.

② The White House, “Remarks by President Biden on the End of the War in Afghanistan,” August 31, 2021, https://www.whitehouse.gov/briefing-room/speeches-remarks/2021/08/31/remarks-by-president-biden-on-the-end-of-the-war-in-afghanistan/.

发的难民外溢、恐怖分子流窜等担忧，通过联合演习、联合巡逻等强化在塔吉克斯坦、乌兹别克斯坦的安全存在；另一方面积极参加中俄巴伊阿富汗问题非正式会议、阿富汗问题“中美俄+”磋商机制会议、阿富汗问题地区安全对话（Delhi Regional Security Dialogue on Afghanistan）等，同时在阿塔的国际承认问题上闪烁其词，在外交上强化对阿塔的塑造。

印度在多哈、莫斯科多次接触阿塔高层，并在德里召开阿富汗问题地区安全对话，[①] 向阿富汗提供小麦、新冠疫苗等人道主义救援。从印方政策看，印度在阿富汗的核心诉求除避免阿富汗陷入内乱、向阿富汗提供人道主义救援，就是坚决打击恐怖主义，确保“阿富汗领土不应用于庇护、培训、策划或资助任何恐怖主义活动”，“阿富汗永远不能成为国际恐怖主义的安全天堂”。[②] 对于巴基斯坦而言，与其关系密切的阿塔在喀布尔掌权，有助于扩大巴基斯坦的战略回旋空间。伊朗、土耳其、沙特、卡塔尔、阿联酋也由于地缘或者宗教纽带的因素，希望在阿富汗新一轮洗牌中获得最大收益。显然，围绕阿富汗变局的地缘政治博弈仍将上演。

三、地缘政治竞争加剧阵营化对抗

美国自特朗普政府时期明确将中国定性为“战略竞争者”，对华战略竞争成为美国两党共识。随着美国“印太战略”的推进，美国图谋将

① 会议由印度国家安全顾问多瓦尔召集，与会者来自俄罗斯、伊朗、哈萨克斯坦、塔吉克斯坦、乌兹别克斯坦、吉尔吉斯斯坦、土库曼斯坦，印度总理莫迪亲自接见与会者。

② “Delhi Declaration on Afghanistan,” Ministry of External Affairs, November 10, 2021, https://mea.gov.in/bilateral-documents.htm?dtl/34491/Delhi_Declaration_on_Afghanistan.

更多南亚国家纳入其“印太战略”，对南亚地缘格局的影响越发明显。加之2020年以来中印关系的走低以及南亚地区固有的印巴矛盾，使大国博弈与地区矛盾相互交织，推高南亚地区的阵营化对抗风险。有学者指出，“在冷战时期，南亚很大程度上被认为是边缘地带。美苏竞争影响并塑造了地区国家的选择，但次大陆本身不是超级大国竞争的首要或次要舞台。只有1979年苏联入侵阿富汗之后，该地区才成为南亚焦点”，“与冷战时期不同，虽然东亚和西太平洋依然是中美博弈的主战场，但南亚和印度洋将成为大国竞争的重要舞台。大国谋求扩大利益、管控对手，小国则希望从中渔利而不被裹挟”。[①]

（一）美国强化对华地缘经济竞争，中美在南亚秩序之争加剧

2021年，中国积极推进与南亚各国的友好合作，妥善统筹“一带一路”建设与疫情防控合作，为南亚地区和平稳定贡献“正能量”。

一方面，积极推进抗疫合作。2021年1月31日，中国向巴基斯坦提供第一批疫苗援助。此后，特别是第二波疫情在南亚暴发以来，中国向南亚7国提供了新冠肺炎疫苗、核酸检测试剂、防护服、呼吸机、氧气瓶等医疗物资援助，并派出医疗专家组、提供现汇援助等，帮助相关国家抗击疫情。[②] 2021年4月27日，中国推动与阿富汗、巴基斯坦、尼泊尔、斯里兰卡和孟加拉国举行合作应对新冠肺炎疫情视频会，就“反对将溯源问题政治化”，“避免‘免疫鸿沟’”，“深入推进共建‘一带一路’，在做好疫情防控前提下开放陆路口岸以确保货物运输顺畅，维护产业链、供应链稳定与安全”，“成立中国南亚国家应急物资储备库”

---

① Tanvi Madan, *Major Power Rivalry in the South Asia*, Council on Foreign Relations, October 2021, p. 1, https://cdn.cfr.org/sites/default/files/report_pdf/DPmadanOct21_final%20for%20CMS.pdf.

② 《国际发展合作署地区一司司长白斌接受凤凰卫视采访实录》，国家国际发展合作署网站，2021年6月1日，http://www.cidca.gov.cn/2021-06/01/c_1211181064.htm。

等达成共识。[①] 7月初，该应急物资储备库正式启用，落户在成都市青白江区成都国际铁路港。

另一方面，确保“一带一路”重点项目疫情之下“不打烊”。以中巴经济走廊为例，2021年，瓜达尔地区东湾快速路建设总体进度完成90%，2022年1月全线贯通；喀喇昆仑公路二期（赫维利扬—塔科特段）和白沙瓦—卡拉奇高速公路（木尔坦—苏库尔段）顺利完工和通车，打通巴南北交通主动脉；SK水电站（苏基克纳里水电站）顺利实现大坝二期截流，下一步进入大坝施工的新阶段。[②] 此外，中方承建的被誉为尼泊尔“三峡工程”的上塔马克西水电站首台机组实现并网发电，中方承建的孟加拉国帕德玛大桥正式通车，中方参与运营的汉班托塔国际港口集团货运量逆势上扬等，都表明“一带一路”建设在疫情冲击下继续前行。

反观美国，拜登政府持续推进“印太战略”，除了继续拉拢印度，还明里暗里施压其他南亚国家，试图将更多南亚国家裹挟进“印太战略”。2021年，美国推动美日印澳“四边机制”升级，于3月举行首次领导人峰会，发表联合声明并成立疫苗、气候变化、关键和新兴技术三个联合工作组，加强在“印太”地区疫苗生产和分配、基础设施建设、弹性供应链等领域合作。[③] 9月，美日印澳举行首次线下峰会，达成诸多合作共识，比如，倡议“重建更美好卫生安全”（Build Back Better

---

① 《中阿巴尼斯孟六国外长合作应对新冠肺炎疫情视频会议联合声明》，外交部网站，2021年4月28日，https://www.fmprc.gov.cn/web/zyxw/202104/t20210428_9136725.shtm。

② 张任重：《中巴经济走廊上台阶为巴提供韧性和信心》，《光明日报》2021年11月20日，第8版。

③ The White House, “Fact Sheet: Quad Summit,” March 12, 2021, https://www.whitehouse.gov/briefing-room/statements-releases/2021/03/12/fact-sheet-quad-summit/; The White House, “Quad Leaders' Joint Statement: ‘The Spirit of the Quad’,” March 12, 2021, https://www.whitehouse.gov/briefing-room/statements-releases/2021/03/12/quad-leaders-joint-statement-the-spirit-of-the-quad/.

Health Security）、组建“绿色航运网络”（Green-Shipping Network）、成立“技术标准联合小组”和“高级网络小组”、发布技术研发与治理的原则声明等。[①] 此外，印度总理莫迪 2021 年 9 月访美，双方发表《美印领导人联合声明：致力于全球良治的伙伴关系》和事实清单《美国和印度——全球领导在行动》，重申两国在“印太”乃至全球层面的合作。[②]

需强调的是，美国对印合作有强烈的“拉印制华”色彩，除了承认在中印边境对峙时向印度提供实质性支持，[③] 美国日益重视在基础设施、产业链、卫生安全等议题上拉拢印度，契合其“印太战略”中突出地缘经济、强调对华经济竞争的考量，也契合印度对冲“一带一路”、减轻对华产业链依赖、与中国开展“疫苗外交”竞争的需求。

除了印度，美国还试图将斯里兰卡、尼泊尔、孟加拉国、马尔代夫拉入其“印太战略”轨道。2021 年 10 月底的“印太”商业论坛上，美国国际开发署（USAID）宣布启动总额 4900 万美元的“南亚地区能源伙伴关系”（SAREP），涵盖孟加拉国、不丹、印度、马尔代夫、尼泊尔、斯里兰卡等。[④] 2021 年 9 月，美国千年挑战公司（MCC）副总裁法

---

① The White House, “Fact Sheet: Quad Leaders’ Summit,” September 24, 2021, https://www.whitehouse.gov/briefing-room/statements-releases/2021/09/24/fact-sheet-quad-leaders-summit/.

② The White House, *U. S. -India Joint Leaders’ Statement: A Partnership for Global Good*, September 21, 2021, https://www.whitehouse.gov/briefing-room/statements-releases/2021/09/24/u-s-india-joint-leaders-statement-a-partnership-for-global-good/; The White House, “Fact Sheet: The United States and India-Global Leadership in Action,” September 24, 2021, https://www.whitehouse.gov/briefing-room/statements-releases/2021/09/24/fact-sheet-the-united-states-and-india-global-leadership-in-action/.

③ “US Provided Info, Equipment To India During China Border Crisis: Pentagon Commander,” NDTV, March 10, 2021, https://www.ndtv.com/india-news/us-provided-info-equipment-to-india-during-china-border-crisis-pentagon-commander-2388015.

④ “USAID Launches A New Initiative to Accelerate the Clean Energy Transition and Improve Energy Access in South Asia,” USAID, October 28, 2021, https://www.usaid.gov/india/press-releases/oct-28-2021-usaid-launches-new-initiative-accelerate-clean-energy.

特玛·苏玛尔（Fatema Sumar）访问尼泊尔，敦促尼方尽快批准“千年挑战公司—尼泊尔”项目，用于尼泊尔的道路维护和输电网改造；同年11月，美国务院负责南亚中亚事务的助理国务卿唐纳德·卢（Donald Lu）再次访问尼泊尔，加大对尼泊尔施压力度。① 此外，美国国际开发金融公司（DFC）计划7500万美元股权投资，用于支持尼泊尔的中小企业，系国际开发金融公司在尼泊尔的首个投资。② 对于中国参与投资建设的科伦坡港口城和汉班托塔港，时任美国驻斯里兰卡大使阿莱娜·特普利茨（Alaina Teplitz，2021年12月就任助理国务卿）则公开批评，“汉班托塔港导致巨大债务”，“科伦坡港口城相关立法的部分内容为腐败、非法融资、洗钱等行为提供空间”，质疑中国对斯里兰卡的投资“不是好投资”。③

（二）印度对华安全竞争泛化

中印关系低位徘徊。2021年1月28日，印度外长苏杰生在出席第13届“全印中国研究大会”时就中印关系发表主旨演讲，提出对发展

① “On MCC Pact, US Message to Nepal is Getting More Clear: Take It or Leave It,” *The Kathmandu Post*, January 11, 2022, https://kathmandupost.com/national/2021/11/20/on-mcc-pact-us-message-to-nepal-is-getting-more-clear-take-it-or-leave-it.

② U.S. Department of State, “2021 Indo-Pacific Business Forum Promotes an Open, Interconnected, Resilient, and Secure Indo-Pacific,” October 29, 2021, https://www.state.gov/2021-indo-pacific-business-forum-promotes-an-open-interconnected-resilient-and-secure-indo-pacific/.

③ “Transcript of Ambassador Teplitz's Interview with Centre for Strategic Studies,” U.S. Embassy in Sri Lanka, October 5, 2021, https://lk.usembassy.gov/transcript-of-ambassador-teplitzs-interview-with-centre-for-strategic-studies/.

中印关系的“三个相互”和“八项原则”。[①] 虽然苏杰生在讲话中仍将加勒万河谷冲突归咎于中方，但其在讲话中也强调稳定双边关系的重要性，“三个相互”和“八项原则”亦有可取之处。紧接着，中印两军在班公湖地区的一线部队于2月10日开始同步有计划组织脱离接触。中印经贸关系也一度出现改善苗头，印度媒体透露印度政府将放松来自中国的中小制造业企业的赴印投资审批。[②] 上述迹象似乎表明中印关系有望逐步回暖，但不料印度执拗于将其不合理诉求作为发展双边关系的前提，事实上将边界问题与双边关系挂钩，严重阻碍中印关系发展。

2021年全年，中印共举行三次边境事务磋商与协调工作机制会议（2020年六次）和五次军长级会谈（2020年八次）。但印度将印方“恢复到2020年4月前的现状”的不合理主张作为缓和边境局势的前提，将边境局势的缓和作为发展双边关系的前提，违背了双方长期以来将边界问题“放在中印关系中的适当位置”的共识，极大增加了双边关系转圜的难度。诚如第十三轮军长级会谈之后，中方西部战区新闻发言人指出的，“印方仍坚持不合理也不切实际的要求，为谈判增加了困难”。[③]

---

① “三个相互”即相互尊重、相互照顾敏感关切、相互尊重彼此利益，“八项原则”即必须完整地遵守已达成的协定；必须严格遵守和尊重实际控制线，任何试图单方面改变现状的做法都无法接受；边境地区的和平安宁是双边关系其他领域发展的基础；中印都致力于推动构建多极世界，但也应该明确多极亚洲是多极世界的重要组成；中印都有各自的利益、关切和优先事宜，但敏感关切不是单方的；作为崛起大国，中印都有各自抱负以及实现之道，这一点不能被忽视；分歧和差异是常有之事，妥善管理对双边关系非常关键；中印作为文明国家，必须有更长远的视角。Ministry of External Affairs, “Keynote Address by External Affairs Minister at the 13th All India Conference of China Studies,” January 28, 2021, https://www.mea.gov.in/Speeches-Statements.htm?dtl/33419/Keynote_Address_by_External_Affairs_Minister_at_the_13th_All_India_Conference_of_China_Studies.

② Nayanima Basu, Remya Nair, “India Begins to ‘Cautiously’ Approve Chinese Investment Proposals as Border Tensions Ease,” *The Print*, March 8, 2021, https://theprint.in/diplomacy/india-begins-to-cautiously-approve-chinese-investment-proposals-as-border-tensions-ease/617331/.

③ 中华人民共和国国防部：《西部战区新闻发言人龙绍华大校就中印第十三轮军长级会谈发表谈话》，2021年10月11日，http://www.mod.gov.cn/topnews/2021-10/11/content_4896448.htm。

此外，印度还通过舆论炒作、加强战备、完善基建等展示其强硬姿态。舆论方面，印度围绕“中方大规模集结兵力”，“中印东章对峙事件”，《中华人民共和国陆地国界法》（以下简称《陆地国界法》）、《关于加快中不边界谈判‘三步走’路线图的谅解备忘录》等事件反复炒作，抹黑中国“改变现状”，“咄咄逼人”。如印度官方对中国《陆地国界法》异常敏感、自我对号入座，称“针对中方单方面通过可能影响两国边境管理和边界问题现有安排的法律，印度表示关切……希望中国避免以这项法律为借口采取单方面改变印中边境局势的行动”。[①]

战备方面，印军修改《作战指令》（*Order of Battle*），将军事斗争重点从西线（对巴）转向北线（对华）；加强边境军力部署，确保“足够兵力与中国抗衡”，并做好与中国“消耗战”“持久战”准备；强化“苍鹭”无人机、美式155毫米超轻型榴弹炮等针对性装备部署，与美加强军事情报、高海拔作战等方面合作，强化对华军事对抗。[②] 基建方面，印加速推进边境地区以及通往边境地区的交通网络。例如，6月28日，国防部长拉杰纳特·辛格携北方司令部司令等军政要员，出席列城（Leh）—洛默（Loma）公路上一座可运输重型武器系统的战略性桥梁的落成仪式，同步以视频方式参加其他62座边境地区桥梁的落成仪式，

① Ministry of External Affairs, “Official Spokesperson’s Response to Media Queries on China’s Land Boundary Law,” October 27, 2021, https://www.mea.gov.in/response-to-queries.htm?dtl/34419/Official_Spokespersons_response_to_media_queries_on_Chinas_Land_Boundary_Law.

② “LAC face-off: India Shifts 50,000 Additional Troops to China,” *Times of India*, June 28, 2021; Snehesh Alex Philip, “These Are the Key Changes Army Has Made in Ladakh to Counter China in Summer,” *The Print*, April 12, 2021, https://theprint.in/defence/these-are-the-key-changes-army-has-made-in-ladakh-to-counter-china-in-summer/638253/; Snehesh Alex Philip, “As Trust Deficit Lingers, India & China Prepare for Another Harsh Winter Deployment in Ladakh,” October 4, 2021, https://theprint.in/defence/as-trust-deficit-lingers-india-china-prepare-for-another-harsh-winter-deployment-in-ladakh/744559/.

称这些桥梁在维护国家安全方面发挥重要作用。①

印度从边界争端的视角审视对华政策，对中印关系的其他领域也构成冲击。

一是误导印度公众对华认知。2021 年 10 月，印战略界重磅报告《印度通往权力之路：漂泊世界的战略》明确指出，“未来 10 年，印度外部安全政策最重要的事项是应对来自中国的挑战”。② 与印度外交部关系密切的智库观察家研究基金会，2021 年 8 月发布报告《2021 年外交政策调查：印度年轻人与世界》（以 18—35 岁的城市年轻人为主要民调对象）显示，70%的受访者对中国崛起表示“关切/担忧”，78%的受访者“支持”或“强烈支持”莫迪政府的对华政策，62%的受访者认为在中美博弈中印度应该选择美国。③

二是增加中印经贸合作阻力。根据中国海关数据，2021 年中印双边贸易额超过 1256 亿美元，历史性地突破千亿美元大关。但印度政府总体上延续了 2020 年以来对华歧视性政策，包括但不限于：永久封禁 59 款中国的移动应用；将华为和中兴通讯排除在第五代通信技术（5G）测试之外；对中兴通讯、小米、OPPO 等中资企业进行针对性查税；加大对中国商品反倾销调查；等等。此外，印度还加快推进本国的生产关联激励计划（PLI），重启与欧盟、澳大利亚、英国等自由贸易区谈判，进一步融入美日印澳“四边机制”地缘经济合作，对华产业“脱钩”、

---

① “Raksha Mantri Shri Rajnath Singh in Ladakh; Dedicates to the Nation 63 Bridges Built by BRO in Six States & Two UTs,” Press Information Bureau, June 28, 2021, https://pib.gov.in/PressReleasePage.aspx?PRID=1730936.

② Aiyar, Sunil Khilnani, *India's Path to Power: Strategy in a World Adrift*, Takshashila Institution, October 2, 2021, p. 12, p. 18, https://takshashila.org.in/wp-content/uploads/2021/10/Indias_path_to_Power_English_Final.pdf.

③ Harsh Panta, Prithvi Lyer, etc, *The ORF Foreign Policy Survey 2021: Young India and the World*, Observer Research Foundation, August 2021, https://www.orfonline.org/wp-content/uploads/2021/08/ORF_Report_ForeignPolicySurvey.pdf.

制造业竞争等态势明显。

三是在敏感问题上搞小动作。印度与台湾当局互动热络，印人党政要公开祝贺台湾“国庆”，台湾“外交部”则在社交媒体上“感谢全球民主国家（特别是印度朋友）的国庆祝福”。① 此外，印度对华打“西藏牌”态势明显。2021 年 7 月 6 日，印度总理莫迪公开致电达赖喇嘛为其祝寿，“阿鲁纳恰尔邦”（中国藏南地区）、锡金邦首席部长等官员跟进。② 12 月 20 日，印人党母体组织国民志愿服务团（RSS）领导人莫汉·巴格瓦特（Mohan Bhagwat）会见达赖，莫汉是达赖自 2020 年疫情暴发以来当面会见的首位非“西藏流亡政府”人员；③ 紧接着 12 月 22 日，“西藏流亡政府”在新德里举办晚宴，“支持西藏跨党派印度议会论坛”（All-Party Indian Parliamentary Forum for Tibet，APIPFT）的多名成员参加，标志着该论坛沉寂多年后重新复活，新当选的论坛召集人苏吉特·库马尔（Sujeet Kumar）甚至叫嚣，“西藏从来不是中国的一部分，印度与中国不存在共同边界”。④

（三）印巴关系有所缓和，彻底好转道阻且长

2014 年，莫迪政府上台后，对内强推印度教民族主义政治议程，对外推行排挤、压制巴基斯坦的政策，使印巴关系屡屡受挫。典型事例如

---

① “Taiwan Sends Special Thanks to India for ‘Touching National Day Message’ and Support,” October 11, 2021, https://www.republicworld.com/world-news/rest-of-the-world-news/taiwan-sends-special-thanks-to-india-for-touching-national-day-messages-and-support.html.

② Sanjeev Miglani, “India’s Modi Phones Dalai Lama on Birthday, Sign of Friction with Beijing,” *Reuters*, July 6, 2021.

③ “RSS Chief Mohan Bhagwat Meets the Dalai Lama,” *The Tribune*, December 20, 2021, https://www.tribuneindia.com/news/himachal/rss-chief-mohan-bhagwat-meets-the-dalai-lama-352527.

④ Shubhajit Roy, Manoj C. G, Liz Mathew, “Minister, MPs Attend Tibet Event, China Diplomat Writes to Them: Don’t support,” *Indian Express*, January 11, 2022, https://indianexpress.com/article/india/rajeev-chandrasekhar-jairam-ramesh-mps-attend-tibet-event-china-objection-7698897/.

下：2016 年乌里军事基地遇袭后，印度对巴基斯坦发动越过克什米尔控制线的外科手术式打击；2019 年 2 月印控克什米尔遭遇恶性恐袭后，印巴爆发空战，是第三次印巴战争以来双方战机首次越过实控线；2019 年 8 月，印度单方面废除印控克什米尔特殊宪法地位，并对该地区实施高强度管控。

但在 2021 年，印巴关系却出现缓和迹象。2021 年 2 月 25 日，印巴两军发表联合声明，称“为实现边境地区互利和可持续的和平，两国作战局局长同意照顾彼此核心议题和关切。双方同意严格遵守所有协议和谅解备忘录，停止在控制线一带和其他区域的开火行为，并于 25 日凌晨生效。双方重申现有的热线电话、旗帜会谈等机制将用来解决任何不可预测的形势或误解”。①这是印巴自 2003 年签署停火协议后首次达成类似联合声明，国际社会普遍欢迎。根据印度内政部的数据，双方发表联合声明以来跨境交火数量明显减少。根据统计，2021 年上半年，印巴跨境交火 664 起，其中 1—2 月发生 658 起、3—6 月仅 6 起，而 2018 年、2019 年和 2020 年的同期数据分别是 1422 起、1410 起和 2470 起。②

巴基斯坦国家安全战略的转型对推动印巴关系缓和起到了积极作用。在 2021 年 3 月的伊斯兰堡安全对话上，巴基斯坦总统伊姆兰 · 汗提出了更加重视经济发展和非传统安全的新安全观，而巴基斯坦陆军参谋长巴杰瓦（Bajwa）则指出，“稳定的印巴关系是释放南亚和中亚地区潜力的关键。（地区发展）潜力始终受印巴争端所羁绊，克什米尔问题是首要矛盾。只要克什米尔问题无法通过和平手段解决，次大陆的和解

① Ministry of Defence, *Joint Statement*, February 25, 2021, https://pib.gov.in/PressReleasePage.aspx?PRID=1700682.

② Ministry of Home Affairs, *Ceasefire Violations*, August 3, 2021, https://pib.gov.in/PressReleasePage.aspx?PRID=1741907.

就会偏离轨道。不过，现在是时候埋葬过去、走向未来了”。[①] 巴杰瓦还进一步提出地缘经济转型的四点内容：推动对内对外的持久和平；不以任何形式干涉邻国和地区国家的内部事务；促进地区间的贸易和互联互通；通过建立地区投资与经济中心，促进持久发展与繁荣。[②]

2021 年 12 月 27 日，巴基斯坦国家安全委员会第 36 次会议正式通过《国家安全政策（2022—2026）》（内阁次日批准），提出以经济安全为核心、以人为本的综合国家安全框架（Comprehensive National Security Framework）。这是巴基斯坦历史上第一个国家安全政策，也是巴基斯坦推动国家安全转型的重大举措。此外，2021 年 10 月，印度板球总会主席在阿联酋会见了巴基斯坦板球总会主席，并邀请后者参加印度板球超级联赛，试图以“板球外交”推动双边关系缓和。[③] 不过，印巴双方结构性矛盾依然存在，两国战略信任缺失严重，印度对巴基斯坦的新安全观将信将疑、互动不积极，巴基斯坦对印度国内印度教民族主义抬升关切疑虑，两国围绕阿富汗变局的地缘博弈持续上演，双方要真正“埋葬过去”道阻且长。

四、地区反恐形势趋于严峻

2021 年，美国以大国竞争取代反恐合作，弱化了地区反恐合作，加之阿富汗乱局对国际暴恐势力的“磁吸效应”与对地区恐情的“示范效

---

① “Full Text of Gen Bajwa’s Speech at the Islamabad Security Dialogue,” *Dawn*, March 18, 2021, https://www.dawn.com/news/1613207/read-full-text-of-gen-bajwas-speech-at-the-islamabad-security-dialogue.

② Ibid.

③ Moazzam Ishaq, “Are India and Pakistan Looking to Restart Cricket Diplomacy?” *The Diplomat*, October 21, 2021, https://thediplomat.com/2021/10/are-india-and-pakistan-looking-to-restart-cricket-diplomacy/.

应”，使阿富汗与巴基斯坦的反恐形势更趋严峻。印度通过对印控克什米尔的高压管制，有效降低了当地的暴力事件。

（一）阿富汗安全形势依然严峻，“伊斯兰国呼罗珊分支”趋于活跃

一方面，阿塔对社会面安全管控增强，但与国际恐怖势力“切割难”。阿塔上台后加强了社会面的安全管控，阿富汗民众的安全感整体有所增强，但国际社会普遍关注的国际恐怖势力在阿富汗生存活动的情况，却没有得到很好解决。阿塔与“基地”等国际恐怖主义组织在长期战斗中形成的友谊、内部联姻形成的纽带，以及阿塔内部强硬派的牵制，使阿塔很难与外国“圣战士”组织彻底切割。阿富汗内部面临强硬派与温和派、军事派与政治派的分歧，双方围绕内部权力分配和未来执政方略存在矛盾。目前看，哈卡内网络代表的强硬派占据主动，这进一步加大了阿塔与外国“圣战士”切割的难度。

另一方面，“伊斯兰国呼罗珊分支”趁乱做大。阿塔进入喀布尔之后释放大量囚犯，其中不乏“伊斯兰国呼罗珊分支”的成员。此外，有报道称，一些阿富汗前情报人员、特种部队人员出于自身安全原因，也加入了“伊斯兰国呼罗珊分支”以对抗阿塔，“这批人员虽然少但日益增多”。[①] 联合国秘书长阿富汗问题特别代表黛博拉·莱昂斯（Deborah Lyons）2021年11月17日称，“阿塔未能阻止‘伊斯兰国呼罗珊分支’的扩展。‘伊斯兰国呼罗珊分支’从局限于几个省扩大到近乎所有省份，其宣称负责的袭击数量从2020年的60起大幅增加到2021年迄今（11

① Yaroslav Trofimov, “Left Behind after U.S. Withdrawal, Some Former Afghan Spies and Soldiers Turn to Islamic State,” *The Wall Street Journal*, October 31, 2021, https://www.wsj.com/articles/left-behind-after-u-s-withdrawal-some-former-afghan-spies-and-soldiers-turn-to-islamic-state-11635691605.

月）的335起”。[①] 阿塔方面加大了对“伊斯兰国呼罗珊分支”的打击力度。11月10日，阿塔发言人表示，近3个月以来，阿塔捣毁了“伊斯兰国呼罗珊分支”在喀布尔省、楠格哈尔省和赫拉特省等地的21处据点，并逮捕了该组织600名武装分子。[②]

（二）巴基斯坦恐情依然严峻，中国利益在巴基斯坦遇袭风险增大

阿富汗变局对地区恐怖主义形成刺激效应。许多“圣战者”认为，阿塔打败了全球最强的军事力量美国，打败了被美国武装起来的“傀儡”政府，表明在一定领土范围内赢得“圣战”胜利是可行的。8月阿塔上台后，也门、索马里、叙利亚、巴基斯坦等国的一些“圣战”武装纷纷向阿塔发去贺电，表示将效仿阿塔的成功做法。英国《经济学家》认为，阿富汗政权变天带来的最大挑战，不是恐怖分子以阿富汗为基地发动恐怖袭击，而是阿塔胜利对恐怖分子在心理上的激励作用，对全球“圣战”的刺激作用。[③] 换句话说，阿塔胜利或打开“割据圣战”的潘多拉盒子，最直接的影响可能是巴基斯坦。根据之前联合国安理会于2021年6月所做的报告，“巴塔”有2500—6000人（更接近上限），盘踞在阿东部楠格哈尔省等地，[④] 这些人可能回流至巴基斯坦。

---

① United Nations Assistance Mission in Afghanistan, “RSG Lyons Briefing to the UNSC on the Situation in Afghanistan,” November 17, 2021, https://unama.unmissions.org/srsg-lyons-briefing-unsc-situation-afghanistan-4.

② 阿卜杜勒·哈利姆：《阿富汗塔利班宣布已逮捕600名“伊斯兰国”武装分子》，新华社，2021年11月10日。

③ “After Afghanistan, Where Next for Global Jihad?” *The Economist*, August 28, 2021.

④ United Nations Security Council, *Twelfth Report of the Analytical Support and Sanctions Monitoring Team Submitted Pursuant to Resolution 2557 (2020) Concerning the Taliban and Other Associated Individuals and Entities Constituting a Threat to the Peace Stability and Security of Afghanistan*, UNDOCS, June 1, 2021, https://www.undocs.org/pdf?symbol=en/S/2021/486.

2021 年 8 月重掌政权后，阿塔释放了包括“巴塔”头目法基尔·穆罕默德（Faqir Mohammad）在内的大批武装分子，引发外界普遍担忧。“巴塔”明确反对巴基斯坦政府，并希望效仿阿塔在巴基斯坦搞“割据圣战”。2021 年 11 月 8 日，“巴塔”与巴政府达成为期一个月的停火协议，但“巴塔”12 月 10 日宣布不予延期。根据“南亚恐怖主义门户”（South Asia Terrorism Portal，SATP）的统计，2021 年巴基斯坦共有涉恐事件 269 起，较 2020 年的 193 起增加 39.38%；平民、安全部队和极端分子的死亡人数分别是 219 人、226 人和 226 人（总计 671 人），2020 年的数据分别是 169 人、178 人和 159 人（总计 506 人）。[①]

中国在巴基斯坦的利益遇袭风险增大。2021 年 7 月 14 日，中国企业在开伯尔—普什图省承建的达苏水电项目员工通勤车队遭遇恐怖袭击，造成包括 10 名中方员工在内的共 13 人身亡，数十人受伤；紧接着 8 月 20 日，俾路支省瓜达尔东湾快速路项目中方人员车队遭遇自杀式袭击，造成 2 名当地儿童身亡，包括 1 名中方人员在内的多人受伤。美国在打击“东伊运”问题上的立场倒退也给中方打击“东伊运”制造障碍。在阿富汗有活动的“东伊运”是联合国列名的国际恐怖组织，美国于 2002 年将该组织列为恐怖主义组织。但 2020 年 10 月，美国出于对华战略竞争的考虑，以“没有可信证据证明该组织继续存在”为借口，撤销对“东伊运”恐怖组织的认定，其立场倒退不利于中美全球反恐合作。

（三）印控克什米尔地区形势趋稳，但反弹压力不容低估

在印度政府的强力管控下，2021 年印控克什米尔地区的局势总体稳

① “Datasheet-Pakistan,” South Asia Terrorism Portal, https://www.satp.org/datasheet-terrorist-attack/fatalities/pakistan.

定，政治示威、军警与民众的流血冲突都有所减少。根据印控克什米尔地区警察总监的说法，2021 年，克什米尔谷地的恐怖分子人数首次降到 200 人以下，本土恐怖分子的人数也首次降到 100 人以下（85—86 人）；全年共有 128 人加入恐怖组织，印度政府击毙了其中 73 人，另逮捕 16 人；当地民众对跨境恐怖分子的支持降低，也极大压制了跨境恐怖主义活动。[①] 印度内政部国务部长尼蒂亚南德·拉伊（Nityanand Rai）在回答印度议会上院提问时则表示，印控克什米尔地区的恐怖袭击数从 2018 年的 417 起下降到 2020 年的 244 起，2021 年（截至 11 月 30 日）进一步降到 203 起；跨境渗透事件从 2018 年 143 起下降到 2020 年的 51 起，2021 年（截至 10 月 31 日）进一步降到 28 起。[②]

不过，印控克什米尔地区的社会矛盾依然未能有效舒缓，阿富汗变局也可能带来负面冲击（犹如 20 世纪 90 年代赢得对苏“圣战”后，大量“圣战士”从阿富汗外溢至印控克什米尔地区），印控克什米尔地区安全局势反弹可能性不能低估。

五、结语

2022 年，南亚安全形势将与 2021 年保持一定的延续性。美国拜登政府新版《印太战略》的出台与实施，阿塔执政困境的加剧及其外溢效

---

① “In a First since Insurgency Broke Out, Number of Active Terrorists Below 200 in Kashmir: Officials,” *The Economic Times*, December 30, 2021, https://economictimes.indiatimes.com/news/india/in-a-first-since-insurgency-broke-out-number-of-active-terrorists-below-200-in-kashmir-officials/articleshow/88590517.cms?utm_source=contentofinterest&utm_medium=text&utm_campaign=cppst.

② “Security Situation in J&K Improved since Aug 2019: Govt Tells Rajya Sabha,” *The Economic Times*, December 22, 2021, https://economictimes.indiatimes.com/news/defence/security-situation-in-jk-improved-since-aug-2019-govt-tells-rajya-sabha/articleshow/88431604.cms?utm_source=contentofinterest&utm_medium=text&utm_campaign=cppst.

应等，都可能加剧地区局势的动荡。

首先，阿富汗局势仍存在不确定性。

2022年1月23—25日，阿塔赴奥斯陆参加挪威政府主办的关于阿富汗人道主义危机的会议，欧盟、英国、法国、意大利、美国、挪威和联合国官员参加。此次会议被认为是阿塔打破外交僵局、寻求国际承认、进而获得国际援助的重要突破。但考虑到阿塔“教法治国”的理念以及与“基地”“巴塔”等国际恐怖组织难以切割的纽带，阿塔政权很难获得美西方的承认，也很难获得美西方援助。2022年2月11日，美国总统拜登签署行政令，计划将阿富汗在美被冻结资产中的35亿美元用于赔偿“9·11”恐怖袭击事件受害者，[①] 引起国际社会哗然。2021年阿塔掌权后，阿富汗安全形势总体趋于好转，8月19日至12月31日的安全相关事件同比下降91%。[②] 但种种执政挑战都将增大阿安全风险。“如果人民挨饿、失业、被恐怖袭击包围，这个政权将很难获得合法性。幻灭和绝望可能导致新的武装抵抗组织的出现，威胁到塔利班的控制，并有可能使阿富汗陷入内战”。[③]

其次，大国地缘竞争趋于激烈，对地区安全局势的牵引作用更加凸显。

2022年2月，美国出台拜登版《印太战略》，明确提出“承认印度是志同道合的伙伴、南亚和印度洋的领导者；与东南亚有联系且东南亚事务的积极参与方；美日印澳四边机制和其他地区论坛的驱动力”，并

① The White House, “Executive Order to Preserve Certain Afghanistan Central Bank Assets for the People of Afghanistan,” February 11, 2022, https://www.whitehouse.gov/briefing-room/statements-releases/2022/02/11/fact-sheet-executive-order-to-preserve-certain-afghanistan-central-bank-assets-for-the-people-of-afghanistan/.

② Report of the Secretary-General, *The Situation in Afghanistan and Its Implications for International Peace and Security*, January 28, 2022, p. 4.

③ Michael Kugelman, “What to Watch in South Asia Next Year,” *The Foreign Policy*, December 30, 2021, https://foreignpolicy.com/2021/12/30/south-asia-looking-ahead-2022/.

将支持印度崛起作为“印太战略”十项行动计划之一。[①] 美国在战略文件中明确提出要支持印度成为“南亚和印度洋的领导者”是极为罕见的，其背后的意图是希望印度在牵制中国方面发挥更大作用。除了印度，美国还图谋将斯里兰卡、尼泊尔、孟加拉国等拉入其对华战略竞争的轨道。2022年初美国威逼利诱尼泊尔议会批复“千年挑战公司—尼泊尔”项目，即是典型例子。美国虽然强调该项目与“印太战略”无关，但其以如此强硬态度逼迫尼泊尔让步，“剑指中国”的企图不言自明。

印度对华强硬态度走向也是观察地区局势的重要线索。2022年来，印度外长苏杰生频繁在国际场合批评中国，指责中国“不尊重与印度的纸面协定”，“（给南亚邻国）制造债务陷阱”，喊话中国“更大的权力和更强的能力应该带来责任与克制”，以隐射中国“进攻性行为”。[②]

最后，多国国家治理困境加剧，经济社会发展挑战重重。

2022年，新冠肺炎疫情叠加乌克兰危机，对南亚各国的后续影响仍将延宕，加之多国将举行全国性或地方选举，党争政斗与经济困境相互交织，或成为新的不稳定因素。

---

① The White House, *Indo-Pacific Strategy of the United States*, February 2022, p. 16.

② Shubhajit Roy, “Jaishankar Targets China: ‘Greater Power Should Lead to Restraint, Respect for Sovereignty,” *Indian Express*, February 23, 2022; “Jaishankar on China Debt Diplomacy: Make Informed Decisions,” *Indian Express*, February 21, 2022, Nayanima Basu, “China Bigger Threat than Russia-Ukraine Crisis: Jaishankar Hints to EU at Indo-Pacific Meet,” *The Print*, February 22, 2022.

中亚地区形势及对中国周边安全的影响

李睿思*

【内容摘要】 2021年是中亚国家独立30周年，也是《中俄睦邻友好合作条约》签订20周年。30年来，中亚国家在稳定国内形势和保持经济增长等方面取得可喜成绩。2021年，中亚五国与中俄的经济合作逐渐摆脱疫情带来的冲击，进入恢复性增长的发展阶段。中亚地区安全形势总体保持稳定，多国在阿富汗变局的冲击下，安全风险出现新变化，特别是非传统安全因素风险持续上升。在百年未有之大变局的背景下，中亚五国继续奉行务实平衡的对外交往原则，与中俄在边境冲突、阿富汗问题、反恐、网络信息安全、公共卫生安全等地区安全问题上保持沟通与合作。

中亚地处欧亚大陆腹地，自古以来是东西贯通和南北上下的枢纽地带，也是古丝绸之路的必经之地。中亚五国里，哈萨克斯坦、塔吉克斯坦和吉尔吉斯斯坦与中国接壤，特别是与中国西北部在文化和人员往来

---

* 李睿思，中国社会科学院俄罗斯东欧中亚研究所助理研究员。本文是2019年度国家社科基金重大项目《上海合作组织命运共同体构建研究》阶段成果，批准号：19ZDA130；中国社会科学院亚洲研究中心课题研究成果，批准号2020YYZX006。

上互动频繁。地理位置天然地决定了中亚国家的地缘价值。作为“一带一路”的首倡地，中亚对中国维护周边地区安全和构建对外开放新格局，以及实现经济高质量发展具有重要影响。2021年，新冠肺炎疫情继续影响着中亚各国的政治与经济发展。同时，受美在阿富汗撤军影响，中亚五国安全局势变得更加复杂多变，在传统安全风险存在的同时，非传统安全风险持续攀升上升，恐怖主义、极端势力、跨国犯罪等挑战日益严重。未来，虽然中亚地区形势总体保持稳定，但发展前景不容乐观，地区安全问题将保持复杂多变的态势。

一、中亚地缘战略地位及安全形势总体特点

中亚国家与中国的往来由来已久，在通商货物和人员往来的带动下，东西文明的交会与融合成为现实。中亚位于东西和南北贯通的交通要道枢纽上，具有独特的地缘战略价值，中亚的地缘战略地位也经历了多次起伏变化。

（一）地缘战略地位重要，多次被迫卷入国际政治争斗

20世纪之前，中亚国家是欧洲帝国利益争夺的焦点地区。到20世纪，中亚国家作为苏联的组成部分，在对外联系和交往上自主性较弱。第二次世界大战后，美苏对抗使中亚的地缘战略意义凸显，中亚逐渐成为地缘战略争夺的重点地区。苏联解体后，中亚国家获得独立自主的发展机遇，开始走上探索符合自身发展需求和特点的道路。

但是，由于长期处于相对封闭和缺乏自主性的发展环境，独立和对外开放成为中亚国家面临的首要挑战。中亚各国的对外开放使多方力量有机会进入该地区并施加影响。阿富汗的常年动荡与战乱使美西方通过

武装干预等方式向中亚地区渗透力量、施加影响。俄罗斯与中亚存在历史和传统的联系，并将中亚地区视为核心利益，也不愿意放弃在该地区的影响力。一时间，中亚地区因多方力量的介入与较量，成为地缘政治争夺激烈的地区之一。中亚地区地缘政治形势的明显变化出现在“9·11”事件之后。美国与北约联手通过在阿富汗开展打击恐怖主义行动，加强了与中亚国家的安全合作。随着经济的发展，中亚地区因其重要的地理位置开始重视交通与运输项目的实施。中亚地区在政治、经济、安全等多个领域的战略地位迅速提升。2021 年，美国从阿富汗仓促撤军成为中亚地区安全形势的重大变数，阿富汗国内局势动荡和恐怖主义外溢风险加剧使中亚地区发展面临更大的不确定性。

回顾中亚国家独立的 30 年发展历程可见，中亚的地缘战略地位是地区发展的“双刃剑”。一方面，大国势力争夺和周边环境的复杂性使中亚国家始终面临国内、国际双重压力；另一方面，中亚国家也因此拥有更多发展机遇。2021 年是中亚国家独立 30 周年。在 30 年内，中亚国家基本能够保持国家主权完整和国内的基本稳定，同时在安全领域协作意识不断增强。虽偶发地区冲突，甚至个别国家发生过内战，但总体而言，中亚国家通过不断增强军事实力，能够基本保障本国政权稳步交接和国民的稳定生活。

中亚五国独立后都奉行“大国平衡”战略，即希望通过兼顾多方利益，避免域内发生激烈冲突与争夺，借助大国的力量发展自身，在地区达成战略平衡，为国家发展谋求最大限度的资源与自主空间。但由于中亚五国发展差异性较大，且五国综合实力和经济体量有限，在资源和话语权的争夺上总体仍处于弱势。因此，更准确地说，地区的战略平衡取决于大国间综合实力的较量，这也成为中亚地区形势不确定性强的重要原因之一。

（二）安全形势总体稳定，各类安全风险此起彼伏

中亚国家在独立后，政治与社会发展遭遇诸多风险挑战，但总体保持了稳定局面，可谓来之不易。

首先，中亚安全脆弱性强，极易受到历史、民族、宗教、恐怖主义、经济、突发事件等外部因素的影响，各国安全形势极易波动，甚至出现安全危机。

历史因素指中亚地区不仅经历了美苏争霸时期，而且在原苏联地区仍是美国与俄罗斯争夺的重点地区。随着美俄力量的此消彼长和博弈烈度的不断变化，中亚国家被裹挟其中，使地区安全变数丛生。民族和宗教因素则指，该地区部族传统、宗教分歧交织存在，虽然中亚各国均注重淡化部族政治，努力化解民族争端和宗教分歧，但传统和意识形态的分裂成为来自地区内部的不稳定性因素，且近些年来，极端势力和恐怖主义也以民族和宗教为名重新活跃，使安全形势更加脆弱。经济因素指，独立后中亚国家从苏联模式中走出来，开始不断探索经济转型的发展道路。但经济改革困难重重，各种矛盾长期积累、叠加和放大，掌握国家命脉的部分企业和家族丑闻不断，贪污腐败等问题给国家财政造成巨大损失，国民经济发展也深受其害，经济发展落后成为威胁国家和地区稳定的因素之一。突发性事件主要包括新冠肺炎疫情和阿富汗事件。此外，中亚地区安全形势还受国际环境的影响。虽然不断变化发展的多极世界格局有利于处于对外开放中的中亚国家，但同时，面对更加开放的外部发展环境，中亚国家内部的脆弱性被放大，传统和非传统安全威胁不断变化升级，很有可能成为中亚地区出现长期动荡的导火索。

其次，中亚安全具有安全威胁来源多元性的特点，包括来自地区内部和外部，以及经济与社会发展、气候变化等各个领域。获得独立后，中亚各国执政阶层开始探索建立世俗化政权的发展道路，并通过不懈努

力保持了国家的政治稳定，但使因贫困、失业等社会问题引发的极端思想复兴浪潮成为各国政局面临的重要威胁。同时，30 年来，中亚各国的经济发展差距逐渐拉大。根据统计，2020 年，哈萨克斯坦的人均国内生产总值为 9060 美元，乌兹别克斯坦为 1690 美元，[①] 塔吉克斯坦和吉尔吉斯斯坦的分别为 767 美元、[②] 1173 美元。[③] 塔吉克斯坦和吉尔吉斯斯坦的失业率和贫困率在中亚国家处于较高水平。此外，中亚地区的安全威胁还来自跨国犯罪、难民、边界冲突、宗教极端主义、跨境水资源纠纷和生物安全等地区周边的外部因素。

最后，中亚安全形势具有极强的复杂性。在各国发展差异性大、大国力量介入的背景下，中亚地区的安全问题彼此交替转化，过程复杂多变。尤其是中亚国家的政局动荡和经济发展衰退，加速了安全威胁在内部与外部之间的转化，外部威胁因素利用各国政局不稳转化为内部安全威胁，包括政局动荡、经济犯罪和腐败猖獗、青年群体参与国际有组织犯罪危害社会稳定等，而内部的失业、贫困和社会不公平现象，又加剧了安全威胁向周边国家的外溢和蔓延，造成整个国家乃至地区的动荡。

二、2021 年中亚地区总体形势及安全风险评估

独立后，中亚各国加强军事力量建设，重视打造国家认同，淡化部

① 《哈萨克斯坦经济增长预期低于乌兹别克斯坦》，中华人民共和国驻哈萨克斯坦共和国大使馆经济商务处，2021 年 4 月 24 日，http://kz.mofcom.gov.cn/article/jmxw/202104/20210403054851.shtml，访问日期：2022 年 4 月 3 日。

② ВВПТаджикистананадушунаселенияв2020годусоставилболее8, 7тыс. Сомони, 2021 年 1 月 24 日， https://kabar.kg/news/vvp-tadzhikistana-na-dushu-naseleniia-v-2020-godu-sostavil-bolee-8-7-tys-somoni/，访问日期：2022 年 4 月 3 日。

③ ВВПнадушунаселенияКиргизии，2022 年 4 月 11 日，https://www.sularu.com/vvp_pcap/KGZ，访问日期：2022 年 4 月 3 日。

族矛盾，除了塔吉克斯坦发生国内战争，其他国家均基本保持了和平与稳定。近期，中亚国家面临的安全挑战有增多趋势，突出问题包括政权稳定、经济复苏、社会民生、民族主义和恐怖主义活跃。

（一）总体保持稳定，传统安全威胁依然存在

2021年，吉尔吉斯斯坦与塔吉克斯坦两国因边境水资源的归属和使用问题爆发严重的边境冲突。不过，双方均及时采取措施，加紧协调和沟通，呼吁双方边境居民特别是青年群体保持克制和冷静，避免了冲突进一步升级。

4月28日，位于吉塔边境地区的居民因水资源分配发生争执，次日，吉巴特肯州科克塔什村“戈洛夫诺伊”配水站一带多栋房屋疑似被塔居民纵火而燃烧。塔吉克斯坦居民认为配水站所在地区为己方领土，并要求在边界地区安装摄像头，吉尔吉斯斯坦认为该地主权存在争议并强烈抗议。居民肢体冲突最终因军队的加入升级而演变为武装交火。除了双方在巴特肯地区发生交火，吉尔吉斯斯坦特种部队还占领了塔吉克斯坦在边境上的霍查—阿罗边防站。双方在冲突发生后一度达成停火协议。但到6月4日晚，塔方深入吉尔吉斯斯坦境内1000米，并在奥什州乔阿拉伊地区安置集装箱，打破双方停火局面再次引发争执。6月5日，吉尔吉斯斯坦国家安全委员主席塔西耶夫称双方已通过联合协议，将妥善解决边境冲突。此次冲突共造成36人死亡、180人受伤，3万居民被迫疏散。[①]

此次吉尔吉斯斯坦和塔吉克斯坦冲突的导火索是边境居民争执，但根本原因是边界划定不明的历史遗留问题。苏联解体后，在吉塔两国近

---

① Инцидентнагранице: почемуонначалсяичтопослужилопричиной，2021年4月29日，https://24. kg/obschestvo/192054_ intsident_ nagranitse_ pochemu_ onnachalsya_ ichto_ poslujilo_ prichinoy_/，访问日期：2022年2月6日。

1000公里的边境线上，有375公里未勘定、涉及70余处地段，领土问题一直是两国关心的问题，包括巴特肯州在内的多个边境地区因争夺牧场、农田和水资源，屡次爆发冲突。根据不完全统计，2014年以来吉尔吉斯斯坦和塔吉克斯坦边境地区共发生10起严重冲突。仅2014年，吉尔吉斯斯坦就发生了共计5起跨界事件。[①] 通过此次冲突可见，中亚国家在避免发生地区冲突和维护地区安全秩序的问题上存在发展共识，即通过加强沟通与对话，呼吁各方保持克制冷静，避免因武装冲突而造成的人员伤亡和财产损失，影响地区的和平与稳定。

（二）权力交接是影响中亚国家政治安全的长期性重要因素

多年以来，中亚国家不断探索符合国情和自身特点的民主发展道路，其中权力的交接与分配问题一直是政治改革的主要内容，但是由于历史、民族和传统等原因，权力交接问题常常引发中亚各国的局势动荡。

2020年下半年至2021年，中亚多国举行总统和议会选举，虽然所有的选举均顺利进行，但暗藏的政权交接问题与危机不容忽视。2021年1月，哈萨克斯坦举行议会选举，祖国之光党赢得107席中的76席，形成了以执政党发挥绝对影响力、其他三党参与合作的局面。1月10日，吉尔吉斯斯坦举行总统大选，并就国家政体举行了全民公投，扎帕罗夫当选总统。10月，乌兹别克斯坦举行总统选举，现任总统米尔济约耶夫在大选中以超80%的高支持率获胜。此外，塔吉克斯坦在2020年10月举行了总统大选，现任总统拉赫蒙获胜，并为其子鲁斯塔姆·埃莫玛利掌权提前布局。土库曼斯坦总统别尔德穆哈梅多夫多次调整内阁组成、

① 《俄智库：吉塔冲突背后隐现西方黑手》，参考消息网，2021年5月5日，http://www.cankaoxiaoxi.com/mil/20210505/2442345.shtml，访问日期：2022年4月21日。

推行政府机构改革，为其子谢尔达尔·别尔德穆哈梅多夫强化政治影响力。

中亚五国的政权交接均具有鲜明的地区特点，即频繁出台旨在强化中央权力的政治改革措施，无论是哈萨克斯坦首任总统纳扎尔巴耶夫和现任总统托卡耶夫的权力交接模式，还是塔吉克斯坦、土库曼斯坦两国的“子承父业”模式，执政阶层的权力不断集中。虽然执政阶层的权力扩大有利于保证国家在各领域推进的改革和发展倡议具有连续性，但因权力扩大导致的官员和家族式腐败也成为威胁中亚国家政权稳定的顽疾，因对政权不满的抗议事件和骚乱事件时有发生，威胁国家安全。

（三）多重发展压力持续叠加，非传统安全威胁上升

2021年，中亚地区面临多重发展压力，在新冠肺炎疫情和国际环境的影响下，压力不断叠加和相互作用，使中亚地区安全局势面临严峻挑战，特别是非传统安全威胁逐年上升，主要包括疫情防控和生物安全、恐怖主义和跨国犯罪、经济和金融安全、网络空间信息安全等。

一是国内治理赤字现象严重，引发民众对执政阶层的信任危机。新冠肺炎疫情发生以来，中亚多国防疫和抗疫形势严峻，失业、贫困、食品药品供给困难等民生问题加剧；与防疫抗疫物资运输和分配相关的腐败行为屡次见诸报端，使政府形象大打折扣。例如，以经济形势较好的哈萨克斯坦为例，截至2021年8月，哈萨克斯坦全国登记失业人数22.26万人，同比增长1.6%，占全国劳动人口总数的2.4%。[①] 失业人口不断上涨导致居民收入受到较大影响，基本生活得不到保障的居民对政府的积怨增加，极易被煽动和利用，成为政治和社会的不稳定因素。

---

① 《哈萨克斯坦失业率居高不下》，中华人民共和国驻哈萨克斯坦共和国大使馆经济商务处，2021年10月10日，http://kz.mofcom.gov.cn/article/jmxw/202110/20211003205858.shtml，访问日期：2022年2月7日。

2022 年伊始，哈萨克斯坦政府取消对液化石油气价格的限制，液化石油气价格随之迅速飙升。为抗议高油价，曼吉斯套州的民众举行抗议，抗议活动迅速蔓延到全国各地，最终引发暴力冲突，造成警民伤亡和重大经济损失。在集体安全条约组织（以下简称“集安组织”）的介入下，哈萨克斯坦乱局结束，但长期以来的社会矛盾和民生积怨依然威胁哈萨克斯坦的政权稳定。

二是阿富汗问题增加中亚地区安全防控压力。乌兹别克斯坦、塔吉克斯坦和土库曼斯坦与阿富汗领土接壤，边境地区大多地形复杂，防范和守卫难度大。因饱受战乱困扰，阿富汗的经济举步维艰，大批阿富汗难民成为地区人道主义灾难。与此同时，阿富汗恐怖分子常常利用难民身份和边防漏洞潜入周边中亚国家，通过唤醒潜伏在中亚地区的同伙，策动恐怖犯罪。2021 年美国仓促从阿富汗撤军后，作为地区不稳定来源，阿富汗引发的恐怖主义外溢、难民和毒品等问题大概率将会与中亚本土的边境冲突、恐怖主义分子回流和宗教极端主义相互交织，导致中亚地区安全形势更为复杂。

三是数字经济、低碳、绿色发展等新兴业态的发展推动全球科技高速进步，中亚国家普遍面临国内疫后经济复苏和参与国际科技革新的双重压力。2021 年，包括中亚五国在内的共 32 个国家共同发起“一带一路”绿色发展伙伴关系倡议。根据倡议，今后参与国将把低碳、绿色、环保作为短期内实现疫后经济恢复和长期内推动可持续发展的主要内容。一方面，中亚国家为防控新冠肺炎疫情而采取的隔离和限制措施导致产业链和供应链断裂，加上国际市场上大宗商品价格的走低，中亚国家经济复苏步伐缓慢且艰难。中亚多国在疫情并没有得到完全控制的情况下选择“带疫解封”，目的就在于尽快开始恢复经济增长，挽救经济衰退的趋势，特别是尽快恢复受疫情影响较大的能源、农业、交通、服务业等经济领域重点行业。另一方面，从自然条件看，中亚国家地处欧亚大陆腹地，土地的沙漠化和盐碱化问题突出，能源枯竭显著限制和影响中亚国家的经济转型。中亚传统的能源结构中，石油、天然气和煤炭等能源占比较高，面对经济转型发展和绿色低碳发展需求的综合诉求，中亚国家除了要解决自身能源基础设施落后、缺乏资金和技术投入等发展弊端，还要兼顾疫后经济复苏的生存压力。

（四）坚持大国平衡战略面临更大压力

美国在域内针对中俄两国调整力量布局，土耳其、伊朗不断向中亚拓展影响，大国博弈加剧地缘政治撕扯，中亚面临“选边站”的困境，坚持“大国平衡”战略的外交压力增大。

中亚与阿富汗的地缘局势变化考验着周边大国和美国等多方力量。在从阿富汗撤军的过程中，为避免自身影响力被过度削弱，美国表示将不会减少在中亚的政治和经济存在，并寻求机会恢复在中亚的军事基地，俄罗斯对此强烈反对。中亚国家认为，美国在关键问题上能力不足、无法依靠，而俄罗斯出于坚决捍卫自身在中亚的绝对影响力和控制力，在一些问题上的表态过于强硬和缺少变通。美军的仓促离开和“善后”工作混乱不堪也引起盟友的极大不满，当前土耳其、印度、伊朗、日本等多国开始在中亚寻找合作契合点，新一轮地缘政治博弈加剧了中亚平衡外交的压力。

在新形势下，中亚国家积极通过双边和多边场合，保持与周边大国和美西方的对话与互动。出于对国家军事安全的核心需求考虑，中亚国家普遍仍将对俄罗斯关系视为外交领域优先事项。出于发展经济的需求考虑，中亚国家注重发展中亚一体化，特别是在欧亚经济联盟和“一带一路”框架下的合作，以及与美欧等西方国家和地区的经济领域合作。

2021 年，哈萨克斯坦继续以《2020—2030 年哈萨克斯坦外交政策纲要》为指导，平衡与各国外交关系：与俄罗斯在集安组织和欧亚经济联盟框架下的一体化日益深入；与美国保持互动，并宣布在南部继续与美方合作，建立高级别生物实验室和地下储存库；与突厥语国家的合作进一步密切。

乌兹别克斯坦将 2021 年对外发展战略定位为提升本国国际舞台威信与形象，积极同地区、世界大国及国际组织开展全方位外交，并积极参与阿富汗和平进程。米尔济约耶夫总统虽未明确提出中亚一体化，但其倡议与主张均彰显这一理念。

吉尔吉斯斯坦积极寻求多边合作，创造有利国际环境。2021 年，扎帕罗夫先后访问了俄罗斯、哈萨克斯坦、乌兹别克斯坦、土耳其等国，阐述其平等发展、睦邻友好的外交理念，推进双边务实合作。其中，基于经济和安全因素考虑，俄罗斯仍是吉尔吉斯斯坦的外交重点。

塔吉克斯坦作为轮值主席国，2021 年成功举办上合组织、集安组织两场峰会，积极与中亚各国开展元首外交，为国内政治稳定和经济发展提供有效助力。此外，塔与美欧以及土耳其、伊朗、土耳其、白俄罗斯、阿塞拜疆等国家和地区就发展、安全、气候变化等问题进行交流。

土库曼斯坦外交活跃，别尔德穆哈梅多夫总统以视频会、通电话、进行互访等方式与周边多国领导人保持友好往来，并在第 76 届联合国大会上发表演讲并提出倡议，以外交推动经济发展。

三、中国与中亚各国关系及其在中亚面临的主要安全风险

独立 30 年的中亚国家，走过曲折的发展历程，政治和经济建设取得一定成就，外交上积极参与地区和国际事务，重视塑造自身在国际社会的形象和影响力，已经成为不容忽视的地区力量。中国是最早承认中亚五国独立的国家之一，中国与中亚国家通过和平谈判的方式彻底解决

了边界问题，为国家间解决历史遗留问题树立了榜样。中国同中亚国家不断发展睦邻友好关系，开展全方位互利合作，历经 30 年共同努力，中国同中亚国家关系达到历史最高水平，建立并深化战略伙伴关系。中国与中亚间的贸易额从 5 亿美元增长到超 500 亿美元，相互贸易与投资快速稳步增长。① 自“一带一路”倡议首次在中亚提出以后，中国与中亚国家务实推进各领域合作，在推进重大项目落地的基础上不断拓展合作领域。中国与中亚国家间的原油管道、天然气管道、中吉乌公路、工业园等重点项目合作顺利。中国与俄罗斯、中亚五国在地区开展联合行动和合作，共同打击“三股势力”，共同维护地区和平与稳定。

近年来，中国同中亚国家关系取得新的长足进展。中亚地区成为中国周边首个战略伙伴集群。2020 年起，“中国+中亚五国”外长会晤连续三年举办，聚焦推进政治、安全、经贸、交通、环保、高新技术、卫生、人文等领域合作，达成许多新的共识。尤为重要的是，2022 年 1 月 25 日，习近平主席同中亚五国元首举行中国同中亚五国建交 30 周年视频峰会。习主席提出五点建议：深耕睦邻友好的示范田、建设高质量发展的合作带、强化守卫和平的防护盾、构建多元互动的大家庭、维护和平发展的地球村，受到中亚五国元首热烈响应。六国元首共同宣布打造中国—中亚命运共同体。此次峰会是首次以中国同中亚五国形式举行的元首级会晤，对全面总结中国同中亚关系发展成就和经验、统筹谋划双方下阶段各领域合作意义重大，引领中国同中亚五国关系迈入新时代。

随着中亚地区形势变化，中国在中亚的安全与利益也面临诸多挑战和风险，具体如下。

一是面临一些干扰因素。在大国博弈加剧地区紧张局势的情况下，

---

① 《中国与中亚：谱写经贸合作新篇章》，《人民画报》2022 年 3 月 17 日，http://www.rmhb.com.cn/zt/ydyl/202203/t20220317_800279791.html，访问日期：2022 年 4 月 21 日。

中亚国家在国内政治面临改革压力的同时，外交平衡难度加大。特别是当事件涉及中国新疆、边境口岸贸易等敏感问题时，各方处理不当可能引发中国与中亚国家的政治互信危机。此外，近年来，针对“一带一路”倡议的“陷阱”系列反华舆论（“债务陷阱”“金融陷阱”“外交陷阱”和“投资陷阱”等）在中亚有抬头的趋势。以哈萨克斯坦情况为例，2022 年初的一月骚乱事件爆发后哈萨克斯坦政府加快政治改革步伐，逐步开始清算部分经贸合作项目，其中涉及中国在哈萨克斯坦的中资或合资企业利益。

二是地区安全事件可能威胁中国在中亚的海外公共安全。贫困、失业、恐怖分子回流、毒品交易、金融风险等安全问题对中国在中亚建设项目的建设与生产、人员生产生活的平稳进行都存在潜在威胁。尤其是 2022 年以来，随着国际形势的突变，中亚国家的大批劳工不得不返回本国，成为社会不稳定因素，失业人群极易被“三股势力”策动，引发地区安全危机事件，威胁中国在海外企业、项目、人员财产安全。

三是地区与外部世界互动的复杂性恐对中国周边安全造成潜在威胁。中亚不乏各种复杂的民族与宗教矛盾、极端主义思想和行为，自古以来就是战乱比较频繁的地区。受域外阿富汗变局的影响，中亚地区内大国战略博弈加剧，包括全球层面美国与俄罗斯、中国的对抗加剧，地区层面土耳其要实现复兴梦想、西亚“伊斯兰国”等恐怖组织试图卷土重来。这些外部力量之间的矛盾摩擦升级，给中亚国家造成的消极影响越来越深，安全挑战越来越具有跨地区、跨领域的特点。

四是域内多边合作平台相互重叠，竞争与冲突并存。涉及中亚各国的主要地区组织包括欧亚经济联盟、集体安全条约组织和上海合作组织等，各个组织定位虽有所区别，但相互重合与冲突现象时有发生，造成无序竞争和内耗增大。

四、中亚地区安全发展形势与展望

未来一段时期，美国将继续针对中俄调整全球战略布局，这将导致大国竞争日益激烈。中、俄、美、欧都被中亚国家认为是重要合作对象，中亚国家会继续实行大国平衡政策，维护自身主权独立与社会发展。在地区层面，美国从阿富汗撤军导致地区的反恐形势更为严峻，尤其是阿富汗问题对邻近的塔吉克斯坦、乌兹别克斯坦等国安全的冲击有待继续观察。而中亚国家内部的治理问题使其无法更多地关注地区性乃至全球性的问题。不仅如此，中亚各国政策的不稳定和摇摆将导致彼此之间的分歧加深，个别国家过分看重自身和眼前利益，对整个地区的问题漠不关心，这些使中亚各国如何共同推动区域合作成为难题。

面对复杂的地区与国际安全形势，中亚国家积极采取措施加以应对。首先，以发展保稳定，中亚各国重视疫情背景下的经济恢复，试图通过实现较快的经济增长缓解失业和贫困等社会压力。其次，着力改善国内的法治和营商环境，出台一系列反腐败措施，为中小企业发展提供更为宽松的市场条件，避免出现严重的社会对立。再次，促进民族和宗教和谐，打击形形色色的极端主义，加强对国内民族和宗教事务的管理，防止境外势力的渗透。最后，强化地区合作，与邻国加强沟通，利用好现有的多边机制和平台，抵御来自外部的非传统安全威胁。

就中国与中亚国家关系而言，“一带一路”是中国与中亚国家夯实战略伙伴关系、拉紧经济交往纽带、传承世代友谊的重要合作倡议，各方努力加强高层引领和布局，构建“中国中亚命运共同体”，构建新的中亚多边安全架构。未来，双方应在以下几个方面推进双边关系。

第一，中国与中亚国家应加强高层互动往来，加强政治互信，在涉及核心利益的问题上保持沟通与对话，在“中国+中亚五国”等机制下，拓展与地区主要多边合作平台的沟通与协调渠道。特别是在可能引发互信危机的问题上，综合研判各方诉求和主要立场，提高风险规避意识且谨慎表态，确保中国与中亚各国的双、多边关系良性互动和健康发展。警惕中亚多国因政权交接与过渡、经济反腐等敏感问题所引发的政局波动和形势突变，维护中国在中亚各国的海外公共安全。重视建立危机应急预警和管理机制。上海合作组织是中国在中亚地区的主要多边合作舞台，各国应不断丰富“上海精神”的内涵，夯实上合组织在处理地区事务中的主导作用，推进上合组织的机制建设，成立灵活的地区和国别问题小组，为维护地区稳定与发展发挥“上合力量”。

第二，中国应重视中亚国家保障经济安全的迫切诉求，将疫后经济复苏与“一带一路”框架下与中亚合作有机结合，加强统筹安排和全局部署，抓重点项目（能源、基础设施建设和交通运输），以大项目为抓手，深挖合作潜力和新增长点。低碳、绿色、环保和数字化发展将是中亚国家近年来不断强化的发展方向，今后根据各国发展需求及时提供合作产品和解决方案，能够更有效地为中国与中亚“一带一路”合作赋予新动能。同时，应注重规避与中亚国家合作的安全风险，主动建立风险预警防范机制。

第三，中国应密切关注中亚国家疫情防控进展，针对生物安全领域的立法、技术、人员交流、基础设施建设和物资援助等加强合作，为地区筑牢公共卫生安全防线，为“一带一路”建设提供健康保障。目前，中亚国家面对德尔塔和奥密克戎毒株的传播风险，抗疫形势依然比较严峻。中国应继续加强与中亚国家的卫生抗疫合作，在疫苗出口、防疫物资援助和医疗专家联合会诊等方面加大对中亚国家的支持力度。除此之外，在疫苗相互认证、疫苗研发、中医药合作等方面，中国与中亚国家的合作也有较大空间。

第四，中国应加强与中亚国家、集体安全条约组织和俄方在域内关于阿富汗问题的积极对话。阿富汗政府的国内治理和处理地区事务的能力仍有待进一步观察和评估，跨国有组织犯罪、制毒贩毒和难民等问题是已经存在且有恶化风险的最主要的地区安全威胁。阿富汗恐怖主义的外溢也直接关系到中国西北地区的和平与稳定。中亚的安全问题牵扯多方安全利益，俄罗斯主导的集体安全条约组织在保障地区军事安全，打击恐怖主义、极端主义和有组织犯罪等方面有较大影响力。

热点篇

南海安全形势：美国对华全面战略竞争下的新动向和趋势

刘　琳*

【内容摘要】2021 年南海安全形势在总体保持稳定的同时依然复杂严峻。美国拜登政府南海政策延续特朗普政府时期总体基调，但继续在南海进行对华施压和布局的同时，政策方式上有所调整，强调威慑和利用盟友力量与中国抗衡，其他域外国家特别是欧洲国家在军事、外交、法理层面对南海问题的介入呈现明显扩大之势，成为搅动南海局势动荡的重要因素。从域内来看，中国与东盟当事国虽在南海问题上存在争端摩擦，部分东盟当事国加紧推进单边行动，但主流仍是“双轨思路”下的对话与合作，特别是中国与东盟国家克服疫情影响，积极推进“南海行为准则”二读阶段磋商并取得初步进展。未来一个时期，南海形势仍表现为中国、美国、东盟当事国、域外其他国家等主要力量围绕外交、军事、法理层面的博弈，美国将持续推进与东南亚关系和针对南海的部

* 刘琳，军事科学院战争研究院外国军事研究所研究员。

署，东盟当事国难以停止单边行动，域外势力的介入和战略协调、融合也会继续发展。

2021年的南海安全形势，受制于“印太”话语体系及中美博弈的大框架，总体稳定的同时依然暗流涌动，难以平静，主要仍表现为中国、美国、东盟当事国、其他域外力量等围绕外交、军事、法理层面的博弈，其中，中美在“印太”的博弈是核心要素。美国拜登政府的“印太战略”和对华政策不仅决定美国南海政策走向，也影响着其他相关方的政策及互动。总体而言，南海形势的整体趋势没有根本性变化，但部分相关方处理南海问题的具体方法、手段出现新的动向，如美国更强调威慑和盟友作用，域外国家特别是欧洲国家进一步扩大介入等，值得关注。

一、以美国为首的域外力量强化在南海全方位介入态势

域外力量对南海问题的介入已成为南海安全形势中不可忽视的一个方面。2021年，美国继续在南海进行对华施压和布局，且与盟友合作明显加强，而欧洲等其他域外国家在南海问题上的介入亦呈现扩大之势。

（一）美国南海政策延续特朗普政府时期总体基调，但在继续在南海进行对华施压和布局的同时，强调威慑和利用盟友力量与中国抗衡

中美在南海的斗争依旧尖锐，但总体烈度和媒体炒作热度有所降低，这一方面反映了拜登政府处理对华关系的总体基调并未摆脱特朗普政府的窠臼；另一方面也反映出其在政策方式上的部分调整，即在竞争

的同时，以强化军事威慑为导向，并改变特朗普政府的单边主义做法，注重拉拢盟友伙伴联手抗华。拜登政府的新做法更具隐蔽性、战略性，影响可能更为深远，其拉拢东盟国家、鼓励域外国家深度介入、以集团优势与中国抗衡的做法，对中国的总体冲击更大。

1. 提出“一体化威慑”概念和推进“太平洋威慑倡议”，意图通过综合手段在南海强化针对中国的战略和军事威慑

拜登政府上任后，国防部长劳埃德·奥斯汀（Lloyd J. Austin）力推“一体化威慑”概念。该概念最初是由奥斯汀在美国“人工智能国家安全委员会”举办的“全球新兴技术峰会”上提出的，此后他多次提到这一概念。在 2021 年 7 月新加坡“富勒顿论坛”发表演讲时，奥斯汀指出，威慑是美国国家安全的基石，不断出现的新威胁和新技术正在改变战争的形态和节奏，同时美国所有资源力量逐渐向大国竞争转移。在此情况下，现有的威慑理念、平台和能力都已经不能有效地满足需求，故而应采取新的“一体化威慑”，即运用各种军事和非军事手段，利用现有能力并发展新能力，和盟友协调行动，以网络化方式运用这些能力，慑止包括“灰色地带”在内的跨越冲突频谱的侵略。① “一体化威慑”的核心要素是将较分散的多域部队与盟友力量进行联网，并在一定程度上采取集体行动，大大增加整体打击力量的规模和速度，以适应未来战争环境的要求。奥斯汀特别强调，应提升地区国家的能力，加强海上态势感知，通过安全合作网络提升作战互通性，如开展更多更复杂的联合演训活动。从这个意义上讲，美国提出“一体化威慑”，最终还是希望借助盟友力量，提升与大国竞争的整体实力，从而充分实现对来自

---

① US Department of Defense, “Secretary of Defense Remarks at the 40th International Institute for Strategic Studies Fullerton Lecture (As Prepared) ,” July 27, 2021, accessed July 28, 2021, https://www.defense.gov/News/Speeches/Speech/Article/2708192/secretary-of-defense-remarks-at-the-40th-international-institute-for-strategic/.

大国对手安全威胁的有效威慑。“一体化威慑”并非仅针对东南亚和南海而提出，但该地区将是该战略付诸实施的重要区域。在美国看来，本地区面临中国在南海海域的“灰色地带”挑战等严峻威胁，东南亚国家仅凭自身力量无法与中国抗衡，需要美国在强化海上态势感知、提升海空作战能力方面向其提供支持。过去，美军已经在东南亚采取了一些举措，如提出“东南亚海上安全倡议”，向东盟国家海军海警提供武器装备等，在“一体化威慑”概念下，美国可能在与东盟国家加强网络安全、信息共享、作战互通性合作等方面做得更多。

美国还大力推进主要针对中国的“太平洋威慑倡议”，意图通过增加拨款提升美军能力，强化“印太”部署，增强对华威慑。美国“印太”司令部 2021 年 3 月 1 日提交给国会的一份报告请求在 2022—2027 年为该倡议增加约 270 亿美元开支，包括 2022 财年增加约 46 亿美元。此后，在 2021 年 12 月最终通过的美国《2022 财年国防授权法案》中，“太平洋威慑倡议”获得的拨款达 71 亿美元。[①] 倡议关注的几个方面，即兵力设计和态势、演习、试验和创新、联合部队杀伤力及强化联盟和伙伴关系，都在一定程度上与南海事态密切相关。[②]

2. 着眼应对高端战争和台海南海联动，强化在南海军事存在和演训活动

首先，美军航母、两栖舰艇、潜艇等战略性武器平台在南海保持高频次部署和活动，甚至超过特朗普政府时期。2021 年以来，美国海军四个航母战斗群，即“罗斯福”号、“尼米兹”号、“卡尔·文森”号和

---

① 《拜登签署国防授权法　拨款 71 亿美元用于太平洋威慑倡议》，联合早报中文网，2021 年 12 月 28 日，http://www.kzaobao.com/cngov/2021-12/28107444.html，访问日期：2021 年 12 月 30 日。

② Office of the Under Secretary of Defense (Comptroller), *Pacific Deterrence Initiative: Department of Defense Budget Fiscal Year (FY) 2022,* May 2021, accessed May 30, 2021, https://comptroller.defense.gov/Portals/45/Documents/defbudget/FY2022/fy2022_Pacific_Deterrence_Initiative.pdf.

“里根”号均多次进入南海活动并单独或与其他航母战斗群进行联合演练，旨在提升彼此互通，以及增强指挥调度能力。[①] 另外，美国海军“马金岛”号两栖戒备群于2021年4月进入南海，并与“罗斯福”号航母战斗群进行了演练，旨在检验“闪电航母”作战概念。

美国航母还多次参与和地区内外其他国家的联合演习。例如，10月29日至11月3日，美国海军“卡尔·文森”号航母、“尚普兰湖”号巡洋舰、“米利厄斯”号驱逐舰等与日本海上自卫队“加贺”号直升机驱逐舰、“村雨”号护卫舰在南海举行了双边联合演习。[②] 值得注意的是，美国海军航母、两栖舰艇在南海的活动不仅具有战略威慑效果，而且从战役战术层面上看，这些舰艇的活动突然性增加、规律性降低，多次采取“舰队快速突入、集中火力迅速夺岛、快打快撤”的打法，并利用菲律宾群岛或印度尼西亚群岛的复杂海区对行动实施掩护，非常具有实战意味。另外，美国海军核潜艇在南海的活动也由于10月2日“康涅狄格”号核潜艇撞击事故而暴露出来。这次事故看似偶然，实则必然。长期以来，美方以“航行自由”为幌子频繁派遣航母、战略轰炸机、核潜艇等先进武器平台在南海炫耀武力，严重威胁地区国家安全，加剧地区紧张局势。这也是此次事件的根源所在、危害所在。2021年美国海军航母在南海及周边海域活动情况参见表1。

---

① 《美国两航母战斗群在南中国海军演》，联合早报网，2021年2月10日，https://www.zaobao.com/special/report/politic/southchinasea/story20210210-11231221/，访问日期：2021年2月13日。

② Dzirhan Mahadzir, “U. S. Vinson Carrier Strike Group Drills with Japanese Force in South China Sea,” *USNI News*, November 8, 2021, accessed November 10, 2021, https://news.usni.org/2021/11/08/u-s-vinson-carrier-strike-group-drills-with-japanese-force-in-south-china-sea.

表 1　2021 年美国海军航母在南海及周边海域活动情况

时间	舰艇	任务
2021 年 1 月	“罗斯福”号航母战斗群	进入南海海域进行部署
2021 年 2 月	“罗斯福”号、“尼米兹”号航母战斗群	在南海海域展开双航母联合演习
2021 年 4 月	“罗斯福”号航母战斗群	进入南海海域并与“马金岛”号两栖戒备群在南海进行联合演练
2021 年 6 月	“里根”号航母战斗群	进入南海展开“例行巡逻”并在南海部署期间实施海上军事安全行动，包括固定翼与旋转翼军机的飞行训练、海上打击演习和海空协同战术训练
2021 年 10 月	“卡尔·文森”号和“里根”号航母	与英国、日本、荷兰、加拿大和新西兰等国军舰在南海及其周边海域进行防空、反潜、战术机动和通信等多项联合演习

资料来源：根据新华网、USNI News 等网站信息整理。

其次，举行“大规模演习-21”等大型联合演训活动，综合验证新作战概念。2021 年 8 月，美国陆军、海军、空军、海军陆战队和网络作战部队举行了代号为“大规模演习-21”的联合演习。参演部队横跨全球 17 个时区，涵盖美国海军第 2、第 3、第 4、第 6、第 7、第 10 舰队和海军陆战队全部 3 个远征军，参演兵力达 2.5 万人，调动 5 个航母战斗群、4 个两栖戒备群、24 支特遣部队，综合演练野战训练、两栖登陆、空中和地面机动、空中行动和海上行动等科目，验证美军“分布式海上作战”“远征前进基地”“对抗环境中的濒海作战”等作战概念。①

最后，继续在南海开展“航行自由行动”和抵近侦察等例行军事活

① Sam LaGrone, “Large Scale Exercise 2021 Tests How Navy, Marines Could Fight a Future Global Battle,” *USNI News*, August 9, 2021, accessed August 10, 2021, https://news.usni.org/2021/08/09/large-scale-exercise-2021-tests-how-navy-marines-could-fight-a-future-global-battle.

动，挑战中国对南海的权益主张，熟悉战场环境及实施情报侦察。2021年，美国海军在南海共实施了5次“航行自由行动”，频次略低于特朗普政府时期，但仍维持了较高水平。美国在南海的空中和海上抵近侦察活动也依然对中国的安全利益构成重大挑战。根据统计，仅11月美军就派出94架次大型侦察机前往南海对中国进行抵近侦察，较此前的最高纪录2021年2月的75架次多出近30%。美国海军“卡尔·文森”号航母战斗群在南海活动期间，高达10架次侦察机前往南海侦察，强度超过2021年1月23日美海军“罗斯福”号航母打击群在南海活动时的7架次。① 此外，美国海洋监视船在南海地区的部署趋向于常态化。2021年上半年至少有161天都至少有一艘海洋监视船在南海部署，出动率达89%，几乎没有空窗期。② 2021年美军在南海实施的“航行自由行动”参见表2。

表2　2021年美军在南海实施的“航行自由行动”

时间	舰艇	地点
2月5日	美海军“麦凯恩”号导弹驱逐舰	西沙群岛
2月17日	美海军“拉塞尔”号导弹驱逐舰	南沙群岛
5月20日	美海军“威尔伯”号导弹驱逐舰	西沙群岛
7月12日	美海军“本福德”号导弹驱逐舰	西沙群岛
9月8日	美海军“本福德”号导弹驱逐舰	南沙美济礁邻近海域

资料来源：根据南部战区微信公众号、参考消息网、环球网等信息资料整理。

3. 加强与“印太”地区盟友与伙伴的关系，联手制衡中国

2021年以来，拜登政府在南海问题上采取了强化盟友与伙伴关系的一系列举措，积极构建美国主导，各种双边联盟、三边伙伴关系及其他

① 《中国智库：美11月对华抵近侦察刷新三纪录》，联合早报中文网，2021年12月2日，https://www.kzaobao.com/cngov/2021-12/02105663.html，访问日期：2021年12月5日。

② 《美军海洋监视船对华海上抵近侦察概况丨2021年1月—6月》，南海战略态势感知计划，2021年7月13日，http://www.scspi.org/zh/dtfx/1626163888，访问日期：2021年7月15日。

小多边机制相互补充的联盟、伙伴关系网络，应对中国在西太平洋对其海上霸权的“挑战”。

首先，拜登政府高度重视美日印澳“四边机制”（QUAD）框架下的合作，并与英国、澳大利亚建立三边安全伙伴关系（AUKUS），以上述框架为支柱持续推进“印太战略”及保持对南海事务介入的意图明显。拜登政府上台后，不仅没有抛开特朗普政府提出的“自由开放的印太战略”，而且加大推进“印太战略”的努力。特别是，拜登政府注重发挥美日印澳“四边机制”的支柱作用，2021年先后倡议举办了线上和线下两次美日印澳“四边机制”峰会，使该机制更具实质内涵。尽管美日印澳“四边机制”合作有意向基础设施建设、防疫抗疫、新兴技术等领域拓展，但海上安全仍是其重要关注，美日印澳的海上合作更趋机制化，并有向英、法等国家拓展的趋势。

更值得关注的是，2021年9月，美国与英国、澳大利亚共同宣布建立美英澳三边安全伙伴关系，深化信息技术共享，推动安全和防务科技、产业基地、供应链深度融合，特别是将“显著深化在一系列安全和防御能力方面的合作”。作为第一步，美英将协助澳大利亚发展核动力潜艇。11月22日，澳大利亚正式与美国、英国签署了《海军核动力信息交换协议》，朝着建造核动力潜艇迈出重要一步。[①] 这一举措将给南海形势带来复杂深刻影响。核动力潜艇续航力长、隐蔽性强、活动范围广，具有较强的反舰、反潜、对地攻击能力，若在中国周边海域进行巡逻或在关键海峡、通道附近部署，将大幅增加对中国军事行动的威胁和威慑。美国还可能趁机加大在澳大利亚的军事部署力度。根据2021年9月美澳防长会谈的结果，美国计划在澳大利亚轮换部署包括隐形轰炸机

① Dzirhan Mahadzir, “Australia Signs Nuclear Propulsion Sharing Agreement with U. K. , U. S,” *USNI News*, November 22, 2021, accessed November 23, 2021, https: //news. usni. org/2021/11/22/australia-signs-nuclear-propulsion-sharing-agreement-with-u-k-u-s.

在内的各种类型的军机，同时协助澳打造联合后勤与维修能力以支持在本地区可能的高端作战和联合军事行动。[①] 此外，向澳大利亚转移核潜艇技术的操作打破了美国政策的常规，利用了国际原子能机构相关规定的漏洞，还可能给国际核不扩散努力带来更大不确定性，并导致南海地区军备竞赛的加剧。因此，美英澳三边安全伙伴关系的建立引起了包括东盟国家在内的国际社会普遍关切。

其次，美国加强了与菲律宾、越南、新加坡等南海周边盟友与伙伴的合作。拜登政府在对外战略中特别强调盟友的作用，上任后积极修复和加强与全球盟友伙伴的关系。在“印太”地区，基于推进“印太战略”和介入南海事务的考虑，与东南亚特别是南海周边盟友的合作是重要支撑。因此，在修复与欧盟、北约关系后，美国掀起了对东南亚的外交攻势。美国国防部长、副总统、国务卿等先后访问新加坡、越南、菲律宾、印尼等国，拜登总统也以视频方式出席了东亚峰会和美国—东盟峰会，并宣布拨款 1.02 亿美元扩大美国与东盟战略伙伴关系。美国发动对东南亚的外交攻势，不仅试图修复因特朗普政府任内奉行“美国优先”而受到损害的盟友伙伴关系，在疫情、经济、基础设施等领域与中国展开竞争，而且将越南、菲律宾、新加坡、印尼等南海周边国家作为关键国家，着眼南海的意图也很明显。

在美菲关系方面，2021 年 1 月 27 日，美国国务卿布林肯上任后立即与菲律宾外交部长特奥多罗·洛钦（Teodoro Locsin Jr.）通电话，显示对美菲同盟的重视，并重申“牢固的美菲同盟对自由开放的‘印太’地区至关重要”。布林肯强调，“只要中国在南海的海上主权声索超出 1982 年《联合国海洋法公约》规定的中国根据国际法可以声索的海上

---

① US Department of State, *Joint Statement on Australia-U. S. Ministerial Consultations (AUSMIN) 2021*, September 16, 2021, accessed September 17, 2021, https://www.state.gov/joint-statement-on-australia-u-s-ministerial-consultations-ausmin-2021/.

区域，美国就不予承认”。他还承诺，美菲《共同防御条约》“将适用于在包括南中国海在内的太平洋地区对菲律宾武装部队、公共船舶或飞机发动的武装攻击”。[①] 有学者指出，“美国在拜登政府上任后第一周内就清晰阐明其政策，显示美国对盟友的承诺及希望推回中国在南海破坏美盟利益行动的意愿”。[②] 3、4 月间中菲牛轭礁事件发生时，美国多次表达对菲支持。4 月 9 日，布林肯与菲律宾外长洛钦（Locsin）通话，表示对中国渔船在牛轭礁的聚集十分关切，重申美菲《共同防御条约》适用于南海。[③] 4 月 10 日，美国国防部长奥斯汀和菲律宾防长洛伦扎纳（Delfin Lorenzana）通话，讨论了南海局势及中国船只在牛轭礁的行动，奥斯汀向洛伦扎纳提出了深化双方防务合作的措施建议，包括“加强在南海的态势感知”。[④] 4 月 12 日，美菲恢复了 2020 年因疫情中断的“肩并肩”联合军事演习。特别值得一提的是，7 月 29 日，在奥斯汀访问菲律宾期间，菲决定撤回终止《访问部队协议》的决定，标志着 2020 年 2 月以来围绕该协议的不确定性得以消除，美菲关系重回正轨。此后，双方开始就后续合作展开探讨。9 月，菲美在华盛顿举行“2+2”对话，双方同意加快《强化防务合作协议》的落实，并就建立双边海上安全框

① US Department of State, “Secretary Blinken’s Call with Philippine Secretary of Foreign Affairs Locsin,” February 27, 2021, accessed March 1, 2021, https://www.state.gov/secretary-blinkens-call-with-philippine-secretary-of-foreign-affairs-locsin/.

② David B. Larter, “In the South China Sea, it’s ‘meet the new boss, same as the old boss’,” *Defensenews*, February 11, 2021, accessed February 15, 2021, https://www.defensenews.com/naval/2021/02/11/in-the-south-china-sea-its-meet-the-new-boss-same-as-the-old-boss/.

③ US Department of State, Secretary Blinken’s Call with Philippine Secretary of Foreign Affairs Locsin, April 8, 2021, accessed April 9, 2021, https://www.state.gov/secretary-blinkens-call-with-philippine-secretary-of-foreign-affairs-locsin-2/.

④ US Department of Defense, “Readout of Secretary of Defense Lloyd J. Austin III Phone Call With Philippines Secretary of National Defense Delfin Lorenzana,” April 10, 2021, accessed April 12, 2021, https://www.defense.gov/News/Releases/Release/Article/2568085/readout-of-secretary-of-defense-lloyd-j-austin-iii-phone-call-with-philippines/.

架展开磋商。[①]

美越方面，由于在南海问题上的共同利益，这是特朗普政府任期内为数不多仍取得突破的双边关系。拜登政府上台后，继续重视越南在其“印太战略”中的支点作用，美国国防部长奥斯汀和副总统哈里斯接连访问越南。特别是奥斯汀访越旨在进一步推进美越防务关系。两国同意在2011年《促进双边防务合作谅解备忘录》和2015年《防务关系联合愿景声明》的基础上，以解决战争遗留问题、提高海上执法能力、军事医学、国防工业等作为优先领域推进合作。[②]

美印尼方面，2021年6月26日，印尼海事安全局表示，印尼和美国将在廖内群岛巴淡岛修建一座耗资350万美元的海事训练中心。美国驻印尼大使金成表示，这座海事中心代表了美国与印尼强化区域安全所做的努力之一。[③] 8月3日美印尼举行首次战略对话，捍卫所谓“南海航行自由”是重要议题。

美新关系方面，2021年7月美国国防部长奥斯汀访问新加坡，在双方发表的联合声明中，奥斯汀感谢新加坡为美国军机和军舰提供后勤支持，并为美国濒海战斗舰和P-8海上巡逻机的定期轮换部署提供便利。双方强调了在训练领域合作的重要性，表示将继续推进海空高端联合训

---

① Lian Buan, “Philippines, US push for stronger maritime cooperation,” *Rappler*, September 11, 2021, accessed September 16, 2021, https://www.rappler.com/nation/philippines-us-bilateral-meeting-lorenzana-austin-september-2021.

② 《美国国防部部长奥斯汀对越南进行正式访问》，越通社，2021年7月29日，https://zh.vietnamplus.vn/美国国防部部长奥斯汀对越南进行正式访问/143341.vnp，访问日期：2021年7月30日。

③ 《外媒：美国和印尼在南海与马六甲海峡交汇处新建训练设施》，新华网，2021年6月27日，http://www.xinhuanet.com/mil/2021-06/27/c_1211218358.htm，访问日期：2021年6月30日。

练，加强“印太”地区兵力部署态势，包括在新加坡的海军和空军轮换行动。①

除了上述行动，美国还继续在法理、舆论、经济等层面保持对华施压，试图增大中国在南海维权的代价。例如，美国国务卿布林肯就南海仲裁案“裁决”发布5周年发表声明，并在东亚合作系列外长会和联合国大会上就南海问题对中方进行攻击。美国部分议员提出了《2021南海和东海制裁法案》（S. 1657），提议对参与在南海和东海所谓“有争议地区”相关活动的中国个人和实体实施制裁。② 该提案已被参议院外交关系委员会正式通过，修正案提交参议院审议。

（二）欧洲国家扩大介入南海问题的态势明显，成为搅动南海局势动荡的重要因素

2021年，域外国家对南海事务的全方位介入达到新高度，不仅介入的国家增多，而且介入程度更深，力度更大，彼此协调配合也更为紧密，南海问题的国际化、军事化趋向加剧。

1. 域外国家显著扩大在南海的军事活动

从军事层面来看，以欧洲国家为代表的域外国家在南海军事活动明显扩大化，呈现“参与国家多、派出舰艇强、行动多样化、协调力度大”等特征。

首先，在南海活动的域外国家数量进一步增多。不仅过去几年在南海军事行动已渐趋常态化的日本、澳大利亚、印度等国继续在南海开展

① US Department of Defense, “Readout of Secretary of Defense Lloyd Austin Ⅲ Meeting with Singapore Minister for Defence Dr. Ng,” November 3, 2021, accessed November 5, 2021, https://www.defense.gov/News/Releases/Release/Article/2832471/readout-of-secretary-of-defense-lloyd-austin-iii-meeting-with-singapore-ministe/.

② US Congress, *S. 1657－South China Sea and East China Sea Sanctions Act of 2021*, October 28, 2021, accessed October 30, 2021, https://www.congress.gov/bill/117th-congress/senate-bill/1657/text.

巡航演训等活动，而且欧洲国家对南海的军事介入明显加大。除了英国、法国，德国、荷兰也派出舰艇在南海显示存在。自 2021 年 8 月开始，德国 2002 年以来首次派出 1 艘海军护卫舰到东亚海域部署并在 12 月穿越南海，荷兰海军则派出“艾弗森”号护卫舰加入英国“伊丽莎白女王”号航母编队，赴“印太”海域巡航。

其次，域外国家在南海部署的军舰数量和舰种大幅增加。2021 年，在南海活动的域外国家舰艇数量达到近 30 艘，不仅包括护卫舰、驱逐舰，还包括潜艇、两栖攻击舰，甚至航母。2021 年 5 月至 12 月，英国派出皇家海军最强大的水面舰艇“伊丽莎白女王”号领衔的航母战斗群前往“印太”海域部署，航母编队包括 2 艘 45 型驱逐舰、2 艘 23 型反潜护卫舰、2 艘支援补给舰、1 艘潜艇、1 艘美国海军导弹驱逐舰、1 艘荷兰海军护卫舰以及美国海军陆战队 10 架 F-35B 战斗机，共 9 艘舰艇、32 架战机和 3700 名人员。该航母战斗群在部署期间与沿途 40 个国家进行互动，与盟友和合作伙伴开展了 70 多次接触、演习和行动。法国海军年内在南海有两次部署行动。一次是 2 月 8 日法国国防部长帕尔丽披露的法军“翡翠”号潜艇和“塞纳”号支援舰在南海的活动；[①] 另一次是 2021 年 2 月至 5 月，法军派出“雷电”号两栖攻击舰和“絮库夫”号护卫舰赴太平洋执行为期三个月的“圣女贞德”任务。这些军舰两次穿越南海，并参加了 5 月与日本和美国举行的联合演习。2021 年域外国家向南海派出舰艇情况参见表 3。

---

① “France wades into the South China Sea with a nuclear attack submarine,” *France 24*, February 12, 2021, accessed February 15, 2021, https://www.france24.com/en/france/20210212-france-wades-into-the-south-china-sea-with-a-nuclear-attack-submarine.

表 3　2021 年域外国家向南海派出舰艇情况

国家	派出舰艇
英国	“伊丽莎白女王”号航母编队
法国	“翡翠”号潜艇、“塞纳”号支援舰、“雷电”号两栖攻击舰、“絮库夫”号护卫舰等
德国	“巴伐利亚”号护卫舰
荷兰	“艾弗森”号护卫舰
日本	“加贺”号直升机驱逐舰、“濑户雾”号护卫舰等
澳大利亚	“安扎克”号护卫舰、“布里斯班”号驱逐舰等
印度	海军特遣队（“兰维杰”号导弹驱逐舰、“施瓦里克”号导弹护卫舰、“卡德玛特”号反潜护卫舰和“科拉”号小型护卫舰）

资料来源：根据英国国防部网站、法国国防部网站、德国国防部网站、新华网、参考消息网、观察者网等信息整理。

再次，域外国家在南海等“印太”海域军事部署时间拉长，行动类型更为多样。2021 年域外国家舰艇或舰艇编队在“印太”海域活动时间大多达到 2—3 个月甚至半年左右，而且密集开展一系列颇具实战意味的演训活动，并多次对南海周边国家进行舰艇访问，显示介入强度的提升。例如，英国航母编队在“印太”海域活动 28 周，其间组成编队的舰艇单独访问了南海周边部分国家，如“保卫者”号导弹驱逐舰停靠文莱穆阿拉海军基地，“潮泉”号补给舰访问新加坡。10 月，该航母编队在返航途中与澳大利亚、新西兰、马来西亚和新加坡举行了“五国联防组织”年度海空联合演习。此外，印度海军特遣队在南海行动持续两个月，德国海军“巴伐利亚”号护卫舰的任务时间达半年之久。2021 年域外部分国家在“印太”军事部署时间及相关行动参见表 4。

表4　2021年域外部分国家在“印太”军事部署时间及相关行动

部署舰艇	任务时间	相关行动
英国海军“伊丽莎白女王”号航母编队	半年	在太平洋实施了“高贵团结”演习；在孟加拉湾与澳、印、日舰艇及美“卡尔·文森”号航母打击群举行“海上伙伴”演习；与“里根”号和“卡尔·文森”号航母打击群及日本海上自卫队直升机航母打击集群实施联合演习；对多国港口进行访问
法国海军“雷电”号两栖攻击舰和“絮库夫”号护卫舰	3个月	与印、日、美、澳等举行“拉彼鲁斯”联合演习；与日、美举行联合演习
日本海上自卫队“印太部署2021”	3个月	与美海军“米利厄斯”号导弹驱逐舰、P-8A海上巡逻机举行联合反潜演习；对菲律宾苏比克湾进行港口访问；与菲律宾海军举行联合演习
德国海军“巴伐利亚”号护卫舰	半年	与美、日、澳海军在日本附近海域举行联合演习；在东海实施监视和侦察巡逻行动；访问新加坡、越南胡志明市
印度海军特遣队	2个月	与美日澳举行“马拉巴尔”演习；与南海周边国家举行联合演习

资料来源：根据英国国防部网站、法国国防部网站、德国国防部网站、日本防卫省网站、新华网、参考消息网、观察者网等信息整理。

最后，域外域内国家彼此协调合作，着眼实战加强互操作性趋势增强。例如，美国海军“沙利文”号“宙斯盾”驱逐舰加入英国航母编队，其导弹防御能力可以为编队提供空中防御，同时搭载在英国航母上的美海军陆战队F-35B战斗机，可使编队开展空中、水面和水下力量立体式综合演练。未来不排除美英等国将这种配置常态化。此外，美、英、日、澳等国舰艇在部署期间与南海周边国家举行了多次联合演习，德国也首次加入日本海上自卫队组织的“ANNUALEX”演习，同美国、日本、澳大利亚、加拿大等国举行了联合演练，旨在进一步强化盟友间的协同行动能力。[①]

域外国家在南海军事介入力度较之以往明显增大，有从象征性向实质性存在转变的趋势，是由多种因素造成的。一个因素是在美国拜登政府重视盟友作用的政策驱动下，域外国家受到美国的怂恿，扩大在“印太”地区存在和活动的意愿增强；另一个因素是欧盟和北约根据自身利益及安全评估，推出北约 2030 计划和欧盟“印太”合作战略，决心扩大在“印太”地区的介入。在携手应对中国崛起，特别是海上安全方面，美国及其盟友的共识进一步增强。此外，疫情形势的好转也是推动因素。由于新冠肺炎疫情，2020 年域外国家在南海的活动受到制约，如德国 2020 年就想派舰进入南海，但是因为疫情没有成行，所以在疫情受控之后，域外国家在南海的动作就渐趋频繁。

2. 域内外国家围绕南海问题显著加强外交协调与政策联动

从外交层面看，域外国家相互之间及域外和域内国家之间在南海问题上的沟通协调、政策互动进一步增加，各方利用多个双边或多边外交场合就南海问题发声的趋势更为明显。

美国与日、澳、欧盟等盟友之间就南海问题加强战略沟通。2021 年 3 月，美日外长和防长“2+2”会谈后的联合声明中，对所谓的“中国日益增长的权力诉求”表示“严重忧虑”，还谴责了“中国在南海海域的非法诉求和非法行动”。[②] 12 月 2 日，第二届“美欧中国议题对话”在华盛顿举行，美国副国务卿谢尔曼（Wendy Sherman）和欧盟对外行动署秘书长萨尼诺（Stefano Sannino）在会谈后发表联合声明，对中国

① “U. S. Begins Exercise Off Japan with Canadian, German and Australian Navies,” *USNI News*, November 23, 2021, accessed November 25, 2021, https://news.usni.org/2021/11/23/u-s-begins-exercise-off-japan-with-canadian-german-and-australian-navies.

② Ministry of Foreign Affairs of Japan, *Joint Statement of Japan-U. S. Security Consultative Committee (2+2)*, March 16, 2021, accessed March 18, 2021, https://www.mofa.go.jp/files/100161035.pdf.

在台湾海峡、南海和东海采取的“令人担忧的单边行动”表达强烈关切，并认为中国的行为有损该区域的和平安全，对美欧的安全繁荣造成直接冲击。声明还强调美国和欧盟有必要保持紧密联系，以负责任方式管理双方与中国的“竞争和系统性对抗”。[①]

美国的盟友之间，如日英、日德、印澳等国也频频利用“2+2”机制等就南海问题表达“关切”。日本和英国在2月3日举行“2+2”线上会议后发表联合声明，宣称反对任何单方面改变东海和南海现状的行为。联合声明还重申维护南海航行与飞越自由的重要性，同时敦促有关各方保持克制，避免采取可能让紧张局势升级的行为。[②] 日德两国2021年3月签署军事情报保护协定，4月中旬通过视频方式举行首次“2+2”会谈，就加强安全保障领域的合作以推进实现“自由与开放的印太”目标等进行了磋商。[③] 欧盟和北约也强调与日本、澳大利亚等国加强在“印太”地区的合作，其中海上安全是重点。在2021年2月慕尼黑安全会议上，北约秘书长斯托尔滕贝格表示，北约应当深化与澳大利亚和日本等伙伴国家的合作，并在世界范围内推进新的伙伴关系。[④] 2021年4月19日，欧盟27国外长发表联合声明称，欧盟应在促进民主、法治、人权和国际法的基础上，加强其在“印太”地区的存在和行动。欧盟将

---

① 《美欧强烈关切中国“单边海上行动”》，联合早报网，2021年12月3日，访问日期：2021年12月5日，https://www.zaobao.com/realtime/china/story20211203-1219520。

② 《日本和英国对东海和东中国海局势表示关切》，*Vietnam+*，2021年2月4日，https://zh.vietnamplus.vn/日本和英国对东海和东中国海局势表示关切/134948.vnp，访问日期：2021年2月5日。

③ Ministry of Foreign Affairs of Japan, “Japan-Germany Foreign and Defense Ministers’ Meeting (‘2+2’),” April 13, 2021, accessed April 15, 2021, https://www.mofa.go.jp/press/release/press4e_002994.html.

④ North Atlantic Treaty Organization, “NATO2030: Future-proofing the Alliance,” Remarks by NATO Secretary General Jens Stoltenberg at the Munich Security Conference 2021 (online event), February 19, 2021, accessed February 23, 2021, https://www.nato.int/cps/en/natohq/opinions_181696.htm.

寻求与“志同道合的伙伴”合作，以维护“印太”地区的基本权利。①

在多边层面，美国和西方则利用七国集团机制表达对南海问题立场。在 2021 年 6 月的峰会联合公报中，七国集团各国领导人表示，“严重关注东海和南海的事态，强烈反对任何改变现状或加剧紧张局势的单边行动”。② 12 月 12 日，七国集团还首次与东盟举行了外长会，并在会后声明中表达了对填海造陆、海上活动、海上严重事故的关切，认为这将损害信任和信心，加剧紧张局势，破坏地区和平、安全和稳定。声明还强调了达成有效的、实质性的、符合包括 1982 年《联合国海洋法公约》在内的国际法的“南海行为准则”的重要性。③

3. 从法理层面看，美国与欧洲等国继续通过炒作南海仲裁案及向联合国提交照会，否定中方在南海权益主张

2021 年 7 月，美、日、加、澳、德等国纷纷就南海仲裁案“裁决”发布 5 周年发表声明。7 月 11 日，美国国务卿布林肯在声明中表示，基于规则的海洋秩序在南海受到严重威胁，中国持续胁迫、恐吓东南亚沿岸国家，威胁南海航行自由。南海仲裁案仲裁庭坚决驳回了中国在南海过度的海洋主张，认为其缺乏国际法基础。中国和菲律宾受该裁决约束，应予遵守。他还声称，在南海，任何针对菲律宾武装部队、公务船舶以及飞行器的攻击都将触发《美菲共同防御条约》，呼吁中国遵守国际法，停止挑衅行为，采取措施向国际社会保证中国致力于遵守基于规

---

① European Council, “Indo-Pacific: Council adopts conclusions on EU strategy for cooperation,” April 19, 2021, accessed April 20, 2021, https://www.consilium.europa.eu/en/press/press-releases/2021/04/19/indo-pacific-council-adopts-conclusions-on-eu-strategy-for-cooperation/.

② CARBIS BAY G7 SUMMIT COMMUNIQUÉ: Our Shared Agenda for Global Action to Build Back Better, June 23, 2021, accessed June 25, 2021, https://www.g7uk.org/wp-content/uploads/2021/06/Carbis-Bay-G7-Summit-Communique-PDF-430KB-25-pages-3-1.pdf.

③ ASEAN, *Chair's Statement on G7-ASEAN*, December 12, 2021, accessed December 13, 2021, https://asean.org/wp-content/uploads/2021/12/G7_Foreign_and_Development_Ministers__Meeting__December_2021_-_Chair_s_Statement_on_G7-ASEAN_discussions.pdf.

则的海洋秩序。[①] 加拿大全球事务部和澳大利亚外交部长也发表声明，称南海仲裁案“裁决”是和平解决南海争端的有用基础，且对中、菲双方都是有约束力的，要求中国遵守“裁决”。两国的声明还强调了《公约》（指《联合国海洋法公约》，下同）的重要性，声称支持根据国际法，包括《公约》所进行的合法商业往来、航行和飞越自由以及南海沿岸国的主权权利和管辖权。[②] 欧盟也重申维护和促进南海和平、稳定、安全和航行与飞越自由的重要性，强调依据国际法，特别是《联合国海洋法公约》和平解决争端。[③] 此外，1 月 19 日，日本向联合国提交外交照会，认为中国在南海相关岛礁划设的领海基线不符合《联合国海洋法公约》和国际法，谴责中国“限制南海航行和飞越自由”。日本是继美、英、法、德、澳大利亚等国之后，又一个向联合国提交文件批评中国南海立场主张的域外国家。[④] 4 月 24 日，欧盟就牛轭礁问题发声，认为南海紧张局势，包括在牛轭礁出现大量中国船只，危及该地区和平与稳定。要求依据国际法，特别是《联合国海洋法公约》，通过和平手段解决争端。坚决反对任何可能破坏地区稳定和基于国际规则秩序的单方面行动，支持

---

① Anthony J. Blinken, Secretary of State, “Fifth Anniversary of the Arbitral Tribunal Ruling on South China Sea Press Statement,” US Department of State, July 11, 2021, accessed July 12, 2021, https://www.state.gov/fifth-anniversary-of-the-arbitral-tribunal-ruling-on-the-south-china-sea/.

② Global Affairs Canada, *Statement by Global Affairs Canada on South China Sea ruling*, July 11, 2021, accessed July 12, 2021, https://www.canada.ca/en/global-affairs/news/2021/07/statement-by-global-affairs-canada-on-south-china-sea-ruling.html; *Marking the 5th Anniversary of the South China Sea Arbitral Award Statement*, website of Australian Minister for Foreign Affairs, 12 July 2021, accessed July 12, 2021, https://www.foreignminister.gov.au/minister/marise-payne/media-release/marking-5th-anniversary-south-china-sea-arbitral-award.

③ “US, EU, Canada air support to international court ruling on SCS,” *The Manila Times*, July 12, 2021, accessed July 13, 2021, https://www.manilatimes.net/2021/07/12/news/us-eu-canada-air-supportto-international-court-ruling-on-scs/1806719.

④ “Japan Latest Nation to Contest Beijing's South China Sea Claims,” *VOA*, January 23, 2021, accessed January 25, 2021, https://www.voanews.com/east-asia-pacific/japan-latest-nation-contest-beijings-south-china-sea-claims.

仲裁裁决，支持东盟牵头达成有效、实质性和具有法律约束力的“南海行为准则”。①

二、中国与东盟当事国在“双轨思路”下的摩擦与合作并存

对东盟当事国政策和行动的评估，离不开美国对华全面战略竞争的大背景。一方面，美国将东南亚地区作为其推进“印太战略”和南海战略的重要支撑，加大对东南亚的投入，试图挽回因特朗普执政时期疏离东南亚而造成的不利影响，并利用东盟当事国与中国在南海问题上的分歧谋势布局。而东盟当事国在中美博弈背景下，也在盘算自己的利益和选择，比如菲律宾恢复与美国的《访问部队协议》，在牛轭礁、仁爱礁事件中表态强硬，越南继续加强和美国的海上合作和防务合作，印尼与美国启动首次战略对话等，这其中均有利用中美博弈，拉美国等域外国家共同抗衡中国的考虑。另一方面，中国高度重视与东盟关系，视其为周边外交的优先方向，中国国务委员兼外交部长王毅年内多次与东盟国家外长举行会晤，为庆祝中国与东盟建立对话伙伴关系 30 周年，双方还举行了特别外长会和特别峰会，宣布建立全面战略伙伴关系。但是，中国与东盟当事国在岛礁主权、海洋权益等方面根本性矛盾的存在，使中国在处理与东盟关系及南海维权方面面临更大挑战。

---

① European Union External Action Service, “South China Sea: Statement by the Spokesperson on challenges to peace and stability,” April 24, 2021, accessed April 25, 2021, https://eeas.europa.eu/delegations/china/97196/south-china-sea-statement-spokesperson-challenges-peace-and-stability_en.

（一）东盟当事国在南海问题上立场趋强，单边行动加剧，与中国摩擦增多

2021年，部分东盟当事国继续加紧在南海推进单边行动，巩固和扩大既得利益，同时积极采购武器装备，推进岛礁建设，加强与域外大国军事合作。

1. 部分东盟当事国立场趋强，与中国在南海频发争端并借机巩固和扩大既得利益，虽未对双边关系造成根本性影响但对互信构成一定损害

中菲方面，2021年以来两国在南海的争端多点爆发，持续不断。1月，菲律宾对中国1月22日颁布的《中华人民共和国海警法》（以下简称《海警法》）做出强硬表态，提出外交抗议。菲律宾外长洛钦表示，《海警法》授权中国海警在“管辖海域”对外国船舶使用武器，是“口头上的战争威胁”，“任何反应将带来严重后果”。[①] 3月，菲方指责中国在牛轭礁附近部署渔船，中菲再次产生争端。牛轭礁事件发酵过程中，菲律宾西部军区和海警加强了在相关海域的巡逻，多次抵近中国驻守的岛礁进行侦察和袭扰。9月30日，菲律宾外交部就中国在南海的最新活动提出3项新的抗议，包括指责中国“在鲎藤礁（Iroquois reef）附近持续的渔船存在”。[②] 11月，中菲又围绕仁爱礁发生摩擦。两国最终较快解决了相关争议，但是，美、英、法、德、欧盟等却趁机纷纷发声，再次提及南海仲裁

---

① Jamie Seidel, “South China Sea tensions at boiling point as Beijing tells Coast Guard to shoot, Philippines reacts,” February 14, 2021, accessed February 18, 2021, https://www.news.com.au/technology/innovation/military/south-china-sea-tensions-at-boiling-point-as-beijing-tells-coast-guard-to-shoot-philippines-reacts/news-story/d63d1c6e51eed9243382e9d2ff216f15.

② “There and Back again: Chinese Militia at Iroquois Reef and Union Banks,” *CSIS Asia Maritime Transparency Initiative*, October 22, 2021, accessed October 25, 2021, https://amti.csis.org/there-and-back-again-chinese-militia-at-iroquois-reef-and-union-banks/.

案“裁决”、航行自由等问题，试图炒作和放大中菲的矛盾分歧。

中马方面，2021年6月1日，马来西亚空军发声明称中国军用运输机进入其“专属经济区”和飞行情报区，这是对飞行安全和马来西亚国家主权的严重威胁。马外交部也表示将在6月7日中国—东盟特别外长会上提及这一问题。中国外交部发言人回应，这是中国空军在南沙南部海域开展的例行训练活动，不针对任何国家。训练期间，中国空军严格遵守国际法规定，没有进入他国领空。中方已就此与马方进行了沟通。[①] 实际上，马方关于此次事件的表态并无充分的国际法依据，因为马来西亚在南海主张的“专属经济区”存在争议，而且即便是“专属经济区”，别国的民用和军用飞机也享有在其上空飞越的自由，军机飞行不受飞行情报区影响。[②] 这次事件显示，由于南沙岛礁主权和海域管辖权争议尚未解决，南海沿岸国之间军事安全互信的建立仍有很长的路要走。

此外，马来西亚和印尼在南海地区加紧单方面油气勘探开发活动也引发争议。马来西亚国家石油公司（Patronas）继续推进在“卡瓦萨里”（Kawasari）气田的开发。[③] 此后，中马围绕南康暗沙附近海域的油气开采活动不时发生争端，2021年中方一艘调查船部署到沙巴和沙捞越外海，马来西亚10月召见中国驻马大使表示抗议。2021年6月，印尼将Noble Clyde Boudreaux半潜式钻井平台运送至纳土纳海的土纳区块（Tuna Block）打两口评价井。此后，中国派出海警船到与该钻井平台附近巡逻执法，要求印尼停止勘探开发活动，但印尼表示，在土纳区块进

① 《2021年6月2日外交部发言人汪文斌主持例行记者会》，外交部网站，2021年6月2日，http://new.fmprc.gov.cn/web/fyrbt_673021/jzhsl_673025/202106/t20210602_9171278.shtml，访问日期：2021年6月5日。

② 闫岩：《中马南海争议再次凸显南海沿岸国建立军事互信的重要性》，《世界知识》2021年第15期，第74页。

③ 该气田是2011年11月发现的，位于沙捞越海岸外约124海里南康暗沙附近，被认为有大约3万亿立方英尺天然气储备，马来西亚希望该气田在2023年投产。

行勘探是印尼根据国际法享有的主权权利，不会停止勘探活动。

部分东盟当事国与中国围绕南海渔业活动、油气勘探开发等产生分歧摩擦，反映了南海问题在各国安全中的敏感地位，中国与东盟当事国在南海问题上仍然缺乏互信。这既是因为南海问题涉及领土主权、海洋权益等根本性矛盾，也与部分东盟当事国国内大选、海洋经济发展、民族主义情绪等内部因素有关，还有东盟当事国利用“南海行为准则”磋商完成前的窗口期加紧巩固和扩大既得利益的考虑。另外，南海仲裁案“裁决”的加持也使部分东盟当事国在海上执法方面更为大胆，域外势力的介入和鼓动进一步助长了个别国家的冒险性。

2. 东盟当事国加强军备采购、岛礁设施建设及与域外大国军事合作，以此提升与中国抗衡的实力和底气

基于与中国密切的经济联系，东盟当事国虽然与中国存在争端，但并不希望因南海问题破坏与中国的整体关系。

首先，东盟当事国加快推进海军、空军和海警等力量建设。菲律宾年内通过美国“对外军事资助”项目从美国采购 2 架 C-130 “大力神”运输机,[①] 并与印度达成采购“布拉莫斯”超音速巡航导弹的协议，以加强其海岸防御能力。[②]菲律宾还同澳大利亚最大的国防出口商奥斯塔尔公司（Austal）就收购韩国韩进重工位于苏比克湾的船厂初步达成协议。另外，奥斯塔尔公司计划为菲海军建造 6 艘新型近海巡逻舰。2021 年 12 月 28 日，菲律宾又同韩国签署协议，将从韩国再采购两艘新型护卫舰。越南海警 2021 年 7 月接收了美国援助的第二艘“汉密尔顿”级海警船

① 《美对菲交付“大力神”运输机》，参考消息网，2021 年 2 月 23 日，http://www.cankaoxiaoxi.com/mil/20210223/2435520.shtml，访问日期：2021 年 2 月 25 日。

② Alan Robles and Raissa Robles, “Will buying India’s Brah Mos missiles give the Philippines an edge in South China Sea dispute with Beijing?” *MSN*, March 5, 2021, accessed March 8, 2021, https://www.msn.com/en-xl/news/other/will-buying-india-e2-80-99s-brahmos-missiles-give-the-philippines-an-edge-in-south-china-sea-dispute-with-beijing/ar-BB1eg4UX.

“约翰·梅吉特”号。此外，越南海警第3区正式接收了美国援建的一些岸基后勤设施，包括培训中心、船舶维修车间和港口基础设施。[①] 越南海上救援中心、水产总局、渔监等涉海部门还接受了美国提供的SeaVision软件使用培训，以加强越南在南海的态势感知能力。[②] 印尼则决定升级空军战斗机群，计划采购36架法国“阵风”多用途战斗机和36架美国波音F-15EX战斗机。印尼国防部还将15架C-130J“超级大力神”战术运输机、2架法国空客A330多用途加油机、30个地面管制拦截雷达站和3架无人机列入采购清单。[③]

其次，东盟当事国继续推进南沙所占岛礁设施建设。2021年5月，在中菲围绕牛轭礁发生争端后，菲律宾武装部队司令苏比贾纳（Cirilito Sobejana）表示，菲律宾正在中业岛建设供舰船进行加油和补给及供船员休闲娱乐的后勤设施，将中业岛打造成“后勤中心”，从而使在南沙海域活动的舰船可以在中业岛进行停靠补给而不用返回巴拉望岛，提升其在南海的行动效率。越南则自2021年6月以来，在敦谦沙洲、景宏岛、鸿庥岛、毕生礁、西礁和柏礁等多个非法占有的南沙岛礁地物上进行新一轮填海造地。[④]

最后，东盟当事国持续加强与域外大国的军事合作。越南与美、俄、日、印、英、法等域外大国的军事防务合作关系不断深化。2021年9月，继美国国防部长奥斯汀访越后，越南国防部副部长黄春战访美，

---

① Vu Anh, “US hands over training facilities to Vietnam coast guard,” *VNEXPRESS*, April 18, 2021, accessed April 21, 2021, https://e.vnexpress.net/news/news/us-hands-over-training-facilities-to-vietnam-coast-guard-4264765.html.

② Gregory B. Poling, “From Orbit to Ocean—Fixing Southeast Asia's Remote-Sensing s Remote-Sensing Blind Spots,” *Naval War College Review* 74, no. 1(Winter 2021): 17.

③ 《印尼将大批采购美法先进战机》，参考消息网，2021年2月24日，http://m.cankaoxiaoxi.com/mil/20210224/2435624.shtml，访问日期：2021年2月25日。

④ 闫岩：《越占南沙岛礁悄悄开始新一轮大规模扩建》，南海战略态势感知计划，2021年12月11日，http://www.scspi.org/zh/dtfx/1639189229，访问日期：2021年12月13日。

双方重申推进已达成合作内容，黄春战还提议越美加强新冠肺炎疫情防控合作，希望美方为越南即将执行联合国维和任务的工兵分队提供支持。年内，越南与日本防务互动很频繁。2021 年 6 月，越日两国国防部长举行视频会晤，同意在疫情得到控制后，尽早开展双边和多边防务合作各项活动，保持海、陆、空军种参谋军官磋商和对话机制，举行海军、空军、海警等力量交流活动等。9 月，日本防卫大臣岸信夫访越，双方签署“国防装备和技术转让协议”，同意尽早签署军事医学和网络安全领域的合作备忘录，继续加强高级代表团互访，维持副部长级国防政策对话、军种参谋军官磋商、国防工业人员培训、参与联合国维和行动等双边合作。[①] 11 月，越南政府总理范明政访问日本，双方同意加速磋商日本向越南出口舰艇等防卫装备事宜。[②] 越南与英、法等欧洲国家的军事合作也呈拓展态势。英、法等国为推进自身“印太战略”，着力加强与越南等南海周边国家关系，包括防务关系，而越南也希望更多域外国家在南海问题上对其提供外交、法理、军事上的支持，以在南海博弈中增加对华筹码。年内，英国海军“里士满”号护卫舰和法国“牧月”号护卫舰都访问了越南金兰湾。7 月，英国国防大臣华莱士访越。英方在南海问题上对越南表示支持，双方同意进一步推进防务合作关系的发展，主要集中于代表团互访、维持两国合作机制、参加联合国维和行动、国防工业、在多边论坛上的合作等领域。[③]

印尼也与美、日等国扩大军事安全合作。2021 年 8 月 4—14 日，印

---

① 《日本防卫大臣岸信夫对越南进行正式访问》，*Vietnam+*，2021 年 9 月 12 日，https://zh.vietnamplus.vn/日本防卫大臣岸信夫对越南进行正式访问/145615.vnp，访问日期：2021 年 9 月 13 日。

② 张佳莹：《日越首脑举行会谈　日本考虑向越南出口舰艇》，联合早报网，2021 年 11 月 25 日，https://www.zaobao.com/realtime/world/story20211125-1216923，访问日期：2021 年 11 月 26 日。

③ 《英国国防大臣本 · 华莱士对越南进行正式访问》，人民报网，2021 年 7 月 22 日，https://cn.nhandan.vn/friendshipbridge/item/ 8969901-英国国防大臣本· 华莱士对越南进行正式访问 .html，访问日期：2021 年 7 月 23 日。

尼与美国举行了两国最大规模的双边军事演习“哥鲁达盾牌 2021”，旨在通过演习提升军事互操作能力。[①] 12 月 14 日，美国国务卿布林肯访问印尼，双方签署了关于延长海上合作的谅解备忘录（至 2026 年），备忘录内容包括海上安全合作、海洋资源保护、渔业管理以及海上航行安全等。两国还决定建立外交和国防部长之间的“2+2”对话机制，以加强安全合作。[②]

马来西亚和美国 2021 年 11 月举行了“海上训练活动–马来西亚 2021”，演习分为线上和线下两部分。海上阶段在马六甲海峡附近海域举行，美国海军“独立”级濒海战斗舰、MH–60S“海鹰”直升机及 P–8A 海上巡逻机参演。演习涉及一些复杂的海上训练科目，以展示两国海军部队共同行动的能力，包括旨在提升两国军舰在复杂机动中通信能力的师战术演练、水面战、潜水和救援、海上补给、海上炮击训练以及排爆技术交流。线上主题专家交流包括潜水/救援训练、航空和信息共享、兵力防护、海上态势感知、海洋法和海上执法等内容。[③] 12 月，美国国务卿布林肯访问马来西亚时表示，美国将继续支持马来西亚发展海上执法能力。在南海问题上，双方一致认为，南海争端应依据国际法通

---

① 《印尼主办大规模联合军事演习，盛赞与美国关系迎来“新时代”》，*Indo-Pacific Defense Forum*，2021 年 8 月 24 日，https://ipdefenseforum.com/zh-hans/2021/08/印尼主办大规模联合军事演习，盛赞与美国关系迎/，访问日期：2021 年 9 月 2 日。

② US Department of State, “Secretary Antony J. Blinken and Indonesian Foreign Minister Retno Marsudiat Memorandum of Understanding Signing Ceremony,” December 14, 2021, accessed December 15, 2021, https://www.state.gov/secretary-antony-j-blinken-and-indonesian-foreign-minister-retno-marsudi-at-memorandum-of-understanding-signing-ceremony/.

③ “US and Malaysian navies conduct bilateral exercise ‘MTA Malaysia 2021’,” *Navy Technology*, November 24, 2021, accessed November 28, 2021, https://www.naval-technology.com/news/us-malaysia-exercise-mta-malaysia-2021/.

过和平方式加以解决，所有主张应当基于国际法，符合《联合国海洋法公约》。[①]

（二）东盟当事国与中国对维护南海和平稳定依然有共识，双方维持以对话合作管控南海局势的主基调

尽管发生上述摩擦，但中国与东盟当事国共同较快、较好地处理了争端，没有出现重大危机事态，这主要得益于双方在维护南海和平稳定方面的共识，即以大局为重，管控分歧，继续坚持合作与对话的基本立场和相关行动。

一是高层互动展现共同维护南海地区和平稳定的意愿。2021 年 10 月，中国国务院总理李克强在第 16 次东亚峰会发表讲话时指出，中国和东盟国家坚持由直接当事国磋商谈判和平解决争端，管控分歧，推进共同开发，为地区和平稳定做出了积极贡献。中国坚持走和平发展道路，作为《联合国海洋法公约》缔约国，始终同东盟国家一道，根据包括《公约》在内的国际法，结合地区实际情况，在相互尊重的基础上妥善处理南海问题。[②] 年内，王毅外长与东盟国家特别是南海当事国外长多次会面，并在中国—东盟外长会、东亚峰会等多个重要场合表达中方在南海问题上的立场，东盟当事国也给予积极回应。例如，在 2021 年 6 月纪念中国东盟建立对话关系 30 周年特别外长会上，王毅总结中国与东盟关系 30 年经验，其中之一就是“始终以大局为重，把分歧放在适当位置”。他提到，中国与东盟国家认真贯彻落实《南海各方行为宣

① Secretary Antony J. Blinken and Malaysian Foreign Minister Saifuddin Abdullah at a Joint Press Availability, US Department of State, December 15, 2021, accessed December 16, 2021, https://www.state.gov/secretary-antony-j-blinken-and-malaysian-foreign-minister-saifuddin-abdullah-at-a-joint-press-availability/.

② 《李克强在第 16 届东亚峰会上的讲话（全文）》，外交部网站，2021 年 10 月 28 日，https://www.fmprc.gov.cn/web/zyxw/202110/t20211028_10349146.shtml，访问日期：2021 年 10 月 29 日。

言》，积极推进“南海行为准则”磋商，证明了中国和东盟国家有能力将双方存在的矛盾转化为合作，体现了双方维护地区和平稳定的共同意愿。[①] 8月4日，王毅在出席第11届东亚峰会外长会时更是就南海问题系统地阐明中方原则立场，期望各方在南海问题上做到“四个尊重”，即尊重事实、尊重法律、尊重共识和尊重地区国家，并要求域外势力不要再把黑手伸向南海。[②] 在出席第28届东盟地区论坛外长会时，王毅就南海问题表示，南海局势总体是稳定的，航行和飞越自由得到依法保护，这是中国和东盟国家共同努力的结果，不容唱衰和抹杀。东盟各国外长呼吁保持南海和平稳定，充分肯定中国与东盟国家克服疫情影响推进“准则”磋商，认为地区国家完全有能力、有智慧通过谈判妥善处理分歧，实现和谐相处和共同发展。各国外长还强调，不能搞地缘对抗和分裂对立，不希望地区国家被迫“选边站”、左右为难，不希望本地区成为大国博弈的角力场。[③]

二是相关务实合作有序推进。年内，中国与越南、菲律宾等东盟当事国展开多项务实磋商与合作。中越2021年1月和12月分别以视频会议形式举行了北部湾湾口外海域工作组和海上共同开发磋商工作组的两轮磋商。双方一致强调要继续认真落实中越两党两国领导人达成的重要共识和《关于指导解决中越海上问题基本原则协议》，本着循序渐进、先易后难、相互尊重、互谅互让的原则同步推进湾口外海域划界与南海

① 《王毅国务委员兼外长在纪念中国东盟建立对话关系30周年特别外长会上的致辞（全文）》，外交部网站，2021年6月8日，http://new.fmprc.gov.cn/web/ziliao_674904/zyjh_674906/202106/t20210608_9180802.shtml，访问日期：2021年6月9日。

② 《王毅强调在南海问题上应做到“四个尊重”》，外交部网站，2021年8月5日，https://www.fmprc.gov.cn/web/wjbz_673089/zyhd_673091/202108/t20210805_9175109.shtml，访问日期：2021年8月6日。

③ 《王毅出席第28届东盟地区论坛外长会》，外交部网站，2021年8月6日，https://www.fmprc.gov.cn/web/wjbz_673089/zyhd_673091/202108/t20210806_9175118.shtml，访问日期：2021年8月7日。

油气共同开发，并将认真研究对方提出的具体方案；双方就南海共同开发指导原则深入交换意见，同意进一步加强沟通，争取早日达成一致；双方还同意尽快完成北部湾湾口外海域共同考察成果报告，共同推进南海渔业合作，深化北部湾地区海上合作，并开展无争议海域的油气合作等。在北部湾湾口外海域工作组第十五轮磋商和海上共同开发磋商工作组第十二轮磋商中，双方还就中越在越近岸油气区块合作开发问题交换了意见，一致认为两国油企应在双方外交部门指导下加强沟通，加快商谈商业合作安排，推动合作开发早日取得实质成果。[①] 这些会谈结果显示，中越在推进南海渔业合作、油气共同开发方面意愿增强，特别是在南海共同开发方面已经就指导原则、无争议海域合作安排等展开更为具体的磋商，有望取得一定突破和进展。12 月 15 日，中国外交部边界与海洋事务司同越南农业与农村发展部水产总局水产开发司以视频形式就商签新的北部湾渔业合作协定举行了首轮磋商。双方充分肯定 2000 年签署的《中越北部湾渔业合作协定》对维护北部湾渔业生产秩序、促进两国经济社会发展所做出的积极贡献，同意继续本着友好协商精神加快商签新的合作协定，一致认为应促进北部湾渔业可持续发展，就开展渔业资源调查、联合增殖放流达成共识，并同意继续就其他渔业资源管理保护措施保持沟通。[②] 另外，中越两国海警 4 月和 10 月开展了第 21、第 22 次北部湾海域联合巡航行动，充分体现了贯彻落实两国领导人重要共

---

① 《中越举行北部湾湾口外海域工作组第十四轮磋商和海上共同开发磋商工作组第十一轮磋商》，外交部网站，2021 年 1 月 8 日，https://www.fmprc.gov.cn/web/wjb_673085/zzjg_673183/bjhysws_674671/xgxw_674673/202101/t20210108_7671704.shtml，访问日期：2021 年 1 月 11 日；《中越举行北部湾湾口外海域工作组第十五轮磋商和海上共同开发磋商工作组第十二轮磋商》，外交部网站，2021 年 12 月 1 日，https://www.fmprc.gov.cn/web/wjb_673085/zzjg_673183/bjhysws_674671/xgxw_674673/202112/t20211201_10460644.shtml，访问日期：2021 年 12 月 2 日。

② 《中越就商签新的北部湾渔业合作协定举行磋商》，2021 年 12 月 16 日，外交部网站，https://www.fmprc.gov.cn/web/wjb_673085/zzjg_673183/bjhysws_674671/xgxw_674673/202112/t20211216_10470491.shtml，访问日期：2021，12 月 19 日。

识、共同管理好北部湾海域的决心和信心。这两次海上联合巡航也是在《中华人民共和国海警法》颁布实施后进行的，对于延续中越海警良好合作势头，进一步增强双方海警间友谊合作，深化海上执法交流，共同维护北部湾渔业生产秩序，打造南海地区海上执法合作样板具有重要意义。[①] 11 月 30 日，中国海警局与越南海警司令部以视频方式举行第五次高层会晤。双方积极评价 2021 年合作成果，一致表示，要继续推进务实友好合作，妥善处置海上突发情况，维护地区海上安全秩序。[②]

中菲 2021 年 5 月 21 日以视频方式举行了南海问题双边磋商机制（BCM）第六次会议。双方认为，双边磋商机制是落实两国领导人共识的重要举措，也是双方就涉海问题进行坦诚务实交流的机制化平台。双方应本着友好和相互尊重的精神开展对话交流，并将对话成果转化为促进两国关系发展的实际行动。双方积极评价中国与东盟国家克服疫情困难，保持“南海行为准则”磋商势头，还深入讨论了海事、油气、渔业、环保、海上搜救、海洋科研等领域的合作。会议期间，还举行了双边磋商机制下设的政治安全事务、渔业事务、海洋科研与环保三个工作组会议。[③]

此外，中国与东盟十国相关部门官员及专家学者于 2021 年 9 月在青岛以线上线下相结合的方式举行了南海海洋科研研讨会。会议系落实

---

① 《中越海警开展北部湾海域联合巡航》，中华人民共和国中央人民政府网站，2021 年 4 月 29 日，http://www.gov.cn/xinwen/2021-04/29/content_5603884.htm，访问日期：2021 年 4 月 30 日；《中越海警开展 2021 年第二次北部湾海域联合巡航》，中华人民共和国中央人民政府网站，2021 年 10 月 22 日，http://www.gov.cn/xinwen/2021-10/22/content_5644355.htm，访问日期：2021 年 10 月 23 日。

② 《中国海警局与越南海警司令部举行第五次高层会晤》，环球网，2021 年 11 月 30 日，https://world.huanqiu.com/article/45nUNu0MOAp，访问日期：2021 年 12 月 1 日。

③ 《外交部部长助理吴江浩主持召开中国—菲律宾南海问题双边磋商机制第六次会议》，2021 年 5 月 21 日，https://www.fmprc.gov.cn/web/wjbxw_673019/202105/t20210521_9138033.shtml，访问日期：2021 年 5 月 22 日。

《南海各方行为宣言》框架下的项目。各方围绕气候及海洋环境变化、海洋生物多样性及生态系统保护、海洋灾害及污染防控、海洋科学研究合作等议题展开深入研讨。与会人员一致认为研讨会为中国和东盟国家提供了交流合作平台，有助于各方加强科研能力建设，进一步推动在南海科研领域的务实合作。①

（三）中国与东盟“南海行为准则”二读磋商取得进展，各方表达尽早完成磋商谈判意愿但仍面临不确定性

“南海行为准则”磋商 2021 年取得积极进展，但后续推进仍面临关键性条款分歧难以弥合、域外势力搅局等挑战。

1.“准则”磋商年内取得积极进展

2021 年，中国与东盟国家克服疫情影响，从年初开始展开密集磋商，先后举行了 4 次落实《南海各方行为宣言》（以下简称《宣言》）联合工作组特别视频会、4 次落实《宣言》联合工作组会和 1 次落实《宣言》高官会，频度之高远远超过 2020 年。这些磋商展现了各方在疫情防控常态化形势下，以灵活方式推动落实《宣言》和“准则”磋商的坚定意愿。特别是 6 月 7 日在重庆举行的中国和东盟国家落实《宣言》第 19 次高官会，是疫情以来的首次线下高官会，双方就“准则”下步磋商安排达成共识，同意以灵活务实方式尽快恢复案文第二轮审读。此后，中国与东盟各国加紧就“准则”案文交换意见。8 月，王毅外长在中国—东盟外长会上对外宣示，有关各方已就“准则”前言部分达成初步一致，并指出，“只要我们坚持推进磋商的共同政治意愿，不

---

① 《南海海洋科研研讨会在青岛举行》，外交部网站，2021 年 9 月 16 日，https://www.fmprc.gov.cn/web/wjb_673085/zzjg_673183/bjhysws_674671/xgxw_674673/202109/t20210916_10410026.shtml，访问日期：2021 年 9 月 18 日。

管是肆虐的疫情，还是外来的干扰，没有任何困难能够阻挡我们”。[①]

实际上，2021 年中国与东盟国家多次表达了对推进“准则”磋商的积极意愿。王毅外长在多个场合就中方对“准则”磋商的立场表明了态度。例如，2021 年 1 月，王毅外长在同印尼外长雷特诺会谈时表示，要发挥中国与印尼作为南海两大沿岸国作用，同其他东盟国家一道，全面有效落实《宣言》，积极稳步推进“南海行为准则”磋商，打造符合国际法、有效且具有实质意义的地区规则，共同维护南海和平稳定。[②]他还表示，这将对外发出双方有智慧、有能力解决本地区问题的明确信号。[③] 2021 年 8 月出席东盟地区论坛外长会时，王毅重申，中方愿同东盟国家在《宣言》基础上，尽早达成有效、富有实质内容并符合包括《公约》在内国际法的“南海行为准则”，共同把南海建成和平之海、合作之海。[④] 东盟各国外长对此给予积极回应，认为地区国家完全有能力、有智慧通过谈判妥善处理分歧，实现和谐相处和共同发展。[⑤]

2021 年 9 月，王毅外长访问柬埔寨期间表示，中方希柬 2022 年出任东盟轮值主席国期间，中国同东盟国家能完成“南海行为准则”商谈，制定符合包括《联合国海洋法公约》在内的国际法、实质、有效的

① 《王毅出席中国—东盟国家外长会》，外交部网站，2021 年 8 月 3 日，https://www.fmprc.gov.cn/web/wjbz_673089/zyhd_673091/202108/t20210803_9175103.shtml，访问日期：2021 年 8 月 5 日。

② 《王毅谈中国同印尼达成的五点共识》，外交部网站，2021 年 1 月 13 日，https://www.fmprc.gov.cn/web/wjbz_673089/xghd_673097/t1846272.shtml，访问日期：2021 年 1 月 16 日。

③ 《王毅同印尼外长蕾特诺举行会谈》，外交部网站，2021 年 1 月 14 日，https://www.fmprc.gov.cn/web/wjbz_673089/xghd_673097/t1846357.shtml，访问日期：2021 年 1 月 16 日。

④ 《王毅国务委员兼外长在第 28 届东盟地区论坛外长会上的发言》，外交部网站，2021 年 8 月 6 日，https://www.fmprc.gov.cn/web/wjbz_673089/zyhd_673091/202108/t20210806_9175119.shtml，访问日期：2021 年 8 月 9 日。

⑤ 《王毅出席第 28 届东盟地区论坛外长会》，外交部网站，2021 年 8 月 6 日，https://www.fmprc.gov.cn/web/wjbz_673089/zyhd_673091/202108/t20210806_9175118.shtml，访问日期：2021 年 8 月 9 日。

准则，彰显中国和东盟国家有意愿、有能力把自己的事情办好。[①] 11 月在会见东盟国家驻华使节时，王毅提到，2022 年是《宣言》签署 20 周年。希望双方以此为契机，在继续全面有效落实《宣言》基础上，加快推进“准则”磋商，共同维护南海和平稳定，更好寻求合作共赢。[②]

在第 39 届东盟峰会上，东盟领导人重申全面有效落实《宣言》的重要性，欢迎东盟与中国恢复“南海行为准则”谈判。各国强调，须为“准则”谈判创造有利环境，并继续努力达成务实高效、具有实质性且符合国际法，特别是 1982 年《联合国海洋法公约》的“南海行为准则”。2021 年中国与东盟国家推进“准则”磋商情况参见表 5。

表 5　2021 年中国与东盟国家推进“准则”磋商情况

时间	会议	主要成果
1 月 13 日	中国和东盟国家落实《宣言》联合工作组第二次特别视频会	各方认为，在疫情防控常态化形势下，有必要运用好各层级会议机制，以灵活方式就共同关心的问题展开深入探讨，保持落实《宣言》和“准则”磋商势头。这有助于增进各方理解与互信，维护好南海和平稳定
3 月 15 日	中国和东盟国家落实《宣言》联合工作组第三次特别视频会	各方认为，在当前疫情形势下，应继续用好各层级会议机制，以灵活方式开展对话沟通，实施好务实合作项目，保持落实《宣言》和“准则”磋商势头，不断增进彼此理解与信任，共同维护南海和平稳定

① 《柬埔寨首相洪森会见王毅》，新华网，2021 年 9 月 13 日，http://www.news.cn/world/2021-09/13/c_1127854549.htm，访问日期：2021 年 9 月 15 日。

② 《王毅会见东盟国家驻华使节》，外交部网站，2021 年 11 月 14 日，https://www.fmprc.gov.cn/web/wjbz_673089/zyhd_673091/202111/t20211114_10448031.shtml，访问日期：2021 年 11 月 15 日。

续表

时间	会议	主要成果
5 月 27 日	中国和东盟国家落实《宣言》联合工作组第四次特别视频会	各方一致认为应克服疫情影响，创新工作方式，早日恢复“准则”案文磋商，共同维护南海和平稳定
6 月 7 日	中国和东盟国家落实《宣言》第 19 次高官会	各方认为，尽管受到疫情影响，中国和东盟国家继续致力于全面有效落实《宣言》，以灵活务实方式保持“准则”磋商进程。各方强调全面有效落实《宣言》的重要性，一致同意继续深化合作，持续增进互信，共同维护南海和平稳定。会议就“准则”下步磋商安排达成共识，同意尽快恢复案文第二轮审读，争取早日达成“准则”
6 月 24 日	中国和东盟国家落实《宣言》联合工作组第五次特别视频会	各方一致同意落实好中国—东盟特别外长会有关共识，尽快恢复“准则”案文第二轮审读，规划实施好海上务实合作项目，不断增进互信，共同维护南海和平稳定
7 月 5 日	落实《宣言》第 31 次联合工作组会议	中国和东盟国家代表就南海形势、落实《宣言》、加强海上务实合作、“南海行为准则”案文等议题深入交换意见。各方重申继续致力于全面有效落实《宣言》，加快推进“准则”磋商，共同维护南海和平稳定
7 月 13—14 日	落实《宣言》第 32 次联合工作组会议	各方就南海形势、落实《宣言》和“南海行为准则”案文深入交换意见，同意继续全面有效落实《宣言》，积极推进“准则”案文磋商，深化务实合作，不断增进互信，维护好南海和平稳定
10 月 14—15 日	落实《宣言》第 33 次联合工作组会议	各方重申致力于全面有效落实《宣言》，加强对话协商，有效管控分歧，提升合作水平，并积极推进“准则”案文磋商
11 月 10—11 日	落实《宣言》第 34 次联合工作组会议	各方一致同意落实好中国—东盟领导人会有关共识，继续全面有效落实《宣言》，大力推进海上务实合作，加快推进“准则”磋商，共同维护南海和平稳定

资料来源：中国外交部网站。

2. 后续磋商仍面临关键性条款分歧难以弥合、域外势力搅局等挑战

尽管“准则”磋商在2021年内取得一定进展，但是后续磋商仍面临不少挑战。首先，“准则”二读虽已就“前言”部分达成共识，但这是各方比较容易取得一致的部分，尚未触及实质性、关键性条款，特别是“准则”覆盖的地理范围、法律约束力、争端解决机制、第三方地位作用等核心敏感条款。围绕这些条款，中国与东盟国家特别是南海当事国的分歧矛盾较多，各方妥协让步的空间较小，能否突破这些瓶颈，将是决定磋商能否顺利推进的关键。

其次，近年来南海形势演变过程中出现新的复杂因素，如南海仲裁案“裁决”、外界炒作的“南海军事化”问题等，也给“准则”磋商带来不利影响。还不得不考虑的是，当前，域外势力对“准则”磋商的介入越来越多，要求“准则”不得损害所谓“第三方利益”等，越南等国也坚持南海问题已不仅是地区性问题，而且涉及域外国家利益，“准则”应考虑第三方角色地位问题。因此，中国与东盟国家能否早日达成各方都能接受的“准则”文本，不仅需要展现高超的谈判技巧、坚定的政治意愿，还要有效排除外部干扰，真正做到主导谈判进程和结果。

综合来看，中国与东盟部分南海当事国虽然在南海问题上出现局部摩擦，但没有改变中国与这些国家及东盟整体的对话、合作态势，这一方面表明因围绕南海领土海洋权益的深层次矛盾短期内难以解决，东盟当事国为巩固既得利益采取单边行动的情况仍会不时出现，另一方面反映了中国与东盟国家在维护南海地区和平、稳定方面具有重要共同利益和充分共识，对话与合作仍是主流。

三、南海形势发展趋势展望

从趋势上来看，短期内南海局势不会发生根本性变化，主要相关方依然是中国、美国、东盟当事国及东盟，包括欧洲国家、欧盟、北约在内的其他域外力量也越来越成为重要因素，但与中、美、东盟相比仍是次要角色。矛盾和斗争的主要方面继续体现在外交、法理、军事等层面，且会受到中美关系、中国与东盟关系、“南海行为准则”磋商、各相关方国内政策等因素的交织影响和综合作用，南海形势将依然复杂严峻。

（一）美国将继续强化与东南亚关系及针对南海的部署和行动，但中美在南海危机管控领域若能取得进展有助于南海形势稳定

美国拜登政府高度重视东南亚在“印太战略”和南海战略中的重要作用，如提供基地使用权，缩短力量投送距离，分化瓦解中国与东盟关系，干扰中国周边战略等，且基于遏制围堵中国及强化威慑的考虑，美国将继续其在东南亚的外交攻势和战略布局，加强与东盟国家等“印太”盟友的合作。

2022 年 2 月 11 日，美国白宫发布新版《印太战略》，该战略由五大要素构成，即促进一个自由开放的“印太”；构建地区内外的联系；驱动“印太”的繁荣，包括制定“印太经济框架”等；加强“印太”地区的安全，包括推进“一体化威慑”战略，综合运用美国与其盟友和伙伴的所有国家工具；建设一个更具韧性的“印太”地区以应对 21 世纪

的跨国威胁。[1] 这五大要素部分与南海局势密切相关。例如，对“自由开放”的理解就包括“确保本地区保持开放、可进入及地区海洋和天空的治理和使用符合国际法，特别是支持以基于规则的方式处理海洋领域，包括南海和东海的事态”。该战略还提到加强地区国家的海上态势感知能力，以及扩大美国海警在“印太”的存在等，显示美国将继续推进这些方面的举措，扩大对南海事务的介入。值得关注的是，该战略提及将邀请东盟国家领导人前往华盛顿共同举行美国—东盟特别峰会。峰会原定 3 月 28—29 日举行，后因东盟部分成员国领导人无法与会而被迫推迟。显然，峰会可能会涉及经济、疫情、网络安全等多个议题，但加强在南海问题上的协调配合，肯定也是题中应有之义。

2022 年 1 月，美国国务院海洋和国际环境与科学事务局推出新的《海洋界限：中华人民共和国在南海的海洋主张》报告，称中国对南海相关主张缺乏国际法依据。[2] 报告从“对海洋地貌的主权主张”“直线基线”“海洋领域”“历史性权利”等 4 个方面分析了中国在南海的法律主张，声称：（1）中国对南海高潮时没入水面的地貌之主权声索“不符合国际法”；（2）中方声索的南海西沙、东沙、中沙、南沙四大群岛不满足《联合国海洋法公约》适用直线基线的地理标准；（3）中方将南海 4 个群岛“作为整体”提出内水、领海、专属经济区、大陆架等主张在国际法上不允许的；（4）中方在南海的“历史性权利”主张没有“法理依据”。[3] 美国时隔 8 年再次发表《海洋界限》报告，表明它在南

---

① The White House, *Indo-Pacific Strategy of the United States of America*, February 2022, accessed February 13, 2022, https://www.whitehouse.gov/wp-content/uploads/2022/02/U.S.-Indo-Pacific-Strategy.pdf.

② 美国在 2014 年曾发表过同名报告，这份报告是上述报告的更新版。

③ US Department of State, *Limits in the Seas No. 150-People's Republic of China: Maritime Claims in the South China Sea*, January 2022, accessed January 13, 2022, https://www.state.gov/wp-content/uploads/2022/01/LIS150-SCS.pdf.

海法理斗争方面将继续保持对华高压态势，意在利用这些报告进一步坐实南海仲裁案“裁决”的国际法效力，削弱中方南海主张的合法性；通过混淆国际视听，对中方未来在南海可能采取的强化主权和海洋权益行动预设障碍；为美国及盟友在南海“航行自由行动”等军事行动提供法理支撑。

从军事上来看，2021年底美国高官和政要的一系列表态显示，美国将继续加强在“印太”地区，包括东南亚的军事部署，以加强威慑和实战准备。2021年11月，美国国防部发表最新的全球态势评估报告，表示将加强针对中国和俄罗斯的军事部署和基地建设，包括提升和扩大在关岛和澳大利亚的军事设施。美国防部负责战略、计划和能力的助理部长卡琳（Mara E. Karlin）在新闻发布会上说，美军今后在澳大利亚将有更频密的军事活动，包括部署新的战斗机和轰炸机，开展地面部队训练，以及更频繁的后勤合作。此外，关岛、北马里亚纳群岛和澳大利亚的机场、燃油与军火储存设施将升级。她还强调，全球态势评估报告确认美军优先关注的区域为“印太”地区，主张美国在此区域同盟友和伙伴国进行更多合作，以推进有助区域稳定、阻止中国潜在军事侵略及朝鲜威胁的举措。[①] 12月1日，美国陆军部长克里斯汀·沃姆思（Christine Wormuth）在美国战略与国际问题研究中心的会议上表示，为了威慑中国，美军在战略上很重视扩大在东南亚的通道和基地部署。她认为，美军态势的转变符合美国及其东南亚盟友和伙伴的利益。美国在亚洲的军备部署一直是以东北亚为主场，“现在非常希望能够将通道和基地安排更多地向东南亚扩展。因为这样一来，我们在这个区域就可以有更分散的态势，让我们有更大的灵活性”。沃姆思没有说明华盛顿有

① 《提升澳洲和关岛军事设施　美国将加强针对中俄军事部署》，联合早报网，2021年12月1日，https://www.zaobao.com/news/world/story20211201-1218691，访问日期：2021年12月3日。

意在何处扩大存在，但她说，美方和菲律宾续签允许美军轮换部署的协议是非常重要的。她透露，五角大楼态势评估的关键之一是，寻找更多机会来预置军备。为避免亚洲发生战争，各方必须共同努力，而最好的策略就是具备强有力的威慑能力。[①] 12 月 5 日，美国国防部长奥斯汀在加利福尼亚举行的安全会议上表示，应对中国军事现代化、核能力增强和技术进步的一种方法，是强化美国在该地区的联盟。奥斯汀说，这意味着联合军事演习、深化研发关系，并鼓励欧洲在该地区扮演“有益和日益增强的安全角色”。[②]

当然，尽管美国会强化在南海周边部署及针对中国的军事活动，但中美在南海的互动并不必然走向摩擦和冲突。双方能否在危机管控领域取得突破，是一个重要看点。2021 年，中美两国最高领导人在三次会晤、通话中，都提到管理竞争、管控分歧、加强协调合作、避免误解误判和意外冲突的重要性。美国国防部长奥斯汀也重申拜登总统的说法，即美国不寻求与中国发生冲突，将寻求“尽一切可能降温”。[③] 美国陆军部长沃姆思亦强调美国对于误判可能导致擦枪走火的担忧，以及避免“第二次冷战框架”并且同北京保持沟通渠道的必要性。[④]

2021 年 12 月 15 日，中美两军以视频会议形式举行了本年度的海上军事安全磋商机制会议。美国“印太”总部、太平洋舰队和太平洋空军代表与中国人民解放军海军和空军代表参与磋商。双方就当前中美海空安全形势进行了交流，对《中美海空相遇安全行为准则》执行情况进行

---

① 《美陆军部长：希望扩大东南亚军事部署威慑中国》，联合早报网，2021 年 12 月 1 日，https://www.zaobao.com/realtime/china/story20211202-1219153，访问日期：2021 年 12 月 3 日。

② 《奥斯汀：美国将在印太地区挺身应对中国令人不安行为》，联合早报网，2021 年 12 月 5 日，https://www.zaobao.com/realtime/china/story20211205-1220234，访问日期：2021 年 12 月 6 日。

③ 同上。

④ 《美陆军部长：希望扩大东南亚军事部署威慑中国》，联合早报网，2021 年 12 月 1 日，https://www.zaobao.com/realtime/china/story20211202-1219153，访问日期：2021 年 12 月 3 日。

了评估，讨论了改进中美海上军事安全问题的措施，并就 2022 年机制会议有关事宜初步交换了意见。中方向美方明确提出，舰机安全和国家安全密不可分，美军舰机长时间、高强度对中国当面海空域进行抵近侦察、测量和针对性极强的侵权挑衅行动，是导致中美海空军事安全问题的根源。美方停止具有敌意性质的海空兵力行动，才是解决中美海空军事安全问题的根本办法。① 相比 2020 年中美双方未能举行海上军事安全磋商年度会议，2021 年能够恢复磋商，表明双方在危机管控方面已经迈出了一步。如果中美能够延续这一势头而取得更多进展，如全面恢复防务磋商以及提出新的倡议，则有望使双方在南海的互动保持相对稳定可控状态。

（二）东盟当事国可能继续推进单边行动及强化与域外力量合作，同时菲律宾等国政局变化也将冲击南海形势

东盟当事国与中国围绕南海资源开发的摩擦将长期化。油气资源对东南亚各国海洋经济发展至关重要。基于经济考虑，以及借助国际油气公司开发资源以推动南海问题国际化的需要，越南、印尼、马来西亚等国将继续在南海加大油气开采力度。同时，渔业资源争夺也会更趋激烈。越南、菲律宾等国正在推动海上民兵建设，并加大渔业监管、补贴及新兴渔船建造和发展。越南自己建造的大批 400 吨级钢制武装渔船 2021 年陆续下水试航。相比之前的铁壳渔船，越南钢制武装渔船制造精良，而且配备了水炮和重机枪支架。显然，越南大规模建造武装渔船的主要目的是谋求海上对抗中的非对称优势，但这可能导致南海局势恶

① 《国防部介绍 2021 年度中美海上军事安全磋商机制会议情况》，中华人民共和国国防部，2021 年 12 月 30 日，http://www.mod.gov.cn/topnews/2021-12/30/content_4901933.htm，访问日期：2022 年 1 月 2 日。

化，特别是对周边国家的正常渔业生产和执法活动造成威胁。①

东盟当事国与美、日、澳等域外国家在海上领域的合作有进一步强化的趋势。美菲全面恢复《访问部队协议》，扫清了双方强化军事同盟关系的障碍，为同盟“提供了某种程度的确定性”，可以使双方就联合演习等进行更长期的规划，有利于美国强化在菲律宾的军事存在。美国利用菲律宾作为在南海问题上主要抓手和“代理人”的态势将更趋明显。美菲关系的强化，可能使菲律宾倾向于采取更多单边行动，如加强在南海海域海警和海军存在，加快既占岛礁建设，推动与美《强化防务合作协议》落实等，从而进一步加剧南海局势的复杂性。

部分国家政局变动，也将影响东盟当事国南海政策走向，特别是菲律宾2022年5月的大选值得关注。因此，杜特尔特卸任后，菲律宾南海政策大概率会出现调整。

（三）域外国家在南海加强协调配合值得关注，但其介入力度受到多种因素制约

域外国家在南海的介入特别是战略上的协调、融合态势，值得关注。这种协调可能沿三个方向发展。

一是继续以双边、三边、小多边形式进行。过去几年，美国及其盟友之间建立了诸多的合作机制，如双边的“2+2”机制，三边的美英澳三边安全伙伴关系、美日澳、英法德、法印澳等机制，四边的美日印澳“四边机制”，还有“五眼联盟”、七国集团等小多边机制。这些机制为美国及其盟友加强沟通协调，开展实质性合作提供了重要平台，美国及其盟友利用这些机制在南海问题上进一步深化、拓展合作的趋势会继续

① 丁铎：《当越南渔船拥有了武装，南海还能安宁吗?》，南海战略态势感知计划，2022年1月10日，http://www.scspi.org/zh/analysis#slideshow-0，访问日期：2022年1月13日。

发展，如开展更多的联合演习、舰艇访问和军事装备合作。

二是在手段上仍以军事存在为主，辅以外交和法理上的协调发声。军事上的介入与合作仍是域外国家干预南海事务的主要手段，而且可能形成更强的机制化。2021 年 7 月 19 日，英国国防部宣布，从 8 月底开始，英国海军巡逻舰“斯佩”号和“塔玛”号将代表英国在亚洲的永久存在，同时支持澳大利亚、日本和新加坡的行动。英国向亚洲水域派遣的常驻巡逻舰补给或修整时将以日本港口作为停靠港口之一。英国国防部长华莱士表示，英国最终还会部署一个由海军陆战队组成的“濒海反应小组”，负责执行撤侨和反恐行动等。[①] 德国表示未来将继续派舰艇甚至飞机到南海巡航。意大利也表现出向南海派遣舰艇的意愿。另外，欧盟正在发展一个新的行动概念，即“协作式海上存在”（Coordinated Maritime Presence）。欧盟成员国海军将以协调协作的方式提供海军资产，轮流在某个地区展开巡航。目前，欧盟已经在非洲西海岸的几内亚湾开展了上述行动，未来还考虑在南海等区域实现“协作式海上存在”。欧盟“印太合作战略主要结论”也提到，欧盟将扩大安全和防务对话，纳入更多伙伴，并加强与东盟地区论坛的接触，在“印太”保持有意义的海军存在。[②] 因此，未来域外国家特别是欧洲国家在南海的军事存在将日趋常态化，甚至不排除整个欧盟以“协作式海上存在”方式在南海展开部署。但它们是否会和美国开展联合“航行自由行动”，目前还是个变数，大部分国家仍是以在南海开展巡航为主。

三是融合程度进一步加深，美国及盟友之间互操作性将进一步增强。例如，2022 年 1 月，日澳达成《互惠准入协定》。根据协定内容，

---

① 《英国将在亚洲部署两艘常驻军舰，专家：海军力量更加捉襟见肘》，澎湃网，2021 年 7 月 22 日，https://m.thepaper.cn/newsDetail_forward_13691796，访问日期：2021 年 7 月 23 日。

② *EU Strategy for Cooperation in the Indo-Pacific*, EEAS, April 2021, accessed April 28, 2021, https://eeas.europa.eu/sites/default/files/eu-indo-pacific_factsheet_2021-04_v.5.pdf.

日澳将简化对方军事力量（人员、装备等）进入本国领土、依托本国军事设施开展行动所需入境和通关手续。澳大利亚亦成为继美国后，第二个与日本签署此类协定的国家。澳总理莫里森表示，新协定将促进两国战略与安全关系发展，强化双方军事人员的默契程度，以及装备的兼容性与互操作性。该协定的签署，标志着日澳防务与安全合作已步入强调“机制化”“互通性”与“兼容性”的新阶段，两国迈向“准军事同盟”。[①] 日本还可能以此为蓝本，与英、法等国达成类似协议。

域外力量加大介入南海事务，既有美国的拉拢助推因素，也源于各方基于自身战略利益，主动参与“印太”事务的诉求。英、法、德、荷均已提出各自“印太”构想或指针，将“印太”作为重要战略利益区。北约也提出考虑将应对中国纳入北约正式“战略概念”中。2022 年 2 月 22 日，法国和欧盟在巴黎联合主办首届“印太地区部长级论坛”。“印太”地区约 30 个国家参加论坛，但中美两国均未在受邀之列。[②] 此外，法国与日本 2022 年 1 月举行的“2+2”会谈也提及，双方对东海和南海的事态表示“严重关切”，宣称将深化在“印太”地区的合作。

不过应该看到，鉴于各国对“印太战略”理解和侧重点不同、军事能力短板和战略资源投入意愿的差异等，域外国家的介入程度是有所区别的，如德国相对克制，日本、澳大利亚、英国等国力度则比较大。同时，法德等欧洲国家仍希望保持战略自主性，各方在推动全球化和多极化方面与中国存在一定共识，在应对气候变化、新冠肺炎疫情等非传统安全威胁方面需要中国的合作。例如，德国“印太战略”以开放性视角

① 《简化派遣，日澳签署防务合作协定》，人民网，2022 年 1 月 12 日，http://military.people.com.cn/n1/2022/0112/c1011-32329611.html，访问日期：2022 年 1 月 13 日。

② 《法国举办“印太论坛”未邀请中美，美媒报道挑拨之意明显》，中国新闻网，2022 年 1 月 29 日，https://www.chinanews.com.cn/gj/2022/01-29/9664693.shtml，访问日期：2022 年 1 月 30 日。

建构“印太”概念，并未明确追随美国以地缘安全和对抗视角定位中国在“印太”地区的角色。[①] 但是，在拜登政府时期，在捍卫欧盟、北约与美国的同盟关系、协调对华战略层面，法、德等国与中国的政治价值观外交冲突面会扩大，如何定位和发展对华关系，如何正确塑造中法、中德、中欧双边关系，如何配合美国对华战略竞争和维护欧盟战略自主，是考验欧洲各国领导人智慧的难题。

四、结语

回顾与展望南海形势，总体仍复杂严峻，但也不乏积极因素。复杂性既在于域外势力的持续、联手“搅局”，也在于中国与东盟当事国在南海问题上的根本性分歧矛盾短期内难以化解，还不得不考虑中美博弈的大背景及“印太战略”之下各种力量的分化组合乃至地区和国际秩序的变化。这些因素交织在一起，相互作用，决定了南海安全形势在未来一个时期内都将是高度复杂的，而且南海形势不仅对地区安全形势有重要影响，地区局势和国际格局的演变反过来亦将不断给南海形势带来新的变量。但是，在这些动荡之中，中国与东盟国家倡导以“双轨思路”积极维护南海形势和平、稳定的努力，特别是“南海行为准则”磋商的推进，将为南海形势注入积极因素，也是难得的稳定剂。虽然中国与部分东盟当事国仍存在矛盾摩擦，但只要双方坚持将对话与合作作为主基调，妥处分歧，管控危机，并继续践行“双轨思路”，积极开展务实合作，主动排除外部干扰，南海形势仍可冀望保持基本稳定。

---

① 赵宁宁：《德国“印太战略”的战略考量、特点及影响》，《和平与发展》2021 年第 5 期，第 85 页。

美英澳三边安全伙伴关系对澳大利亚国防战略的影响与中澳关系展望

秦　升*

【内容摘要】澳大利亚在《2020年国防战略更新》中确立的“周边”概念及其对安全观的重塑正在改变澳大利亚的国防战略。对“周边”以及“直接战略利益区”的首次界定为澳大利亚在“印太”地区强化安全存在提供了合法性。由于澳大利亚所定义的“周边”与中国的东南“周边”——特别是在东南亚和南亚地区高度重合，并涉及台湾问题、南海问题等地区热点，中澳的安全关系变得异常复杂。2021年9月，美英澳三边安全伙伴关系成立，这既是美国实施“印太战略”持续布局的结果，也标志着澳大利亚激进的“周边”安全观正在落地。未来，拥有核动力潜艇以及远程打击武器将显著提升澳大利亚的军事投射能力，使其能够在中美战略博弈的前沿地带发挥主动威慑作用。鉴于

* 秦升，中国社会科学院亚太与全球战略研究院助理研究员；中国社会科学院澳大利亚、新西兰与南太平洋研究中心助理研究员。

此，中国应仔细评估澳大利亚新国防战略对周边安全环境的挑战。

2021 年，在美国对华战略竞争加剧、中澳关系持续低迷的背景下，澳大利亚的国防战略发生了较大变化。美英澳三边安全伙伴关系的成立，特别是美英两国承诺向澳大利亚转移核动力潜艇技术，使澳大利亚在美国“印太战略”布局中的地位显著提高。更为重要的是，澳大利亚对“周边”的首次定义为其推动自身的“印太战略”提供了地缘政治基础。由于澳大利亚定义的“周边”在相当程度上覆盖了中国的东南“周边”，加上美英两国在军事装备上的密切合作，澳大利亚的国防力量将显著提升，中澳关系的发展面临更大风险与不确定性。

一、澳大利亚“周边”安全观的确立与国防战略的调整

面对剧烈变化的地区形势和国际格局，澳大利亚近年来陆续出台多份安全战略报告，其中最重要的变化是周边国家在澳大利亚安全观中的地位调整。

在澳大利亚的《国防白皮书（2016 年）》中，巴布亚新几内亚、东帝汶和太平洋岛国被澳大利亚视为邻国，军事援助、应对气候变化是澳大利亚与这些国家的主要合作方向，其中，与巴布亚新几内亚的防务关系被澳大利亚列为首位；与东南亚方向，澳大利亚强调与各国在打击人口走私、毒品贩卖等非传统安全领域的合作，保障国家间经济交往和海上通道的安全，特别强调印度尼西亚作为近邻与澳大利亚之间的安全经济联系；在南亚方向，印度是澳大利亚重要的经济和安全伙伴，印度

洋上的海上贸易对澳大利亚至关重要。[①]

2020 年 7 月 1 日，澳大利亚发布《2020 年国防战略更新》（简称《更新 2020》）和《2020 年军力架构规划》，标志着澳大利亚对本国国防战略做出重大调整，即以“周边”为核心的安全观正式形成。在《更新 2020》中“澳大利亚的国防政策”部分，澳大利亚从地缘政治角度首次定义了自己的“周边”（Australia's Immediate Region），宣称国防规划将聚焦周边地区：从印度洋的东北部，经过东南亚的海洋和大陆区域，到巴布亚新几内亚和西南太平洋，提出“周边地区是澳大利亚最直接的战略利益区，和该地区各国的防务关系是澳大利亚安全规划的重要组成部分，包括与东盟成员国、巴布亚新几内亚、东帝汶和太平洋岛国的防务关系”。[②]

较之于《国防白皮书（2016 年）》，《更新 2020》将“周边”地区不加区分地视为澳大利亚的“直接战略利益区”，并在界定“周边”的基础上提出了三大战略目标：塑造澳大利亚的战略环境、阻止危害澳大利亚的行动、用可信的军事力量做出回应。如果说《国防白皮书（2016 年）》倾向于防御与合作的战略目标，[③]《更新 2020》则更加强调主动性、威胁性和对抗性。

为了实现雄心勃勃的战略目标，澳大利亚计划未来 10 年向国防部门（包括澳大利亚信号局）提供 5750 亿澳元的资金，包括大约 2700 亿澳元的国防能力投资。国防能力投资将重点发展 5 个领域，即信息与网

---

① Australia Government Department of Defence, *Australian Defence White Paper 2016*, February 25, 2016, pp. 54-62.

② Australia Government Department of Defence, *2020 Defence Strategic Update*, July 1, 2020, p. 21.

③ 在《国防白皮书（2016 年）》中，澳大利亚设定的战略目标如下：（1）威慑、拒止并击败对澳大利亚及其国家利益以及北上通道的供给和威胁；（2）为保障东南亚航运安全并支持巴布亚新几内亚、东帝汶和太平洋岛国政府建立并加强其安全作出有效的军事贡献；（3）在基于规则的全球秩序中向保护澳大利亚利益的联盟军事行动提供军事能力。

络、海洋、空中、太空和陆地。《更新 2020》特别指出，上述国防预算与未来澳大利亚的 GDP 无关，从而避免 GDP 波动对国防预算的影响。[①] 国防预算的大幅投入和重点投入领域表明，澳大利亚正在形成以其“周边”为重点的、具有长期性和全局性的国防战略。提出“周边”概念并强调更加主动地塑造战略环境，与澳大利亚对“印太”地区安全局势的判断密切相关。在《更新 2020》出台当天，澳大利亚总理莫里森在澳大利亚国防大学发布了“重置国防战略”的长篇演讲，阐释了澳大利亚新“周边”战略的背景和意义。[②] 莫里森指出，“‘印太’地区已经成为战略竞争激化的中心，战略误判甚至冲突的风险正在加大”，“澳大利亚自柏林墙倒塌到全球金融危机爆发所处的良好安全环境已经不复存在”，“我们必须做好准备应对一个更加贫穷、更加危险、更加混乱的后新冠肺炎疫情世界”。对于中美关系，莫里森认为，“中美在政治、经济和技术领域的霸权争夺使他们的裂痕几乎无法弥补”。[③]

正是上述充满悲观的判断以及对时代特征的消极认知导致澳大利亚产生了新的“周边”安全观，而澳大利亚的“直接战略利益区”与莫里森认为必然存在的“战略冲突区”在“印太”地区重合，澳大利亚的焦虑感和危机感陡然上升，必然采取激进的国防战略予以应对。在调整自身国防战略的同时，澳大利亚积极寻求与盟友的合作，美英澳三边安全伙伴关系的建立为澳大利亚的国防战略转型注入了强劲动力，以新的伙伴关系为契机，通过加大对武器装备的投资，在美英帮助下获得核动力潜艇，澳大利亚将在塑造战略环境方面拥有更加坚实的军事基础。

---

① Australia Government Department of Defence, *2020 Defence Strategic Update*, July 1, 2020, p. 53.

② Sam Roggeveen, “Morrison’s Defence Reset,” Lowy Institute, July 1, 2020, accessed January 19, 2022, https: //www. lowyinstitute. org/the-interpreter/morrison-defence-reset.

③ Scott Morrison, “Address-Launch of the 2020 Defence Strategic Update,” Prime Minister of Australia, July 1, 2020, accessed January 19, 2022, https: //www. pm. gov. au/media/address-launch-2020-defence-strategic-update.

二、美英澳三边安全伙伴关系的建立与澳大利亚的角色分析

2021 年，加入美英澳三边安全伙伴关系是澳大利亚国防外交领域的重大事件，也是澳大利亚确立“周边”安全观后对国防战略做出的重大调整。9 月 15 日，美国、英国、澳大利亚领导人发表联合声明，宣布建立美英澳三边安全伙伴关系（Australia，UK and US Trilateral Security Partnership，AUKUS），除了老调重弹的“印太”愿景以及供应链协作和高科技共享，最引人注目的是该伙伴关系所确立的第一项实质性重大合作——美英两国帮助澳大利亚建造核动力潜艇。当前，国际社会以及学者、舆论普遍从美国“印太战略”新动向这一视角观察和理解澳英美伙伴关系的建立，一种颇具代表性的观点是，澳大利亚这种新的伙伴关系是美国“印太战略”的重要棋子，向澳大利亚转让核动力潜艇技术契合了美国利用海上优势遏制对手的需要。[①] 2021 年 3 月，英国政府发布《竞争时代的全球英国——安全、国防、发展与外交政策的整体评估》，报告认为，“印太”地区对英国的经济、安全以及维护一个开放社会的全球抱负至关重要，提出要将英国的战略重心向“印太”倾斜。[②] 美英澳三边安全伙伴关系显然是“全球英国”战略的重要组成部分。在英国首相约翰逊的讲话中，提到的对英国最直接的获益是核动力潜艇合作项目以及美英澳三边安全伙伴关系的其他合作将在英国全境创造数百个高

---

① 胡峰笙：《美英澳军事同盟与美国战略转向》，《世界知识》2021 年第 22 期。

② UK Government, *Global Britain in a Competitive Age, the Integrated Review of Security, Defence, Development and Foreign Policy*," March 16, 2021, https://www.gov.uk/government/publications/global-britain-in-a-competitive-age-the-integrated-review-of-security-defence-development-and-foreign-policy.

科技岗位。[①] 上述观点在一定程度上解释了以美国为首的澳英美三国成立新的安全伙伴关系的动机。但是，从联盟理论的视角来看，组建联盟或者伙伴关系的各方都要有自身的战略需求，美国作为全球霸权国家和西方世界的领导者，其推动“印太战略”、寻求盟友支持的动机固然重要，与此同时，澳大利亚的国防战略调整也是新的安全伙伴关系建立的必要条件。

作为美英澳三边安全伙伴关系的首个重大规划，转让核动力潜艇技术涉及国际社会极为敏感的“核”议题，美国作为该伙伴关系中的核心国家和事实上的领导者，必然承担了涉“核”议题所带来的国际责任和声誉风险，但从短期来看，新的伙伴关系在推动美国“印太战略”落地方面没有产生立竿见影的效果。英国作为一个远离“印太”地区的欧洲国家，更多发挥的是协助和协调作用，英国首相约翰逊在声明中强调了核潜艇项目以及其他合作给英国带来的就业上的帮助。[②] 三方之中只有澳大利亚获得了实实在在的“期货”——来自美英两国帮助建立 8 艘核动力潜艇的重大承诺。因此，必须考虑两个重要问题是，第一，澳大利亚在新的伙伴关系中处于何种地位，扮演怎样的角色？第二，澳大利亚冒着巨大的国际政治风险与法国解约常规动力潜艇建造合同，新的国防战略发挥了怎样的作用？

① The White House, “Remarks by President Biden, Prime Minister Morrison of Australia, and Prime Minister Johnson of the United Kingdom Announcing the Creation of AUKUS,” September 15, 2022, https://www.whitehouse.gov/briefing-room/speeches-remarks/2021/09/15/remarks-by-president-biden-prime-minister-morrison-of-australia-and-prime-minister-johnson-of-the-united-kingdom-announcing-the-creation-of-aukus/.

② The White House, “Remarks by President Biden, Prime Minister Morrison of Australia, and Prime Minister Johnson of the United Kingdom Announcing the Creation of AUKUS,” accessed January 19, 2022, https://www.whitehouse.gov/briefing-room/speeches-remarks/2021/09/15/remarks-by-president-biden-prime-minister-morrison-of-australia-and-prime-minister-johnson-of-the-united-kingdom-announcing-the-creation-of-aukus/.

（一）从“硬”同盟到“软”伙伴关系

澳英美三国领导人在声明中都没有使用“同盟/联盟”一词，截至2022年4月1日，没有签署类似《北大西洋公约》这样具有强约束力的协定，表明美英澳三边安全伙伴关系与当前美国主导的军事同盟体系有较大差异。美国现有的军事同盟体系多是在第二次世界大战之后形成并在冷战期间巩固和发展，军事同盟的主要目标是应对共同的安全威胁，有严格的同盟协议规定各方的责任和义务，如《北大西洋公约》《日美安保条约》《澳新美安全条约》等。美、澳、英三国在此之前已经在不同条约下构建了美国领导下的多个军事同盟体系，其核心是彼此在面对第三方军事威胁或进攻时提供安全支持。① 目前来看，美英澳三边安全伙伴关系与业已存在的军事同盟相比，明显低于军事同盟的门槛。从各方的表态来看，新的安全伙伴关系是一个涉及军事、经济、技术等多个维度的复合型伙伴关系。在首次的三方领导人声明中，拜登明确了该伙伴关系发展合作的四个方向：网络、人工智能、量子技术和海底领域。② 随后的白宫声明指出，三国将在2022年商讨更多除上述四项内容外的合作领域。美英澳三边安全伙伴关系在议题上的广泛性和开放性表明，新的伙伴关系将是动态发展的，将随着澳英美三国的战略需要不断演化，而不只限于军事领域，其灵活性是军事同盟所不具备的。

军事同盟作为美国依靠自身强大军事安全优势建立起来的安全架构，在自身实力相对衰落以及中美战略博弈加剧的大背景下正在面临多

---

① 刘丰：《秩序主导、内部纷争与美国联盟体系转型》，《外交评论》2021年第6期。

② The White House, "Remarks by President Biden, Prime Minister Morrison of Australia, and Prime Minister Johnson of the United Kingdom Announcing the Creation of AUKUS," accessed January 19, 2022, https://www.whitehouse.gov/briefing-room/speeches-remarks/2021/09/15/remarks-by-president-biden-prime-minister-morrison-of-australia-and-prime-minister-johnson-of-the-united-kingdom-announcing-the-creation-of-aukus/.

种挑战。由于盟友严重依赖美国的安全保障，美国会通过同盟体系向盟友强加一定的地区安全义务，在地区局势相对平静、美国无意针对某一国家的时候，美国的同盟体系既能被视为公共产品，也能对地区局势稳定发挥作用。然而，随着美国对华战略竞争加剧，特别是中国的军事实力不断提升，同盟管理中的“被抛弃”和“被连累”困境就越发凸显。[①] 特朗普执政时期的“美国优先”政策使美国盟友切身感受到“被抛弃”的可能性，而美国对华战略竞争加剧以及美国实力相对衰落使美国盟友“被连累”的风险持续加大，美国轴辐同盟体系暴露出的“行动困境”时有发生。[②] 相反，采取更加灵活的方式维持美国的领导地位、共同应对威胁更符合各方的战略偏好。目前来看，美英澳三边安全伙伴关系更强调三方在军事、技术、经济领域的合作，使各方在付出和收益的战略权衡上更容易达成共识。除了美英澳三边安全伙伴关系，还有美日印澳“四边机制”，都不再以同盟形式联结各方的利益和诉求。2022年2月，拜登政府发布美国的“印太战略”，建设灵活的伙伴关系成为实施“印太战略”的第二大手段，美国明显提升了建设新型伙伴关系的重要性。[③]

（二）澳大利亚在美英澳三边安全伙伴关系中的特殊角色

美英帮助澳大利亚建造核动力潜艇将使澳大利亚的国防能力实现质的提升。相比较而言，虽然美英也能从技术转让中获益，并向外界展示三国推动“印太战略”的决心，但很明显，澳大利亚是最早也是最明显

① 周方银：《美国的亚太同盟体系与中国的应对》，《世界经济与政治》2013年第11期。

② 陈柏岑：《美国亚太战略中的小多边问题研究》，《边界与海洋研究》2021年第5期。

③ The White House, “Fact Sheet: Indo-Pacific Strategy of the United States,” February 11, 2022, accessed February 19, 2022, https://www.whitehouse.gov/briefing-room/speeches-remarks/2022/02/11/fact-sheet-indo-pacific-strategy-of-the-united-states/.

的受益方。澳大利亚充分利用了美国与中国竞争以及英国染指“印太”的战略需求，切实推动了自身国防战略的落地。那么，在新的伙伴关系中，澳大利亚究竟具有什么特殊作用，使美英两国能够做出这样的重大承诺呢？其原因可以从澳英美三方的表态寻得端倪。

在新伙伴关系宣布成立的第二天，白宫新闻秘书普萨基在回应关于新伙伴关系共享核潜艇技术的问题时，曾经这样陈述：“当然，我把这个问题留给澳大利亚来描述他们为什么需要这项技术，以及他们为什么从美国获取这项技术。”① 这表明，美英向澳大利亚共享核潜艇技术是应澳大利亚的要求做出的，因此需要澳大利亚回应这个问题。由于核潜艇技术转让涉及核材料转让并可能影响《不扩散核武器条约》（NPT）的执行，在中国与俄罗斯的动议下，2021 年 11 月 26 日，国际原子能机构理事会 11 月新设议题，首次专门讨论了“美英澳核潜艇合作所涉核材料转让及其保障监督等影响《不扩散核武器条约》各方面的问题”。中方在此次讨论中，提出数十个问题。然而，美国和英国作为核潜艇技术转让方，也是最了解核潜艇涉核技术的两个国家，没有回答任何问题和参与任何讨论，反而由澳大利亚代表三个国家进行回应。② 显然，对于根本不掌握核动力潜艇技术的澳大利亚而言，无法给出有理有据的回答，只能避重就轻。事实表明，澳大利亚承担了其本不应承担的回应国际社会涉核疑问的职责，一种可能的解释是，澳大利亚是核动力潜艇技术转让项目的发起者，所以美英两国认为，回应国际社会关切的任务应该交给澳大利亚。

---

① The White House, “Press Briefing by Press Secretary Jen Psaki,” accessed January 19, 2022, https: //www. whitehouse. gov/briefing-room/press-briefings/2021/09/16/press-briefing-by-press-secretary-jen-psaki-september-16-2021/.

② 《中俄同声质问美英澳潜艇合作，澳方发言被批“不知所云”》，参考消息网，2021 年 11 月 29 日，https: //www. cankaoxiaoxi. com/china/20211129/2461262. shtml，访问日期：2022 年 1 月 10 日。

澳大利亚拥有核动力潜艇的主观能动性还体现在其撕毁与法国已经签署的常规动力潜艇建造协议之事。澳大利亚不惜终结5年投入巨额资金的潜艇合同，不仅面临巨大的商业赔偿，还冒着与法国双边关系破裂、盟友内讧的外交风险。2022年2月，法国将澳大利亚从“印太”地区关键伙伴名单中删除。①

然而，作为美英澳三边安全伙伴关系下的首个合作项目，其现实意义和象征意义都非常巨大。2021年11月22日，美英澳签署了新伙伴关系建立后的第一个协议——《海军核动力信息交换协议》，并设定了在18个月内完成项目前期准备的时间表。② 这表明，美英澳已经着手核动力潜艇技术转让的法律工作，英国和美国将首次与第三国交流敏感和机密的海军核动力信息，这一举动彰显了美英澳建设新伙伴关系的决心。

三、澳大利亚“周边”安全观对中澳关系的影响

近年来，澳大利亚的对华负面认知不断强化。澳大利亚认为，中国的崛起对美国主导的国际秩序构成挑战，也对澳大利亚形成实质性威胁。因此，澳大利亚不断在政治、经济、军事、外交、舆论等多领域发起系统性反华攻势，随着澳大利亚“周边”安全观的形成，其国防战略蕴含的对抗性色彩日益浓厚。澳大利亚对“中国威胁”的回应与其新国

---

① Ania Nussbaum, “France Drops Australia from List of Key Indo-Pacific Partners,” Bloomberg, February 23, 2022, accessed February 25, 2022, https://www.bloomberg.com/news/articles/2022-02-22/france-drops-australia-from-list-of-key-indo-pacific-partners.

② Australia Government Department of Defence, “Australia signs exchange of naval nuclear propulsion information sharing agreement,” accessed January 19, 2022, https://www.minister.defence.gov.au/minister/peter-dutton/media-releases/australia-signs-exchange-naval-nuclear-propulsion-information#:~:text=The%20signing%20of%20the%20Exchange%20of%20Naval%20Nuclear, in%20Australia's%20pursuit%20of%20conventionally%20armed%2C%20nuclear-powered%20submarines.

防战略的实施将使中澳关系发展面临更为严峻的挑战。

（一）中澳经济关系持续紧张

进入21世纪，中澳关系总体上经历了较长时期的良好发展，双边贸易额屡创新高，高层交往频繁，签订《中澳自由贸易协定》，澳大利亚申请加入中国主导的亚洲基础设施投资银行，等等。这一方面得益于中澳没有历史包袱，不存在领土争端；另一方面，中澳产业结构高度互补，实现互利共赢有着较好的经济基础。然而，随着澳大利亚对华认知负面性的加强，澳大利亚将经济问题与安全问题挂钩，导致中澳经济关系遭受严重波折。

澳大利亚针对中国采取的经济安全化政策是中澳关系持续恶化的根本原因。澳大利亚最早的经济安全化政策出现在电信领域。澳大利亚一直认为，中国是世界上发动网络攻击最频繁的国家之一，以华为、中兴为代表的中国企业在5G时代拥有世界领先的网络技术，如果不阻止其进入澳大利亚市场，将是本土网络安全的巨大隐患。因此，澳大利亚先于美国对中国的电信企业进行打压，此后中澳关系进入了恶性循环阶段。

自2015年《中澳自由贸易协定》生效以来，中国对澳直接投资迅速增加，由于并购行业多集中在基础设施、能源矿产等领域，澳认为中国企业正在有目的地操控澳大利亚的经济基础，对澳大利亚的国计民生造成威胁。2017—2021年，澳大利亚接连颁布法律文件限制中国投资，阻挠中国企业在澳大利亚的并购和商业合作。2020年中国对澳直接投资下降61%至7.83亿美元，2016年达到最高点以来连续4年下降。[①] 不仅

① James Giggacher, “Chinese Investment in Australia Plunges to Record Low,” ANU, March 1, 2021, accessed January 19, 2022, https://www.anu.edu.au/news/all-news/chinese-investment-in-australia-plunges-to-record-low.

如此，澳大利亚还动用情报机关骚扰澳大利亚亲华议员以及中国在澳媒体记者，导致澳大利亚国内的亲华人士风声鹤唳，中澳双边关系每况愈下。

新冠肺炎疫情暴发以来，随着检验检疫标准的提高以及疫情防控需要，中澳贸易摩擦频繁，澳大利亚将双边贸易摩擦视为中国对澳大利亚的“经济胁迫”。《更新 2020》在描述澳大利亚战略环境的改变时，认为“灰色地带活动”正在被纳入对外政策，不断挑战主权和合作方式。所谓“灰色地带活动”，一个突出特点是使用贸易和经济方面的强制手段，[①] 该判断主要针对的就是中国，中澳贸易摩擦被视为是改变澳大利亚战略环境的重要因素。2021 年 4 月 21 日，澳大利亚联邦政府根据新修订的《外国关系法案》，取消维多利亚州与中国政府签署的“一带一路”备忘录和框架协议，成为全球第一个撕毁“一带一路”合作协议的国家。2021 年 5 月 6 日，作为反制，中国发改委公开发表声明，“无限期暂停国家发展改革委与澳联邦政府相关部门共同牵头的中澳战略经济对话机制下一切活动”。[②]

中国是澳大利亚最大的贸易伙伴，对华出口贸易是澳大利亚经济的重要组成部分，为了保障经济安全以及不受中国贸易政策的影响，澳大利亚新的国防战略强调了更持久的供应链和更强的自主工业能力。从 2020 年开始，澳大利亚加快了与欧盟、英国的自贸区谈判以及与印度的全面经济合作协定谈判，2021 年 6 月 15 日，澳大利亚与英国达成自由贸易协定；2022 年 4 月 2 日，澳大利亚与印度达成自由贸易协定，澳大利亚试图通过出口多元化减轻对中国的出口依赖。然而，中澳双方经济

① Australia Government Department of Defence, *2020 Defence Strategic Update*, July 1, 2020, p. 12.

② 中华人民共和国发展与改革委员会：《国家发展改革委关于无限期暂停中澳战略经济对话机制下一切活动的声明》，2021 年 5 月 6 日，https://www.ndrc.gov.cn/xwdt/xwfb/202105/t20210506_1279171.html?code=&state=123，访问日期：2022 年 1 月 19 日。

结构的特点决定了中国对来自澳大利亚的能矿产品同样存在依赖，换言之，中国因为地缘政治冲突而引发的供应链风险并不比澳大利亚低。甚至有极端观点认为，澳大利亚可以在中澳关系崩溃之时动用“经济核弹”的政策选项，在关键时刻断供中国急需的能矿产品，对中国经济进行“核打击”。①

当前，中澳都在进行一场供应链多元化的竞争，哪一方能够率先减少对对方的经济依赖，在对外关系中就将处于主动。在美英澳三边安全伙伴关系中，提高供应链安全成为澳英美三方的共同目标，其目的就是降低对中国经济的依赖。对中国而言，需要尽快拓展铁矿石、天然气等能矿产品的进口渠道，只有率先实现能矿产品的进口多元化，才能保障能源安全不受威胁，在中澳经济竞争中争取优势。

（二）中澳安全关系日趋复杂

新冠肺炎疫情暴发以来，澳大利亚屡次在涉疆、涉藏、涉港、台湾问题以及新冠肺炎溯源问题上发表不当言论，干涉中国内政，中澳关系急剧恶化。随着澳大利亚“周边”安全观的确立以及新国防战略的出台，特别是美英澳三边安全伙伴关系赋予澳大利亚更加激进的安全角色，中澳安全关系将面临更多不确定因素。

首先，中国的“周边”与澳大利亚的“周边”在高风险地区重合。澳大利亚将从印度洋的东北部，经过东南亚的海洋和大陆区域，到巴布亚新几内亚和西南太平洋的周边地区视为澳大利亚最直接的战略利益区，完全覆盖了中国南部周边国家与中国与东南亚国家存在领土领海争

① David Fickling, “Australia has a nuclear option in its China diplomacy,” September 12, 2020, accessed January 19, 2022, https://thefrontierpost.com/australia-has-a-nuclear-option-in-its-china-diplomacy/#:~:text=Australia%20has%20a%20nuclear%20option%20in%20its%20China, allegations%2C%20to%20an%20investigation%20of%20Australia’s%20wine%20exports.

端的地区部分重合。澳大利亚进行巨额国防投资准备购入的武器装备以及在美英的支持下建造核动力潜艇，都是为了“具备更强大的、能在更远的距离将敌军和基础设施置于危险之中的能力”,[①] 确保将军事投射范围涵盖其战略利益区。而在该地区中，存在诸多引发冲突的不稳定因素，比如南海岛礁争端等。近年来，澳大利亚打着维护地区航行与飞越自由的旗号，对南海事务的介入日益加强，要求中国遵守南海仲裁案“裁决”，派遣军舰到南海搞“航行自由”，参加“马拉巴尔”军事演习等，新国防战略带来的军事能力越级提升使澳大利亚进一步具备干预该敏感地区的实力基础。

澳大利亚拥有核动力潜艇项目将破坏亚太地区乃至全球的战略平衡，损害中国的安全环境。中国国务委员兼外交部长王毅在陈述美英澳核潜艇合作给本地区带来五重危害时指出，“核潜艇是战略安全力量，具备运载核武器的能力。澳大利亚此举将打破区域战略平衡，使其签署《南太平洋无核区条约》时所做的承诺变成一纸空文，对地区国家构成现实威胁，不排除导致其他国家效仿行事，开展新一轮军备竞赛，甚至跨越核门槛”。[②] 澳大利亚成为全球首个拥有核潜艇的无核国家所带来的示范效应极其危险。在澳大利亚建造核潜艇必然涉及核技术的转让和核材料的转移，当前，全球只有六个国家拥有核潜艇，美英两国的做法一旦被其他拥核国家效仿，必然引发世界范围内的军备竞赛，不仅全球面临安全领域的战略失衡，核扩散的风险将呈指数级上升。

---

① Australia Government Department of Defence, *2020 Defence Strategic Update*, July 1, 2020, p. 33.

② 王毅：《美英澳核潜艇合作给本地区带来五重危害》，中华人民共和国外交部，2021 年 9 月 25 日，https://www.fmprc.gov.cn/web/gjhdq_676201/gj_676203/yz_676205/1206_676716/xgxw_676722/202109/t20210929_9585746.shtml，访问日期：2022 年 1 月 19 日。

四、结语

澳大利亚总理莫里森提出，《2020年国防战略更新》和《2020年军力架构规划》将引领澳大利亚走过20世纪30年代至40年代初期（二战）以来最为艰难的时期。[①] 这一极为夸张的陈述和对安全威胁的渲染表明，澳大利亚对周边地区局势的担心已经超越冷战时期，达到了二战以来的最高水平。增强军事实力，积极塑造周边战略环境则是澳大利亚的应对之策。

从目前来看，澳大利亚通过直接建造方式拥有核潜艇在短期内尚无法实现。澳大利亚将核潜艇建造与国防工业发展联系在一起，计划使用美英最新技术建造新一代核潜艇，加上美英澳在建造潜艇的基础设施、涉核技术的转移和法律法规问题、核燃料的存储、运输和使用等诸多方面仍需要仔细规划和详细准备，建造核潜艇花费的时间可能更久。参考美国“弗吉尼亚”级核潜艇和英国“机敏”级核潜艇的建造过程，澳大利亚本土建造的核潜艇正式服役的时间最早估计在2040年前后。[②]

但是，澳大利亚对周边环境的极端焦虑促使其迅速采取行动。美英澳三边安全伙伴关系建立之后，澳大利亚一方面以《2020年军力架构规划》为指针，提高国防预算，加快对远程打击武器的采购和建造；另一方面，积极与美英商讨如何通过其他方式尽快部署核潜艇。与此同时，

① Scott Morrison, “Address-Launch of the 2020 Defence Strategic Update,” Prime Minister of Australia, July 1, 2020, accessed January 19, 2022, https://www.pm.gov.au/media/address-launch-2020-defence-strategic-update.

② Frank N. von Hippel, “The Australia-UK-U.S. Submarine Deal, Mitigating Proliferation Concerns,” *Arms Control Today* 51, no. 9(November 2021): 10-14.

澳大利亚还不断加强与中国周边国家的安全协作，在中国的周边地区制造紧张气氛。当前，中澳之间的高层对话处于暂停状态，双方在安全领域的关切无法得到及时的讨论和解决。在中美战略博弈加剧的大背景下，澳大利亚被赋予更加前沿的重要角色。2022 年 3 月 29 日，澳大利亚公布了 2022—2023 年财政预算，其中大幅增加了国防领域的开支，部署核潜艇和其他远程打击武器的进度将大大提前，澳大利亚作为重要的安全增量给中国带来的安全压力愈加明显。随着 2022 年澳大利亚大选的临近，中国议题再次成为党争焦点。2022 年 1 月 25 日，澳大利亚反对党工党领袖安东尼·阿尔巴尼斯（Anthony Albanese）在演讲中表示，无论谁赢得大选，处理澳大利亚与中国的关系都将非常困难，“我不认为大选能够改变中澳关系”。[①] 2022 年是中澳建交 50 周年，50 年前工党领袖惠特拉姆力排众议与中国建立外交关系，回望历史，工党执政时期多数情况下是中澳关系良好发展的时期。澳大利亚大选或将为中澳关系开启一扇新的大门。

① Bryant Hevesi, “Opposition Leader Anthony Albanese addresses the National Press Club, says nation must learn lessons from the pandemic,” *SkyNews*, January 25, 2022, accessed February 19, 2022, https://www.skynews.com.au/australia-news/watch-live-opposition-leader-anthony-albanese-addresses-the-national-press-club/news-story/0bad4d2a62b23ff6a36bab9ba883c6a5.

附　录

2021年中国周边安全大事记

梁 鸿*

1月

6日 在美国国会会议期间，部分支持特朗普的示威者冲进国会大厦，与警方发生冲突。暴力事件造成4人死亡，至少14名警察受伤，52名示威者被逮捕。

7日 美国国会联席会议确认，民主党人拜登当选美国第46任总统。

10日 吉尔吉斯斯坦举行总统选举，并就国家政体进行全民公投。

11—16日 国务委员兼外长王毅对缅甸、印度尼西亚、文莱和菲律宾进行正式访问。

12日 美国总统国家安全事务助理奥布莱恩宣布，提前30年解密《美国在印太地区的战略框架》绝密文件，该文件于2018年2月获总统特朗普批准，为美国过去三年的行动提供了总体战略指导。该战略旨在

* 梁鸿，军事科学院战略评估咨询中心助理研究员。

确保美国持续压制中国，在经贸、军事、科技及价值观等所有领域占据主导地位，包括在第一岛链围堵中国、加速印度崛起、强化对华情报工作等。

朝鲜劳动党第八次代表大会在平壤闭幕。这次为期八天的大会全面总结了朝鲜劳动党第七届中央委员会工作，提出了新五年计划发展目标以及一系列内政外交重要任务，被朝中社称为“争取朝鲜式社会主义事业全面发展的具有分水岭意义的政治事件”。

13 日　美国国会众议院表决通过针对总统特朗普的弹劾条款，指控他“煽动叛乱”。特朗普成为美国历史上首位两度遭到弹劾的总统。

14 日　韩国大法院（最高法院）对前总统朴槿惠“亲信干政”案和收受国家情报院“特殊活动费”案做出终审判决，判处朴槿惠 20 年有期徒刑。

20 日　拜登宣誓就任美国第 46 任总统。就任首日，拜登签署十多项行政命令，包括停止退出世界卫生组织和气候变化《巴黎协定》，部分推翻前任总统特朗普所做决定。

23—29 日　美海军“罗斯福”号航母打击群进入南海海域进行部署。

24 日　中印两军在莫尔多/楚舒勒会晤点中方一侧举行第九轮军长级会谈。据国防部网站发布的联合新闻稿，双方就中印边界西段实控线地区脱离接触问题坦诚深入交换了意见。

26 日　国家主席习近平分别同韩国总统文在寅、白俄罗斯总统卢卡申科通电话。

美国国会参议院投票批准前常务副国务卿安东尼·布林肯出任国务卿。

俄罗斯总统普京和美国总统拜登首次通电话。双方讨论了双边关系及全球热点问题，并就延长《新削减战略武器条约》达成一致。

28日 日本首相菅义伟与美国总统拜登举行电话会谈，双方就加强合作以进一步强化日美同盟关系达成共识。这是拜登就任美国总统后日美两国首脑首次电话会谈。

2月

1日 中国政府首批对外援助新冠疫苗在巴基斯坦首都伊斯兰堡附近的努尔汗空军基地正式移交巴基斯坦。巴基斯坦是中国政府对外提供新冠疫苗援助的首个国家。

缅甸总统温敏、国务资政昂山素季被军方扣押，军方认为2020年的大选存在舞弊行为。缅甸军方随后宣布开始实施为期一年的紧急状态，国家权力被移交给国防军总司令敏昂莱。紧急状态结束后，缅甸将会重新举行大选。当晚，缅甸军方宣布对现政府进行大规模改组。

2日 美国国防部宣布将“尼米兹”号航母战斗群从中东调往“印太”地区，形成三艘航母同时聚集“印太”地区，而中东地区无航母的局面。

3日 美国国务卿布林肯发布声明说，美国与俄罗斯同意延长《新削减战略武器条约》五年时间，有效期至2026年2月5日，条约内容保持不变。美俄《中导条约》2019年失效后，这一条约成为两国间唯一军控条约。

4日 美海军“麦凯恩”号导弹驱逐舰穿航台湾海峡。

俄罗斯外交部长拉夫罗夫与美国国务卿布林肯举行首次电话交谈。

5日 美海军“麦凯恩”号导弹驱逐舰在南海西沙群岛海域开展“航行自由行动”。

6日 中共中央政治局委员、中央外事工作委员会办公室主任杨洁篪应约同美国国务卿布林肯通电话。

8 日 中共中央总书记、国家主席习近平同越南共产党中央总书记、国家主席阮富仲通电话。

8—21 日 美印两国陆军在印度拉贾斯坦邦的马哈扬野外射击靶场举行代号为“准备战争”的联合军事演习。这是拜登上任后双方首次进行军事合作。

9 日 美国海军“罗斯福”号和“尼米兹”号航母打击群在南海开展联合演练，这是 2020 年 7 月以来美国在该地区的第一次双航母联合演练。

10 日 美国总统拜登宣布，在五角大楼成立制定对中国战略工作小组。

11 日 国家主席习近平同美国总统拜登通电话。

13 日 美国国会参议院就指控前总统特朗普“煽动叛乱”的弹劾条款进行投票。由于赞成票未达到三分之二多数，特朗普未被定罪，弹劾案审理至此结束。

16 日 国务委员兼外长王毅同韩国新任外长郑义溶通电话。

17 日 美海军“拉塞尔”号导弹驱逐舰在南海南沙群岛海域开展“航行自由行动”。

日本政府宣布与美国政府就驻日美军经费问题达成协议，2021 财年暂时将现行特别协定延长一年，日方负担 2017 亿日元（约合 19 亿美元）。

17—18 日 北约 30 个成员国的国防部长举行了美国总统拜登上任以来的首次最高级别会议。

18 日 美日澳印四国外长举行视频会议。这是美国总统拜登上任以来“四边机制”举行的首次对话。

19 日 国务委员兼外长王毅应约同印尼外长蕾特诺通电话，双方重点就缅甸局势交换意见，协调立场。

七国集团领导人举行视频会议，重点商讨新冠疫苗研发与分配、疫后经济振兴等议题。当天的视频会议是七国集团领导人自 2020 年 4 月以来的首次“聚会”，也是拜登就任美国总统后参加的首个主要多边会议。

慕尼黑安全会议（慕安会）线上特别会议召开。美国总统拜登在会上重申，美国回归国际舞台，并誓言通过共同应对新冠肺炎疫情、气候变化等挑战，重建与欧洲盟友的信任。

美国国务卿布林肯表示，美国已于当天正式重新加入《巴黎协定》。

20 日　中印两军在莫尔多/楚舒勒会晤点中方一侧举行第十轮军长级会谈。会谈共持续了 16 个多小时。据国防部网站发布的联合新闻稿，双方对前期班公湖地区一线兵力实现脱离接触给予积极评价。

21 日　日本海上保安厅与美国海岸警卫队巡逻船在东京小笠原诸岛周边举行联合演习。

22 日　国家主席习近平同吉尔吉斯斯坦总统扎帕罗夫通电话。

24 日　国务委员兼外长王毅应约分别同蒙古国新任外长巴特策策格、斯里兰卡外长古纳瓦德纳通电话。

美海军阿利伯克级驱逐舰“柯蒂斯 · 威尔伯”号通过台湾海峡。

25 日　国务委员兼外长王毅同印度外长苏杰生通电话。

3 月

1 日　国家主席习近平同塔吉克斯坦总统拉赫蒙通电话。

3 日　白宫发布《国家安全战略临时指南》。这是拜登上任后出台的第一个联邦层级战略文件，被视为拜登执政理念和施策蓝图的“纲要”。

8—18 日　韩国和美国举行 2021 年上半年联合指挥所演习。受新冠肺炎疫情影响，演习利用电脑进行模拟训练的指挥所演习形式进行，不进行野外机动训练。

10 日　韩国外交部宣布，韩国与美国签署第 11 份驻韩美军《防卫费分担特别协定》。2021 年韩国承担的防卫费金额为 1.1833 万亿韩元（约合 10.4 亿美元），同比增加 13.9%，有效期为 2020 年至 2025 年。

12 日　美日印澳四国领导人举行视频会议，讨论应对新冠肺炎疫情和安全合作等问题。此次会议是“四边机制”首次举行首脑线上会晤。

16 日　美国国务卿布林肯和国防部长奥斯汀在东京与日本外务大臣茂木敏充、防卫大臣岸信夫举行“2+2”会谈。本次会谈是自 2013 年以来时隔七年半再度在日本举行。

18 日　韩国外交部长官郑义溶和国防部长官徐旭在首尔与到访的美国国务卿布林肯和国防部长奥斯汀举行“2+2”会谈。

阿富汗问题多方会谈在俄罗斯莫斯科举行，阿富汗、俄罗斯、美国、中国、巴基斯坦和阿富汗塔利班的代表参加会谈。

18—19 日　中共中央政治局委员、中央外事工作委员会办公室主任杨洁篪，国务委员兼外长王毅在安克雷奇同美国国务卿布林肯、总统国家安全事务助理沙利文举行中美高层战略对话。双方围绕各自内外政策、中美关系以及共同关心的重大国际地区问题进行了坦诚、深入、长时间、建设性的沟通。

19 日　朝鲜外务省发表声明说，因马来西亚日前决定将一名朝鲜公民强行引渡到美国，朝鲜决定中断与马来西亚的外交关系。

20 日　印度国防部长辛格与来访的美国国防部长奥斯汀举行会谈。双方就军事合作、情报共享、后勤支持等举行了“全面而富有成果的讨论”。

21 日　美国国防部长奥斯汀突访阿富汗，并与阿富汗总统加尼举行会谈。这是奥斯汀今年 1 月就任美防长以来首次访阿。

22 日　国务委员兼外长王毅应约同巴基斯坦外长库雷希通电话。

22—23 日　俄罗斯外交部长拉夫罗夫对中国进行访问。

26 日 俄罗斯海军总司令叶夫梅诺夫说，俄三艘核动力潜艇在北冰洋完成同时破冰出水任务，这在俄海军历史上尚属首次。

28—29 日 印度和美国东印度洋举行海上联合军演（PASSEX）。印度空军首次参加。

30 日 国务委员兼外长王毅以视频致辞方式出席阿富汗问题伊斯坦布尔进程第九次外长会。

31 日 澳大利亚总理莫里森宣布，澳政府将投入 10 亿澳元（约合 7.6 亿美元）创建一家制导武器企业，以确保该国主权防御能力，并增加就业岗位。

31 日至 4 月 2 日 新加坡外长维文、马来西亚外长希沙慕丁、印度尼西亚外长蕾特诺、菲律宾外长洛钦对中国进行访问。

4 月

2 日 美国总统国家安全事务助理沙利文与到访的日本国家安全保障局局长北村滋和韩国国家安保室长徐薰举行会晤，讨论美国对朝鲜政策评估及其他问题。

2—3 日 韩国外交部长官郑义溶对中国进行访问。

5 日 越南第十四届国会第十一次会议选举政府总理阮春福为新一任国家主席。会议还选举范明政为新一任政府总理。

5—7 日 美日印澳“四边机制”国家海上联合演习在孟加拉湾举行。两艘法国军舰首次参加。

7 日 俄罗斯外交部长拉夫罗夫访问巴基斯坦。

8—12 日 美国海军“马金岛”号两栖戒备群进入南海活动，并与“罗斯福”号航母战斗群进行了演练。

9 日 中印两军在莫尔多/楚舒勒会晤点印方一侧举行第十一轮军长

级会谈。西部战区新闻发言人龙绍华称，双方就相互关心的问题交换了意见，并将继续通过军事外交渠道保持沟通。

12 日 美国与菲律宾开始举行为期两周的“肩并肩”年度联合军演。

13 日 俄罗斯总统普京应约同美国总统拜登通电话，双方讨论了俄美关系发展和一些国际热点问题。

14 日 美国总统拜登宣布，驻阿富汗美军将于 5 月 1 日开始有序撤离，9 月 11 日前撤出，以结束美国历史上最长的战争。

北约成员国外交部长和国防部长举行线上会议，决定从 5 月 1 日起“几个月内”从阿富汗撤出全部约 1 万人的部队。

15 日 澳大利亚总理莫里森宣布，驻阿富汗澳军将于今年 9 月撤出。

美国国务卿布林肯突访阿富汗，并与阿富汗总统加尼举行会谈。

16 日 美国总统拜登在白宫与到访的日本首相菅义伟举行会晤，双方强调了美日同盟的重要性，重点讨论了印度—太平洋地区的区域安全。菅义伟是拜登就任总统之后，邀请访问白宫的第一位外国政府首脑。

20 日 博鳌亚洲论坛 2021 年年会开幕式在海南博鳌举行，国家主席习近平以视频方式发表题为《同舟共济克时艰，命运与共创未来》的主旨演讲。

21 日 日本首相菅义伟以“内阁总理大臣”的名义，向靖国神社供奉“真榊”祭品。

俄罗斯总统普京发表国情咨文。在阐述外交和安全政策时，普京警告如在对俄关系中跨越俄罗斯的“红线”，俄方将采取迅速而坚决的回应措施。

24 日 东盟就缅甸问题举行特别峰会并达成“五点共识”：各方停

止暴力并保持克制，在各方之间进行建设性对话，由东盟主席国文莱特使在东盟秘书长协助下促进对话，开展人道主义援助、派特使与代表团访问缅甸。

29日　国家主席习近平同乌兹别克斯坦总统米尔济约耶夫通电话。

5月

5日　吉尔吉斯斯坦总统扎帕罗夫在首都比什凯克签署新宪法，吉国家政体将由议会制过渡到总统制。

6日　国家主席习近平同土库曼斯坦总统别尔德穆哈梅多夫通电话。

8日　欧盟成员国领导人与印度总理莫迪举行视频会议，双方同意恢复自2013年起搁置的自由贸易协定谈判。

11—17日　日本陆上自卫队、美国海军陆战队以及法国陆军在日本九州举行联合陆上军事演习。演习的主要内容为离岛登陆和巷战。这是三国首次在日本境内举行联合陆上军演。与此同时，日本海上自卫队首次在东海海域与美国、澳大利亚、法国联合开展旨在提高离岛防卫能力的“ARC21”两栖作战演习。

12日　国务委员兼外长王毅在陕西西安主持“中国+中亚五国”外长第二次会晤。

14日　美国海军表示，两架MQ-4C“人鱼海神”无人机已经临时从关岛转移到日本北部的三泽空军基地，这是该款高空长航时无人机首次进驻日本。

15日　国务委员兼外长王毅同巴基斯坦外长库雷希通电话。

17日　国务委员兼外长王毅应约同阿富汗总统国家安全顾问穆希卜通电话。王毅当天还同阿富汗外长阿特马尔通电话。

俄罗斯总统普京签署命令，要求俄有关部门与塔吉克斯坦方面签署建立联合区域防空系统的无限期协议。据此，俄塔联合区域防空系统的部队协同与领导工作将主要由俄空天军和中央军区负责。

19日 美国国务卿布林肯和俄罗斯外长拉夫罗夫在冰岛出席第12届北极理事会部长级会议期间举行单独会晤。

20日 美海军“威尔伯”号导弹驱逐舰在南海西沙群岛海域开展“航行自由行动”。

第12届北极理事会部长级会议在冰岛首都雷克雅未克闭幕，会议通过了雷克雅未克共同宣言，并发布了北极理事会历史上首份长达10年期的战略发展计划。

21日 美国总统拜登在白宫与到访的韩国总统文在寅举行会晤。文在寅是拜登上台后线下会晤的第二位外国领导人。

22日 日本陆上自卫队在静冈县东富士演习场举行该国最大规模实弹射击演习“富士综合火力演习”。

24日 国家主席习近平同越南国家主席阮春福通电话。

25日 俄罗斯总统普京在索契同正在莫斯科出席中俄第十六轮战略安全磋商的中共中央政治局委员、中央外事工作委员会办公室主任杨洁篪通电话。

26日 国家主席习近平同尼泊尔总统班达里通电话。

6月

2日 国家主席习近平同哈萨克斯坦总统托卡耶夫通电话。

中共中央政治局委员、国务院副总理、中美全面经济对话中方牵头人刘鹤与美财政部长耶伦举行视频通话。

3日 国务委员兼外长王毅主持第四次中国—阿富汗—巴基斯坦三方外长对话，阿富汗外长阿特马尔、巴基斯坦外长库雷希通过视频方式出席。三国外长重点围绕阿富汗和平和解进程、三方务实合作和反恐安全合作等议题深入交换意见。

7日　纪念中国—东盟建立对话关系30周年特别外长会在重庆举行。国务委员兼外长王毅和中国—东盟关系协调国菲律宾外长洛钦共同主持，东盟其他成员国外长和东盟秘书长出席。

6—11日　美国海军“威尔伯”号导弹驱逐舰和澳大利亚皇家海军的“巴拉腊特”号护卫舰在南海举行联合军事演习。

8日　美国国会参议院就今年1月发生的国会山骚乱事件发布调查报告，认为多个联邦机构严重误判且未充分分享所截获的相关情报，是导致骚乱事件发生的重要原因。

9日　俄罗斯政府颁布法令，决定不再履行《俄美政府关于“开放陆地”的谅解备忘录》。这意味着部分美国驻俄外交官在离开驻地超过25英里（约合40公里）时应向俄外交部报备。

11日　中共中央政治局委员、中央外事工作委员会办公室主任杨洁篪应约同美国国务卿布林肯通电话。

蒙古国国家大呼拉尔（议会）在乌兰巴托国家宫举行全体会议，批准呼日勒苏赫为蒙古国新一任总统。

日本有关修宪手续的《国民投票法》修正案在参议院全体会议上以自民党和立宪民主党等多数议员赞成获得通过，正式成为法律。

俄罗斯总统普京在接受美国媒体采访时表示，俄罗斯与美国关系正处于近年来最低点。

14—18日　美海军“里根”号航母战斗群进入南海展开“例行巡逻”，并执行海上军事安全行动，包括固定翼与旋转翼军机的飞行训练、海上打击演习和海空协同战术训练。

15日　韩国军方开始举行今年首次“东海（即日本海）领土守护演习”。因为疫情，演习方式将以海上、非接触训练为主，不会进行登岛训练。该演习前身为韩国每年举行两次的“独岛（日本称‘竹岛’）防御演习”，2019年起改为现名。

日本立宪民主党等四个在野党联合向国会众议院提交对菅义伟内阁的不信任案，但不信任案遭到多数党派反对而未获通过。

16日 美国总统拜登和俄罗斯总统普京在瑞士日内瓦举行闭门会晤。双方会后发表联合声明，宣布两国将围绕军控和降低冲突风险等开展双边战略稳定对话。

21日 美国白宫公布了5500万剂新冠疫苗全球分配计划。

美国总统拜登宣布，将自2008年延续至今的涉朝鲜国家紧急状态延长一年。这意味着美国对朝鲜相应制裁也将延长。这是拜登就任美国总统后首次延长涉朝国家紧急状态。

24日至7月11日 美日两国在日本举行年度陆上军演“东方之盾”，演习兵力为3000人左右。

25日 中印双方以视频方式召开中印边境事务磋商和协调工作机制第22次会议。

美国总统拜登在白宫与到访的阿富汗总统加尼、阿富汗民族和解高级委员会主席阿卜杜拉举行会晤，讨论双边关系和阿富汗局势。

28日 国家主席习近平在北京同俄罗斯总统普京举行视频会晤。两国元首宣布发表联合声明，正式决定《中俄睦邻友好合作条约》延期。

29日 国务委员兼外长王毅在北京以视频方式出席二十国集团外长会。

德国联邦国防军已将所有部队撤离阿富汗，结束近20年的在阿驻军任务。撤离以前，驻阿德军规模约为1000人。德国在阿富汗驻军累计15万人次。

7月

7日　伊朗外交部发表声明说，阿富汗政府与塔利班代表当天在伊朗首都德黑兰举行对话会。

印度总理莫迪对内阁进行大规模改组。此次改组是在莫迪政府因应对新冠肺炎疫情不力而广受批评的背景下进行的，是莫迪自2014年上台以来规模最大的一次内阁改组，也是他2019年开始第二个任期后的首次改组。

9日　阿富汗塔利班一名高级别成员在俄罗斯首都莫斯科称，塔利班已经控制超过八成阿富汗领土，同时正在与阿富汗政府谈判。

俄罗斯总统普京与美国总统拜登通电话，讨论打击网络犯罪等问题。

11日　澳大利亚国防部长达顿证实，最后一批澳大利亚军人已经撤离阿富汗。

12日　美海军“本福德”号导弹驱逐舰在南海西沙群岛海域开展“航行自由行动”。

12—16日　国务委员兼外长王毅对土库曼斯坦、塔吉克斯坦、乌兹别克斯坦进行访问并出席上海合作组织成员国外长理事会会议、“上合组织—阿富汗联络组”外长会议、“中亚和南亚：地区互联互通的挑战和机遇”高级别国际会议。

14—31日　澳美举行“护身军刀”联合军事演习。包括日本、加拿大、韩国、新西兰和英国在内投入兵力超过1.7万。“护身军刀”演习是由澳大利亚国防军承担的两年一度规模最大的联盟军事演习。

16日　国家主席习近平分别同阿富汗总统加尼、蒙古国总统呼日勒苏赫通电话。

亚太经合组织（APEC）领导人非正式会议以视频方式举行，讨论新冠肺炎疫情造成的卫生、经济危机及应对措施。

17 日　阿富汗民族和解高级委员会主席阿卜杜拉、塔利班驻多哈政治办事处主任巴拉达尔分别率阿富汗政府与塔利班代表团，在卡塔尔首都多哈举行新一轮和平谈判。

19—20 日　英国国防大臣华莱士访问日本，并在联合声明中表示，英国航母打击群 9 月抵达日本后，将在亚洲永久部署两艘军舰。

20 日　俄罗斯国防部发布消息说，俄新型防空导弹系统 S-500 完成了一次实弹新试射。

越南第十五届国会第一次会议选举王庭惠为第十五届国会主席，任期五年。

23 日　美国总统拜登与阿富汗总统加尼通电话，讨论了阿富汗局势。

美国国防部长奥斯汀开启就任以来的首次东南亚之行，访问新加坡、越南和菲律宾三国。

26 日　俄罗斯总理米舒斯京到访南千岛群岛（日本称北方四岛）中的一座岛屿，触发日本政府抗议。

27 日　朝鲜和韩国同步宣布，根据北南首脑达成的协议，当天上午 10 时起重启北南之间所有通信联络热线。这是韩朝间联络线路自 2020 年 6 月 9 日因关系恶化被朝方切断后，时隔 13 个月重启。

28 日　英国皇家海军“伊丽莎白女王”号航母编队进入南海海域。

根据美俄总统达成的共识，美国和俄罗斯代表在瑞士日内瓦举行双边战略稳定对话，就军备控制和降低冲突风险等问题交换意见。

印度空军在靠近中印东部边境地区的军事基地部署了 8 架“阵风”战斗机。这些战机被正式编入驻守在靠近印度锡金邦、不丹和中国西藏地区的海西马拉空军基地 101 空军中队。这是印度第二个以“阵风”战机作为主要机型的空军中队，旨在对中国形成新的“空中威慑”。

8 月

1—14 日 印尼与美国举行有史以来规模最大的“哥鲁达盾”(Garuda Shield) 年度联合军演，共有 3000 名军人参加。

2 日 中印两军在莫尔多/楚舒勒会晤点印方一侧举行第十二轮军长级会谈。据国防部网站联合新闻稿，双方继续就推动中印边界西段实控线地区一线部队脱离接触坦诚、深入地交换意见。双方同意此轮会谈具有建设性，进一步增进了相互理解。双方同意根据双边协议协定，保持谈判对话势头，尽快解决剩余问题。

2—27 日 美国国防部举行 21 世纪“大规模全球军事演习”(LSGE 21)。参与部队来自美国、英国、澳大利亚和日本，演习在“印太”地区展开。演习内容包括野战训练、两栖登陆、空中和地面机动、空中行动和后勤保障活动等活动。演习后期，英国“伊丽莎白女王”号航母战斗群加入。

3—6 日 东亚合作系列外长会以视频方式举行。

3—16 日 美国海军举行号称 40 年以来最大规模海上军演“大规模演习—2021”(LSE 21)。参演人员约为 2.5 万人，包括多个航母打击群、两栖作战群在内的 36 艘水面作战和潜艇参演，另有 50 个单位将远程虚拟网络参演。演习在大西洋、太平洋和印度洋的多个海域横跨 17 个时区同时进行。

4 日 美国国务院宣布批准对台湾出售 40 台 155 毫米 M109A6“帕拉丁中型自行榴弹炮系统”和相关设备，估价 7.5 亿美元。这是美国总统拜登今年 1 月上任后第一次对台军售。

9 日 澳大利亚媒体发布的民意调查结果显示，总理莫里森的支持率创新冠肺炎疫情暴发以来最低纪录。

13日 阿富汗塔利班发言人在社交媒体上宣布，塔利班攻占了第二大城市坎大哈和第三大城市赫拉特。至此，阿富汗塔利班已宣布攻占了13座省会城市。

15日 日本首相菅义伟委托秘书以“自民党总裁”的名义向供奉有二战甲级战犯的靖国神社供奉了“玉串料”（祭祀费）。

阿富汗塔利班发言人说，塔利班武装人员已经进入首都喀布尔。

16日 俄罗斯外交部发表声明说，俄罗斯外交部长拉夫罗夫当天应约与美国国务卿布林肯就阿富汗局势通电话。

马来西亚总理穆希丁辞去总理职务。在执政17个月后辞职，穆希丁成为马来西亚历史上在任时间最短的总理。

16—24日 韩美两国举行2021年下半年联合指挥所演习。本次演习主要以计算机虚拟模式进行。鉴于疫情形势严峻，参演人员较3月举行的上半年演练有所减少。

17日 阿富汗塔利班发言人宣布，该组织对阿富汗政府全体工作人员及安全部队成员实施大赦。

19日 七国集团外长及欧盟高级代表举行视频会议，讨论阿富汗局势。

20日 马来西亚国家皇宫发表声明宣布，最高元首阿卜杜拉决定任命前副总理伊斯迈尔·沙必里为新总理。

美国白宫宣布，总统拜登提名前资深外交官、哈佛大学教授尼古拉斯·伯恩斯出任驻华大使，提名前总统奥巴马的白宫办公厅主任拉姆·伊曼纽尔出任驻日本大使。

22—23日 美国副总统哈里斯访问新加坡和越南。她成为拜登政府上台以来出访亚洲的最高级别美国官员，也是首位访问越南的美国副总统。

24 日　中共中央政治局委员、中央外事工作委员会办公室主任杨洁篪通过视频连线方式出席第十一次金砖国家安全事务高级代表会议。

七国集团领导人召开视频会议讨论阿富汗局势，联合国秘书长和北约秘书长出席会议。

美日英荷四国海军在冲绳南部海域举行“崇高同盟”联合演训。这是英国航母舰队首次与日本自卫队在日本近海举行演训。

25 日　国家主席习近平同俄罗斯总统普京通电话。

26—29 日　美日印澳四国在关岛海域举行“马拉巴尔—2021”联合演习，这是“四边机制”首次在西太平洋举行联合军演。

27 日　美国海军阿利伯克级导弹驱逐舰“基德号”和海岸警卫队传奇级国安巡防舰“门罗号”穿越台湾海峡。这是拜登上台后，美军舰第八次穿越台湾海峡，也是美海军和海警队舰艇首次同时通过。

29 日　国务委员兼外长王毅应约同美国国务卿布林肯通电话，就阿富汗局势及中美关系等交换意见。

美国海军“卡尔·文森”号航母抵达日本横须贺海军基地，开始在亚太地区的部署计划。这是该航母近 20 年来首次到访美第七舰队基地。

30 日　美国宣布完成从阿富汗撤军，结束在阿富汗将近 20 年的战事。

9 月

3 日　日本首相菅义伟宣布放弃追求连任自民党总裁。这意味着本月 29 日自民党选举产生的新总裁将接替菅义伟出任首相，菅义伟政府上台一年后即告结束。

7 日　国家主席习近平同塔吉克斯坦总统拉赫蒙通电话。

阿富汗塔利班发言人穆贾希德表示，塔利班决定组建临时政府，并公布了临时政府主要成员。

8日 国务委员兼外长王毅在北京以视频方式出席阿富汗邻国外长会议。会议由巴基斯坦外长主持，伊朗、塔吉克斯坦、乌兹别克斯坦外长以及土库曼斯坦副外长共同参加。外交部发言人赵立坚强调，本次外长会是阿富汗近邻国家合作应对阿局势变化的首次尝试，也标志着阿富汗邻国协调合作机制的正式成立。

美海军“本福德”号导弹驱逐舰在南海南沙群岛美济礁海域开展“航行自由行动”。

9日 国家主席习近平在北京以视频方式出席金砖国家领导人第十三次会晤。

10日 国家主席习近平应约同美国总统拜登通电话，就中美关系和双方关心的有关问题进行了坦诚、深入、广泛的战略性沟通和交流。

10—15日 国务委员兼外长王毅对越南、柬埔寨、新加坡、韩国进行正式访问，并同越南常务副总理范平明共同主持中越双边合作指导委员会第十三次会议。

12日 阿富汗塔利班临时政府代理总理哈桑·阿洪德在首都喀布尔与到访的卡塔尔副首相兼外交大臣阿勒萨尼举行会见。这是阿洪德在出任塔利班临时政府代理总理后首次公开露面。

15日 韩国总统府青瓦台宣布，韩国当天成功进行自主研发的潜射弹道导弹水中试射。韩国因此成为全球第八个成功试射潜射弹道导弹的国家。

美国、英国和澳大利亚宣布成立美英澳三边安全伙伴关系（AUKUS），根据协议，美英两国将首先帮助澳大利亚建造核动力潜艇。协议还涵盖人工智能、量子技术和网络安全等长期合作项目。

16日 国务委员兼外长王毅在杜尚别同俄罗斯外长拉夫罗夫、巴基斯坦外长库雷希、伊朗外交部长助理穆萨维举行阿富汗问题四国外长非正式会议。

集体安全条约组织（集安组织）峰会在塔吉克斯坦首都杜尚别举行，与会领导人着重就阿富汗等国际和地区问题交换意见。俄罗斯总统普京在线参会。

17日 国家主席习近平在北京以视频方式出席上海合作组织成员国元首理事会第二十一次会议、上海合作组织和集体安全条约组织成员国领导人阿富汗问题联合峰会。

21日 法国总统马克龙与印度总理莫迪通电话，双方讨论了在“印太”地区合作等问题。

24日 中共中央总书记、国家主席习近平同越南共产党中央总书记阮富仲通电话。

美日印澳四国领导人在白宫会晤。四方会后宣布将在抗疫、基建、气变、教育、科技、网络以及太空等七大领域开展合作。这是美日印澳宣布建立“四边机制”以来，四国首次举行的线下峰会。

29日 国务委员兼外长王毅应约同马来西亚外长赛夫丁通电话。

日本自民党总裁选举在东京举行，日本前外务大臣岸田文雄以明显优势胜出，成功当选自民党第27任总裁。按惯例他将接替-菅义伟出任首相。

俄罗斯总统普京与土耳其总统埃尔多安在俄南部海滨城市索契举行会谈。这是两人自2020年3月以来的首次面对面会谈。

30日 美国与俄罗斯代表在瑞士日内瓦举行双边战略稳定对话第二次会议，两国同意成立两个跨部门专家工作组。

10月

2日 美国海军“康涅狄格”号核潜艇在南海海域潜航时撞上不明

物体，导致潜艇受损、十多人受伤。

4 日　朝鲜中央通讯社发表公报说，朝鲜决定从当天上午 9 时起重启朝韩间所有通信联络线。

日本自民党新总裁岸田文雄当选日本第 100 任首相。岸田新内阁中，外务大臣茂木敏充和防卫大臣岸信夫留任，预示着日本的外交和安保政策将保持连续性。

5 日　美国政府公布数据显示，截至 2020 年 9 月底，美国拥有 3750 枚核弹头。这是美国时隔四年再度公布核弹头数量。

6 日　中共中央政治局委员、中央外事工作委员会办公室主任杨洁篪同美国总统国家安全事务助理沙利文在瑞士苏黎世举行会晤。双方就中美关系和共同关心的国际与地区问题全面、坦诚、深入交换意见。

8 日　国家主席习近平同日本首相岸田文雄通电话。

日本首相岸田文雄在日本国会发表上任以来首次施政演说，阐述未来在经济、新冠肺炎疫情以及外交和安全保障领域的执政理念，着重强调实现重视增长和分配的“新资本主义”目标。

美国海军“米格尔·基思”号远征移动基地舰抵达日本佐世保港，这是该舰服役后首次部署西太平洋。“米格尔·基思”号据称是目前全球吨位最大的常规动力舰艇。

9—10 日　阿富汗临时政府与美国政府代表在卡塔尔首都多哈举行谈判，这是自美军 8 月底撤出阿富汗以来双方首次直接谈判。美方同意向阿富汗提供人道主义援助，但并不准备承认塔利班政权。

10 日　中印两军在莫尔多/楚舒勒会谈点中方一侧举行第十三轮军长级会谈。双方在会谈后的新闻稿显示，这次会谈没有“解决剩余问题”。西部战区新闻发言人龙绍华称，印方仍坚持不合理也不切实际的要求，为谈判增加了困难。

12 日　习近平主席特别代表、国务委员兼外长王毅在北京以视频方式出席二十国集团阿富汗问题领导人特别峰会。

国务委员兼外长王毅以视频方式出席亚洲相互协作与信任措施会议第六次外长会议。

13日　吉尔吉斯斯坦以新总理扎帕罗夫为首的新一届政府宣誓就职。

14日　独立国家联合体外交部长理事会会议在白俄罗斯首都明斯克举行，与会各国代表就当前国际热点问题和深化独联体内部合作等进行了讨论。

15日　国家主席习近平同新加坡总理李显龙通电话。

16日　乌兹别克斯坦与阿富汗两国政府代表团在乌南部边境城市铁尔梅兹举行会谈，双方就边境安全、经贸关系等一系列问题进行了讨论。

17日　日本首相岸田文雄以“内阁总理大臣”的名义，向靖国神社供奉“真榊”祭品。

18—23日　集体安全条约组织（集安组织）举行反恐军演。代号为“协作”“搜索”“梯队”的三场军演同时在塔吉克斯坦与阿富汗边境地区举行，共有来自该组织成员国的4000名军人和超过500件军事装备参演。

19日　国务委员兼外长王毅同尼泊尔新任外长卡德加通电话。

朝鲜国防科学院成功试射一枚新型潜射弹道导弹。

21日　首次中国—太平洋岛国外长会以视频方式举行。国务委员兼外长王毅主持会议。

24日至11月3日　美海军“卡尔·文森”号和“里根”号航母与英国、日本、荷兰、加拿大和新西兰等国军舰在南海及其周边海域进行防空、反潜、战术和通信等多项联合演习。

25日　俄罗斯总统普京与英国首相约翰逊通电话，就双边关系和阿富汗局势等国际热点问题进行了讨论。

25—26 日 国务委员兼外长王毅访问卡塔尔。在多哈期间，王毅会见了阿富汗塔利班临时政府代表团。

26 日 国家主席习近平分别同法国总统马克龙、巴基斯坦总理伊姆兰·汗通电话。

美国与东盟举行线上峰会，美国总统拜登出席，并宣布向东盟提供 1.02 亿美元，以扩大美国与东盟的战略伙伴关系。自前总统特朗普 2017 年出席在马尼拉举行的东盟—美国峰会以来，这是美国时隔四年与东盟举行领导人级别的会晤。

受新冠肺炎疫情影响而并期举行的第 38 届和第 39 届东盟峰会在文莱首都斯里巴加湾市开幕，会议以视频方式举行。东盟峰会一般每年召开两次，分别于上半年和下半年举行。由于今年上半年东盟峰会未能举行，因此两届峰会在下半年以背靠背方式举行。

27 日 国家主席习近平同乌兹别克斯坦总统米尔济约耶夫通电话。

第二次阿富汗邻国外长会在伊朗首都德黑兰举行。本次会议由伊朗主持，伊朗、巴基斯坦、塔吉克斯坦、乌兹别克斯坦、土库曼斯坦五国外长在现场参加会议，中国和俄罗斯两国外长以视频方式出席。

29 日至 11 月 3 日 美国海军“卡尔·文森”号航母、“尚普兰湖”号巡洋舰、“米利厄斯”号驱逐舰等与日本海上自卫队“加贺”号直升机驱逐舰、“村雨”号护卫舰在南海举行了双边联合演习。

30—31 日 二十国集团领导人峰会以线上线下相结合方式在意大利首都罗马举行。会议通过《二十国集团领导人罗马峰会宣言》，重申多边主义和国际合作在应对疫情、推动实现绿色公平增长等方面发挥的重要作用。

11月

10日　日本召开特别国会，指名选举自民党总裁岸田文雄为新一任首相。

12日　亚太经济合作组织（APEC）第二十八次领导人非正式会议以视频方式举行。会议通过《2021年亚太经合组织领导人宣言》和落实2040年愿景计划。

美国国务卿布林肯宣布，卡塔尔成为美国在阿富汗的利益代理国。卡塔尔驻阿富汗大使馆内将设立一个部门，负责提供美国领事服务并监控美在阿外交设施的安全。

16日　国家主席习近平同美国总统拜登举行视频会晤，双方就事关中美关系发展的战略性、全局性、根本性问题以及共同关心的重要问题进行了充分、深入的沟通和交流。

18日　国务委员兼外长王毅同日本新任外相林芳正通电话。

俄罗斯总统普京出席俄外交部部务会扩大会议时表示，俄中两国关系达到历史最高水平。

22日　国家主席习近平在北京以视频方式出席并主持中国—东盟建立对话关系30周年纪念峰会。中国东盟正式宣布建立中国东盟全面战略伙伴关系。

澳大利亚正式与美国、英国签署了《海军核动力信息交换协议》，朝建造核动力潜艇迈出重要一步。

25—26日　由柬埔寨主办的第十三届亚欧首脑会议在线上举行，会议主题为“强化多边主义，促进共同增长”。来自53个亚欧会议成员的领导人和高级代表出席。

26日　国务委员兼外长王毅以视频方式出席中俄印外长第十八次

会晤。

29 日　阿富汗空军在北部巴尔赫省举行阿富汗塔利班掌权以来首次演习。俄罗斯产米—17 型直升机和美国提供给阿富汗前政府的 MD 系列直升机参加演习。

30 日　国务院总理李克强同俄罗斯联邦政府总理米舒斯京以视频形式举行中俄总理第二十六次定期会晤。

俄罗斯总统普京在首都莫斯科会见到访的越南国家主席阮春福，双方表示将进一步发展两国全面战略伙伴关系。

12 月

3 日　中共中央总书记、国家主席习近平同老挝人民革命党中央总书记、国家主席通伦举行视频会晤，并以视频连线形式共同见证中老铁路通车。

6 日　缅甸国家管理委员会发言人佐敏吞表示，因煽动他人危害国家安全和违反自然灾害管理法，原民选总统温敏和国务资政昂山素季被法院判处四年监禁。当晚，国家管理委员会主席敏昂莱依据现行法律发布命令，分别赦免二人两年刑期。

哈萨克斯坦总统托卡耶夫与乌兹别克斯坦总统米尔济约耶夫在哈首都努尔苏丹签署《同盟关系宣言》。

俄罗斯总统普京访问印度并参加印俄领导人第 21 次年度会晤。这是新冠肺炎疫情暴发以来两国领导人首次举行线下会晤。

7 日　美国总统拜登与俄罗斯总统普京举行视频会晤，重点讨论了乌克兰局势及双边关系中存在的问题。会晤没有取得突破。

9—10 日　美国以视频方式举行所谓“民主峰会”。

13 日　韩国总统文在寅访问澳大利亚。访问期间，与澳签署价值大约10亿澳元（约合7.2亿美元）的军购协议，韩国将向澳方出口自主研制的自行火炮等武器装备。

13—15日 美国国务卿布林肯访问印度尼西亚、马来西亚和泰国。由于一名随行人员新冠检测呈阳性，布林肯取消泰国之行，提前结束访问回国。这是他就任国务卿以来首次出访东南亚。

15日 国家主席习近平在北京同俄罗斯联邦总统普京举行视频会晤。

18日 俄罗斯外交部发布公告，宣布俄自当日起正式退出《开放天空条约》。

27日 美国总统拜登签署2022财年国防授权法案。根据法案内容，2022财年美国国防支出为7682亿美元，比上一财年有所增长。其中，7400亿美元用于国防项目预算，278亿美元用于核武器项目，3.78亿美元用于与国防相关的其他活动。

28日 在俄罗斯总统普京的提议下，独联体国家元首非正式会晤在圣彼得堡举行。除了摩尔多瓦和乌克兰，包括哈萨克斯坦等在内的其他独联体国家领导人都参加了会晤。近期，俄罗斯与西方国家因乌克兰问题关系日益紧张，与会独联体国家领导人将在此次会晤中就对西方的立场进行讨论。

30日 俄罗斯总统普京和美国总统拜登举行电话会谈，重点就安全保障、乌克兰局势等问题进行沟通。普京向拜登详细介绍了日前俄向美提交的安全保障相关文件草案所依据的原则，强调美应就北约停止东扩以及不在俄边境附近部署威胁性武器系统向俄提供法律保障。

31日 韩国前总统朴槿惠获得特赦，被正式释放。

图书在版编目（CIP）数据

中国周边安全形势评估．2022／张洁主编．—北京：世界知识出版社，2023.4

（国际战略研究丛书）

ISBN 978-7-5012-6642-5

Ⅰ.①中… Ⅱ.①张… Ⅲ.①国际形势—研究报告—2022②国家安全—研究报告—中国—2022 Ⅳ.①D5 ②D631

中国国家版本馆 CIP 数据核字（2023）第 053415 号

责任编辑　刘豫徽
责任出版　李　斌
责任校对　张　琨

书　　名　**中国周边安全形势评估（2022）**
Zhongguo Zhoubian Anquan Xingshi Pinggu（2022）

主　　编　张　洁

出版发行　世界知识出版社
地址邮编　北京市东城区干面胡同 51 号（100010）
网　　址　www. ishizhi. cn
投稿信箱　lyhbbi@ 163. com
电　　话　010-65265923（发行）　010-85119023（邮购）
经　　销　新华书店
印　　刷　北京虎彩文化传播有限公司
开本印张　710 毫米×1000 毫米　1/16　19½印张
字　　数　280 千字
版次印次　2023 年 4 月第一版　2023 年 4 月第一次印刷
标准书号　ISBN 978-7-5012-6642-5
定　　价　89.00 元